Monika Tokarzewska

Der feste Grund des Unberechenbaren

Monika Tokarzewska

Der feste Grund des Unberechenbaren

Georg Simmel
zwischen Soziologie
und Literatur

Bibliografische Information der Deutschen Nationalbibliothek
Die Deutsche Nationalbibliothek verzeichnet diese Publikation in der
Deutschen Nationalbibliografie; detaillierte bibliografische Daten sind im Internet über
<http://dnb.d-nb.de> abrufbar.

1. Auflage 2010

Alle Rechte vorbehalten
© VS Verlag für Sozialwissenschaften | Springer Fachmedien Wiesbaden GmbH 2010

Lektorat: Dorothee Koch / Marianne Schultheis

VS Verlag für Sozialwissenschaften ist eine Marke von Springer Fachmedien.
Springer Fachmedien ist Teil der Fachverlagsgruppe Springer Science+Business Media.
www.vs-verlag.de

Das Werk einschließlich aller seiner Teile ist urheberrechtlich geschützt. Jede Verwertung außerhalb der engen Grenzen des Urheberrechtsgesetzes ist ohne Zustimmung des Verlags unzulässig und strafbar. Das gilt insbesondere für Vervielfältigungen, Übersetzungen, Mikroverfilmungen und die Einspeicherung und Verarbeitung in elektronischen Systemen.

Die Wiedergabe von Gebrauchsnamen, Handelsnamen, Warenbezeichnungen usw. in diesem Werk berechtigt auch ohne besondere Kennzeichnung nicht zu der Annahme, dass solche Namen im Sinne der Warenzeichen- und Markenschutz-Gesetzgebung als frei zu betrachten wären und daher von jedermann benutzt werden dürften.

Umschlaggestaltung: KünkelLopka Medienentwicklung, Heidelberg
Druck und buchbinderische Verarbeitung: STRAUSS GMBH, Mörlenbach
Gedruckt auf säurefreiem und chlorfrei gebleichtem Papier
Printed in Germany

ISBN 978-3-531-17317-7

Meinen besonderen Dank möchte ich an dieser Stelle Professor Karol Sauerland aussprechen, der mir auf jeder Etappe der Entstehung dieses Buches mit freundlichen, aber kritischen Ratschlägen behilflich war, sowie Professor Otthein Rammstedt, dessen Arbeiten zu Simmel mich inspirierten, und Professor Ulrich Wergin, dessen Seminare in Hamburg für mich sowohl eine Herausforderung als auch eine unvergessliche Anregung darstellten.

Gefördert aus den Mitteln der Stiftung für Deutsch-Polnische Zusammenarbeit. Publikacja dofinansowana ze środków Fundacji Współpracy Polsko-Niemieckiej.

FUNDACJA WSPÓŁPRACY
POLSKO-NIEMIECKIEJ
STIFTUNG
FÜR DEUTSCH-POLNISCHE
ZUSAMMENARBEIT

Inhalt

A	Einleitung: Georg Simmel zwischen Literatur, Kunst und Wissenschaft..	12
B	„Momentbilder sub specie aeternitatis" – Georg Simmels literarische Miniaturen	18
1	Simmels Beiträge für die „Jugend"..	18
2	Der Wunsch als Prinzip der dargestellten Welt in den „Momentbildern"..	22
	2.1 Das Prinzip des ‚Vorbei'...	22
	2.2 Die Liebe, die Lüge und die Koketterie, oder wie das Zwischenmenschliche zum Seinsprinzip werden kann	24
3	Recht haben ist noch nicht Wirklichkeit: die Emanzipation der Gesellschaft vom Tatsachenideal der Naturwissenschaften	30
4	Der Gegensatz zwischen erfülltem Wunsch und Ungeschick als innere Struktur der „Momentbilder"...	32
	4.1 Der Teufel der erfüllten Wünsche	32
	4.2 Ich und Du: zwei Beispielinterpretationen	34
	4.3 Das Ungeschick..	43
5	Simmels Kritik der Utopie in den „Momentbildern"............................	47
	5.1 Der Zusammenhang zwischen dem Schönen und dem Utopischen..	47
	5.2 Simmels ‚Momentbild' „Rosen" als ‚eine soziale Hypothese'	52

6	Die Erarbeitung von Simmels späteren kulturwissenschaftlichen Kategorien: ‚Entsagung', ‚Unterschied', ‚Bezug'	54
	6.1 Entsagung	54
	6.2 Unterschied und Reihenfolge	57
7	Die Fruchtbarkeit der Beschäftigung mit Literatur für den Wissenschaftler: Ausblicke	59
	7.1 Die Bedeutung der „Momentbilder" für Simmels Sicht der Gesellschaft	59
	7.2 Von dem ‚Abstrahieren' zum ‚Senkblei'	62
8	Die Möglichkeit und Unmöglichkeit des literarischen Erzählens in den „Momentbildern": „Kein Dichter"	66
	8.1 Die Geschichte und ihre Erzähler	66
	8.2 Die literarische Miniatur „Kein Dichter" als Präfiguration für Simmels kulturwissenschaftliche Kategorien	68
	8.3 Das Dorf und die Geschichte	69
	8.4 Der Ich-Erzähler als das moderne Ich und sein Blick auf die Geschichte	72
	8.5 „Kein Dichter" als Vorwegnahme der Konzeption des Abenteuers	73
	8.6 Die Suche nach dem Sinn des Lebens in Walter Benjamins „Der Erzähler"	74
	8.7 Das Verpassen des Sinnes in „Kein Dichter"	78
	8.8 Das Scheitern der (schönen) Kunst	79
9	Ausblick: das ‚Dazwischen' und Verhältnis zum Essay	81
C	**Die Ästhetik als Grenzfall der Vergesellschaftung**	**83**
1	Simmels Kunstinterpretationen: kein Sujet	83
2	Die Bestimmung der Kunst nach Simmel	85
3	Das Gesicht als natürliches Kunstwerk	86
4	Die ästhetische Komponente in dem „Exkurs über die Frage ‚Wie ist Gesellschaft möglich?'	93

| | 4.1 | Die Unmöglichkeit vom Individuum zu sprechen als Problem der Gesellschaftswissenschaft um die Jahrhundertwende | 100 |

| 5 | Der ‚Anfang' der Gesellschaft | 102 |

| **D** | **Das Stilisierte und Dekorative als Simmels Denkfiguren** | **105** |

| 1 | Parerga | 105 |

| 2 | Kants Bestimmung des Dekorativen. Verbindung von Rahmen und Schmuck | 106 |

3	Simmels Interpretation des Bildrahmens	107
	3.1 Der Bildrahmen als Denkfigur	110
	3.2 Kulturgeschichtliche Aspekte der Verwendung von Figuren des Stilisierten	111
	3.3 Der semiotische Blick auf das Prinzip des Rahmens: Uspenskij	111

| 4 | Die Hervorhebung des Rahmens als solchen | 114 |

| 5 | Simmels Essay über den Stil | 116 |

| **E** | **Georg Simmels Analyse der Mode und der Geselligkeit als Vergesellschaftungsformen** | **120** |

| 1 | Die Form und die Vergesellschaftung | 120 |

| 2 | Mode und Schmuck als Phänomene der Stilisierung | 122 |
| | 2.1 Schmuck und Wahrnehmbarkeit | 125 |

| 3 | Die beiden Triebe | 126 |

| 4 | Die Sublimierung des Neids | 127 |

| 5 | Simmel, Nietzsche und der Unterschied | 130 |

6		Andere Theoretiker der Mode	131
	6.1	Theodor Vischer: zurück zur Tracht	131
	6.2	Eduard Fuchs oder Frauen, Mode und Klassenbewusstsein	135
	6.3	Werner Sombart: Mode und die moderne Wirtschaft	136
	6.4	Die Mode zwischen Sittengeschichte und Ethnographie	137
7		Die Mode und die sozialen Zwänge bei Simmel	138
8		Die Vernichtung des Sachlichen	142
	8.1	Das Prinzip des Wechsels	144
9		Die Gesellschaft ohne Totem	145
	9.1	Emilè Durkheim: die Macht des Kollektiven	145
10		Die Spielform der Vergesellschaftung: Simmels Interpretation der Geselligkeit	149
	10.1	Das Ich als Kraftquelle	150
	10.2	Geselligkeit und Mode	151
11		Mode als ‚Nicht-ganz-darin-Sein'	152

F Das Geheimnis-Kapitel aus der „Soziologie" als Beispiel der Textmontage in Simmels wissenschaftlichen Schriften ... 155

1	Das Motiv des Geheimnisses, die geheimnisvolle ‚Definition' und der Aufbau des Geheimnis-Kapitels	155
2	Der Exkurs über den ‚schriftlichen Verkehr'	159
3	Die beiden Welten: ein literarisch-philosophisches Motiv in Simmels Geheimnis-Kapitel	163
4	Der Schmuck: der zweite Exkurs	165
5	Die ‚geheime Gesellschaft' als Gemeinschaft	166
6	Geheimnis als Form und Technik	168

G	Der Essay: das Abenteuer des Geistes	169
1	Der Essay als ‚Versuch'	169
	1.1 Georg Lukács und Theodor Adornos Essaytheorien	172
2	Die Nähe (und die Ferne) des Essays zur Kunst: der methodologische Ansatz des Essayisten Simmel	174
3	Drei Essays zur Ästhetik aus der „Philosophischen Kultur"	177
	3.1 Der Henkel: die Brücke zwischen Kunst und Welt	177
	3.2 Die Ruine: Versöhnung zwischen Geist und Natur?	179
	3.3 Die Alpen: der absolute Grenzfall der Symbolisierung	187
H	Zusammenfassung und Ausblick	191

Literaturverzeichnis 193

Texte von Georg Simmel 193
Andere Literatur 195

A Einleitung: Georg Simmel zwischen Literatur, Kunst und Wissenschaft

> Der Künstler kann, was der Logiker nicht vermag:
> einen Begriff an Umfang erweitern, ohne daß er an Inhalt verliert.
> (Georg Simmel: Aus dem nachgelassenen Tagebuche, ungedruckt (GSG 20., S. 266.)

Die vorliegende Arbeit beschäftigt sich nicht mit Kunst bzw. Literatur als Sujets in Georg Simmels Schriften, obwohl man einem solchen Thema seine Wichtigkeit nicht absprechen darf, denn für Simmel – bekannt als Kulturphilosoph und Soziologe – waren Kunst und Ästhetik bedeutende Gegenstände. Man schaue sich nur die Titel seiner Aufsätze an; sie beweisen, dass sie ihn sein Leben lang fesselten. Es gehört nahezu zur Regel, dass er zu diesen Themen immer wieder zurückkehrte und sie neu zu formulieren versuchte.[1] Auch die bildende Kunst findet einen festen Platz in seinem Schaffen.[2] Zu seinen Gästen und Briefpartnern gehörten Rainer Maria Rilke, Paul Ernst, Auguste Rodin und Friedrich

---

1 Unter seinen Artikeln finden wir u.a.: „Stefan George. Eine kunstphilosophische Betrachtung" (1898), „Stefan George. Eine kunstphilosophische Studie" (1901), oder die vielen Arbeiten und Aufsätze über Kant und Goethe: „Kant und Goethe" (1899 und 1906), „Bemerkung über Goethe" (1907), „Über Goethes und Kants moralische Weltanschauung. Aus einem Vorlesungszyklus" (1908), „Kant und Goethe. Zur Geschichte der modernen Weltanschauung" (1916), schließlich „Goethe" (1912, mit dem Erscheinungsjahr 1913), „Goethes Gerechtigkeit" (1913/14), „Goethe und die Jugend" (1914). Andere Aufsätze über Goethe, siehe in: GSG 12. und GSG 13.

2 Arnold Böcklin, Michelangelo, Auguste Rodin, Leonardo da Vinci und Rembrandt sind Künstler, über deren Werke Simmel schrieb. Er beschäftigte sich ferner mit künstlerischen und parakünstlerischen Genres: mit der Karikatur, dem Porträt und dem Brief. Während seines ganzen Lebens unterhielt er Kontakte zu Dichtern und Künstlern. In der Regel waren diese Kontakte für ihn wesentlicher als die zum streng ‚wissenschaftlichen' und universitären Milieu Berlins, in dem er allzu oft als Fremdkörper wahrgenommen wurde. Kontakte, die man heutzutage als ‚interdisziplinär' bezeichnen würde, wurden damals insbesondere von Zeitschriften gefördert, für die Simmel Texte verfasste, etwa für „Der Morgen. Wochenschrift für deutsche Kultur", begründet und herausgegeben von Werner Sombart. Dort publizierten auch Georg Brandes und Hugo von Hofmannstahl.

Gundolf; Georg Lukács und Ernst Bloch waren im gewissen Sinne seine Schüler.³ Diese gewiss spannenden Beziehungen werden aber nicht der Gegenstand meiner Ausführungen sein. Ich werde vielmehr Simmels eigene schriftstellerische Tätigkeit darstellen und analysieren, wobei ich vor allem auf seine bisher kaum berücksichtigten literarischen als auch wissenschaftlichen Texte eingehen werde. Meine Untersuchung der Verschränkungen zwischen Literatur, Kulturphilosophie und Soziologie verfolgt also andere Ziele als die Beschreibung von den bekannten „drei Kulturen", die Wolf Lepenies in seinem berühmten Buch vorgelegt hat.⁴ Im Zentrum meiner Studien stehen nicht institutionelle Prozesse, sondern Schreibtechniken. Begründet und gerechtfertigt finde ich diese Herangehensweise nicht zuletzt dadurch, dass die literarischen Texte Simmels, die Erzählminiaturen, bisher keine wissenschaftliche Interpretation erfahren haben. Die Frage nach ihrer Stellung im Kontext des gesamten Schaffens von Simmel ist noch nicht beantwortet.

In den letzten Jahren, als man den Nachlass erforschte und sich an manches in Vergessenheit Geratene erinnerte, zeigte sich immer deutlicher, dass Simmel selber ein Dichter war, oder zumindest versuchte, ein solcher zu wer-

---

3   Siehe hierzu die Erinnerungen an Simmel von Georg Lukács, Paul Ernst, Friedrich Gundolf, Briefe an und von Rainer Maria Rilke, in: Kurt Gassen/Michael Landmann (Hg.): Buch des Dankes an Georg Simmel. Briefe, Erinnerungen, Bibliographie, Berlin 1958. Zur bildenden Kunst siehe: J.A. Schmoll Eisenwerth: Simmel und Rodin, in: Hannes Böhringer/Karlfried Gründer (Hg.): Ästhetik und Soziologie um die Jahrhundertwende: ‚Georg Simmel', Frankfurt/M 1976, S. 18-38. Zu Simmel und Hofmannstahl vgl. David Frisby: Georg Simmel in Wien, Wien 2000. In Frisbys Buch finden sich auch interessante Bemerkungen zur Rezeption Simmels bei Robert Musil. Die meisten der immer noch vereinzelten Arbeiten, die sich mit Kontakten Simmels zu Künstlern beschäftigen, konzentrieren sich auf die empirischen und biographischen Hintergründe, die immer noch nicht genug bekannt sind. David Frisby führt in seinem Werk allerdings eine interessante und meiner Meinung nach sehr treffende stilistisch-weltanschauliche Parallele zwischen Simmel und Musil. Musils Protagonist Ulrich sei beste Verkörperung des modernen Charakters, der das Thema und nicht selten auch das Subjekt von Simmels Schreiben ist. Namhafte Dichter rekurrierten auf Simmel: Hugo von Hofmannstahl beabsichtigte ein Opernlibretto nach Simmels „Philosophie des Geldes" zu schreiben, Robert Musil äußerte sich in seinen Tagebüchern zur Liebesproblematik, wie sie Simmel auffasste. Musil studierte eine Zeitlang in Berlin. Es ist anzunehmen, dass er Simmels Vorlesungen gehört hat, obwohl wir keinen Beweis dafür haben. Es bleibt nachzuforschen, wie viele später bedeutende Persönlichkeiten, die um die Jahrhundertwende in Berlin Philosophie hörten, in Simmels Vorlesungen gesessen haben mögen und wie viele sich von ihm haben anregen lassen.
4   Siehe: Wolf Lepenies: Die drei Kulturen. Soziologie zwischen Literatur und Wissenschaft, München 1985.

den. Die postum erschienen Aphorismen und Fragmentensammlungen „Aus dem nachgelassenen Tagebuche", „Aus der nachgelaßnen Mappe ‚Metaphysik', „Über Freiheit", „Über die Liebe" sind Beweise dafür.[5] Einen besonderen Teil des literarischen Nachlasses von Simmel stellen seine Erzählminiaturen dar, die er anonym in der Münchener Zeitschrift „Jugend" erscheinen ließ. Erst 2004 brachte die Georg-Simmel-Gesamtausgabe eine vollständige Edition dieser Beiträge. Bisher erfuhren sie noch keine Interpretation, mit Ausnahme eines Artikels von Otthein Rammstedt und des Nachworts von Christian Wehlte zu der Auswahl, die er 1998 herausgab.[6] Diese Texte, stehen, ihrem Stil und ihrer Problematik nach, Autoren wie Robert Musil, Walter Benjamin, Hugo von Hofmannstahl, Rilke und Arthur Schnitzler nah.

Es besteht, was eine der Thesen der vorliegenden Arbeit darstellt, ein enger Zusammenhang zwischen dem Literaten und dem Wissenschaftler Georg Simmel. Darauf, dass das Literarische und Ästhetische eine wesentliche Komponente seiner Arbeiten bilden, wird in der Sekundärliteratur immer wieder am Rande verwiesen,[7] aber ausführliche Analysen, die diesen Aspekt verfolgen würden, gibt es bisher kaum.[8] Nicht beachtet werden vor allem die tieferen Strukturen, die in den literarischen Miniaturen Probleme und Strategien erken-

---

5   Nach dem Tode veröffentlicht, von Simmel nicht für den Druck bestimmt, abgedruckt in GSG 20.
6   Siehe hierzu das Kapitel I. der vorliegenden Arbeit.
7   Auf die heuristische Rolle einer gewissen Metapher (der des Geldes) hat bereits in den 70er Jahren Hans Blumenberg aufmerksam gemacht. Vgl. Hans Blumenberg: Geld oder Leben. Eine metaphorologische Studie zur Konsistenz der Philosophie Georg Simmels, in: Böhringer/ Gründer (Hg.): Ästhetik und Soziologie um die Jahrhundertwende...", a. a. O., S. 121-134. Insbesondere in der inzwischen sehr breiten Literatur zu „Philosophie des Geldes" werden die ästhetischen Aspekte dieses Werkes hervorgehoben. Vgl. hierzu: Klaus Lichtblau: Ästhetische Konzeptionen im Werk Georg Simmels, in: „Simmel Newsletter" Vol. 1., Nr. 1, Summer 1991, S. 22-35. Eine besondere Rolle spielt für Lichtblau der Begriff der ästhetischen Distanz. Auf symbolische Aspekte des Geldes im Kontext von Ernst Cassirers „Philosophie der symbolischen Formen" machte Willfried Geßner aufmerksam (Willfried Geßner: Geld als symbolische Form. Simmel, Cassirer und die Objektivität der Kultur, in: „Simmel Newsletter" Vol. 6., Nr. 1., Summer 1996, S. 1-30.) Besondere Aufmerksamkeit den ästhetischen Aspekten in Simmels Werk widmet David Frisby. Er verbindet die Präsenz des Ästhetischen in dessen Schriften mit einer sensiblen Verinnerlichung der Gegensätze der Moderne durch Simmel als Autor und mit deren Ausdruck in dessen impressionistischem Stil.
8   Zu den Ausnahmen gehört das Buch von Bryan S. Green, dessen Autor sich in seiner Analyse der „Philosophie des Geldes" auf Roman Jakobson stützt. Siehe: Bryan S. Green: Literary Methods and Sociological Theory. Case Studies of Simmel and Weber, Chicago 1988.

nen lassen, die Simmels soziologisches und kulturphilosophisches Denken bestimmen, oft bevor sie in seinen wissenschaftlichen Texten auftauchen. Die wissenschaftlichen Beiträge sind wiederum durch literarische und ästhetische Qualitäten gekennzeichnet: hier wäre sein allgemein bekannter Hang zum Essayismus zu nennen, aber bei weitem nicht nur. Obwohl sich eine Grenze ziehen lässt zwischen den literarischen und eindeutig nicht-literarisch gemeinten wissenschaftlichen Texten (wobei auch ein Zwischenraum entsteht, in den die meisten Essays gehören), sind bestimmte Strategien sowohl hier als auch dort zu erkennen. Die „Momentbilder" werden von mir als eine Art ‚Notizheft' des Soziologen interpretiert: in sie werden Bruchstücke der sozialen Umwelt und des Alltags aufgenommen, es wird an Ereignisse und Handlungen, die oft bereits in Form von mitgehörten Gesprächen formuliert sind, angeknüpft, um sie weiterzuführen. Die „Momentbilder" erinnern an die Feldarbeit eines Ethnologen – sie sind ein Medium, durch das manches bemerkt, herausgeholt, manches abgewiesen oder verworfen wird und manches zwingt sich mit großer Kraft auf, aufgenommen zu werden. Es handelt sich aber gleichzeitig um literarische Texte, deren Autonomie sich darin ausdrückt, dass das Aufgenommene und Sich-Aufzwingende sich von dem unmittelbaren Kontext abhebt und so verarbeitet wird, dass es einen Sinnüberschuss erhält. Obwohl die Miniaturen im Kontext des Simmelschen Schaffens eine besondere Nähe zu seiner Soziologie aufweisen, bedeutet das nicht, dass sie nicht auch für sich stehen. Sie sollten deshalb nicht einfach als ‚literarisierte' Soziologie interpretiert werden.

Im ersten Kapitel dieser Arbeit versuche ich aus Simmels „Momentbildern" das herauszulesen, was keine ‚Soziologie' im Sinne eines Wissenschaftsgebildes ist, sondern eine Bereitschaft, Phänomenen, die Simmel interessieren, eine erste Form zu geben, um sie dann im Ansatz soziologisch zu behandeln.

Einer einleitenden Erklärung bedürfen zumindest drei Worte, die in dieser Arbeit oft auftauchen: Literatur, Ästhetik und Individuum. Ich wage hier nicht, eine Definition der Ästhetik und der Literatur zu geben. Lieber spreche ich von dem „Ästhetischen" bzw. „Literarischen", was bedeutet, dass nicht ideelle Gegenstände, sondern bestimmte Aspekte der behandelten Texte oder bestimmte Effekte, die diese erzielen, damit gemeint sind. Die ästhetischen Aspekte bedeuten im allgemeinsten Sinne – von der Lehre der russischen Formalisten ausgehend – dass Elemente des Textes verstärkt aufeinander verweisen und dadurch eine besondere Intensität bekommen. Dank dessen werden sie meistens vielschichtiger als die Kommunikate, die wir im Alltag austauschen. In Falle eines Wortes, das in der Lektüre die Fähigkeit erhält, an mehrere

Bedeutungsnetze zugleich angekoppelt zu werden, verwischen sich zugunsten dieser Potentialität die scharfen Grenzen, die – vor allem im herkömmlichen wissenschaftlichen Diskurs – dafür sorgen, dass alles Störende ausgeschlossen wird. Gerade Simmel bewegte sich – wie ich zu zeigen versuche – sehr bewusst am Rande der verbegrifflichten Wissenschaftsdiskurse seiner Zeit. Von der ästhetischen Komponente erhoffte er sich aber nichts weniger als wissenschaftlichen Gewinn. Deshalb schrieb er in sein Tagebuch den Satz, der dieser Einleitung als Motto vorangestellt ist: „Der Künstler kann, was der Logiker nicht vermag: einen Begriff an Umfang erweitern, ohne daß er an Inhalt verliert".

Die ästhetische Komponente verschränkt sich stark mit der literarischen, schließlich handelt es hier um Interpretationen von Texten. Sie steigern die Kapazität von Simmels Schriften enorm – gegenüber seiner Epoche und deren Sinngemeinschaft: man muss oft ‚zwischen den Zeilen' lesen, was seine Leser, vor allem die aus dem universitären Milieu, stets verärgerte, da sie auf eine solche Einstellung diesen Büchern und Essays gegenüber nicht vorbereitet waren. Aber gerade durch die Möglichkeit, sie an viele Kontexte anzuknüpfen, erleben sie so viele Renaissancen, im Gegensatz zu vielen Denkern seiner Zeit, deren Texte sich heutzutage als tot erweisen. Man vergleiche nur die im Kapitel IV dargestellten Mode-Analysen Sombarts, Fischers und Fuchs' mit denen Simmels.

Das Ästhetische steht auch für Momente, in denen wir mit Situationen konfrontiert werden, für die es keine Regeln gibt. Hier verbindet sich das Ästhetische mit dem Individuellen. Darunter ist nicht ein Wesen oder eine Essenz oder die Qualitäten eines Menschen zu verstehen, sondern das, was nicht wiederholt werden kann. Trefflich formulierte es Manfred Frank – es ist das, was sich „(...) gegen die Subsumtion unter Regeln [sperrt]."[9] Frank fügt hinzu:

> Ich mache, um diesen Punkt schärfer herauszuheben, einen radikalen Unterschied zwischen Einzelheit oder Individualität einerseits und Besonderheit andererseits. Individuell nenne ich, was ohne inneres Doppel, was ohne Vergleich und identische Wiederkehr, kurz: was schlechterdings einzeln existiert, mithin unter keine rekursiv definierbare Regel gebracht werden könnte. (...) Dagegen ist das Besondere die Spezifikation eines Allgemeinen (einer Regel) und von ihr her mühelos

---

9   Manfred Frank: Stil in der Philosophie, Stuttgart 1992, S. 15. Es bedeutet nicht, dass Handlungen dieser Art sich außerhalb aller Regeln situieren, es handelt sich vielmehr um ein ‚als ob'-Verhalten. „Gerade dieses ‚als ob' oder ‚wie wenn' hat Kant für die Eigenart der ästhetischen Urteils-Bildung angesehen. Wenn wir etwas ästhetisch appreziieren, ist uns, ‚als ob' wir eine verständliche Regel instantiiert sähen, die wir aber nicht angeben können" (Ebenda).

auf dem Wege der Ableitung zu gewinnen.[10]

So ist das Individuelle nicht gleichbedeutend mit ‚der jeweils gegebene Mensch'. Die Psyche des Einzelnen, seine Biographie und sein Privates bedeuten nicht gleich etwas Individuelles; sie können – und sind es in der allermeisten Fällen – durchaus ‚wiederholbar', ja nicht selten sogar konform sein. Es ereignen sich aber durchaus Situationen, in denen wir uns nicht auf Regeln verlassen können, zum Beispiel manchmal bei Interpretationen von Kunstwerken. Die Herausforderung, mit der wir in solchen Fällen konfrontiert werden, greift Simmel auf, um in seine Reflexionen darüber, wie Gesellschaft möglich ist, eine Öffnung einzubauen. Der Gesellschaft liegt eine apriorische Dynamik zugrunde, scheint er zu meinen, die eher mit ästhetischen als mit anderen Ausdruckmitteln veranschaulicht werden kann. Diese Idee des Nicht-Wiederholbaren soll auch in keiner Weise für Augenblicke des ‚Reellen' stehen, etwa als Gegensatz zu dem Verbegrifflichten. Es ist nicht das ‚Andere' außerhalb der Gesellschaft, sondern eine Grenze: der Rand des Bekannten, wo man sich auf Regeln stützt, um sie dann wie die Wittgensteinsche Leiter von sich zu stoßen. Interessant wäre auch, eine zeitgenössische Geschichte des Nicht-Wiederholbaren vor dem Hintergrund der modernen Zwänge, begonnen mit Sigmund Freud, zu schreiben.[11] Das wäre aber schon eine andere Geschichte, die auf ein anderes Blatt gehört.

---

10 Ebenda.
11 Das berühmte Fort-Da-Spiel des kleinen Jungen mit einer Zwirnspule beschrieb Freud in den Anfangpassagen seiner Schrift zum Jenseits des Lustprinzips. (Sigmund Freud: Jenseits des Lustprinzips, in: Studienausgabe, Frankfurt/M 1969-1975, Bd. 3., S. 213-272.)

B „Momentbilder sub specie aeternitatis" – Georg Simmels literarische Miniaturen

> Es gibt nichts Irrenderes als die sogenannte Wirklichkeit;
> Das ist freilich das Einzige, was mit ihr versöhnen könnte.
> (Georg Simmel: Strandgut, in: „Jugend", 5.4.1906)

1 Simmels Beiträge für die „Jugend"

Von 1897 bis 1907[12] veröffentlichte Georg Simmel Literarisches in der Münchener „Jugend". Dem Gründer der Zeitschrift, Georg Hirth, war es gelungen, das Bemühen um ein künstlerisches Niveau mit relativ niedrigem Preis zu verbinden und somit einen großen Leserkreis zu erreichen. Schon nach den drei ersten Monaten hatte die „Jugend" 30.000 Abonnenten; die Zahl hatte sich 1904 verdoppelt. Die „Jugend" bot als erste deutsche Zeitschrift den Lesern farbige, wöchentlich wechselnde Titelblätter und eine Menge farbiger Illustrationen zu den Texten unterschiedlicher Autoren. Die Illustrationen stammten zum großen Teil von bekannten Künstlern und konnten als selbständige Werke funktionieren. Die „Jugend" füllte eine Lücke zwischen einer Elite- und Massenzeitschrift, indem sie einerseits eine breite Leserschicht durch ihr Bildmaterial und ihre Texte erreichte, ohne renommierte und renommiert werdende Namen zu verlieren. Zu den „Jugend"-Autoren zählten Hofmannsthal, Rilke, Brod, Dehmel, Hesse, Schnitzler, Thoma, Wedekind.[13] Die Zeitschrift war dabei pluralistisch ausgerichtet und begrüßte eine Vermischung von Miszelannem und Ornamenta-

---

12   Ein letzter später Beitrag erfolgte noch 1916 nach einer längerer Pause. Simmels sämtliche Prosaminiaturen, Aphorismen und Gedichte sind erstmal 2004 im Band 17. der GSG erschienen.
13   Siehe Christian Wehltes Nachwort zu: Georg Simmel: Momentbilder sub specie aeternitatis. Philosophische Miniaturen, hg. von Christian Wehlte, Heidelberg 1998, S. 108-109. Wehlte gab 1998 eine große repräsentative Auswahl von Simmels literarischen Texten heraus.

lem, von unterschiedlichen Themen und Autoren. Simmels Beiträge, in denen wir Alltäglich-Banales und Flüchtig-Fragmentarisches finden, korrespondierten sehr gut mit dem Profil der Zeitschrift und somit in vielem auch mit dem Zeitgeist, insbesondere, wenn man bedenkt, dass der Begriff ‚Jugendstil' als Bezeichnung für den Stil der „Jugend" geprägt worden war. Wahrscheinlich wurde er erstmals 1897 in dem Ausstellungsblatt „Sächsisch-Türingischen Ausstellung" verwendet, um den Einfluss der Münchener Zeitschrift auf den die Ausstellung beherrschenden Stil zu bezeichnen, vor allem den der Dekoration und der Ausstellungsbauten.[14] Christian Wehlte zitiert Georg Hermann, der 1901 schrieb, die „Jugend" habe

> (...) die breiten Massen gelehrt, neue Maßstäbe zu brauchen. (...) Nur einige Beispiele: der Möbeltischler redet von ‚Jugendstil'; betrachten wir in den Auslagen billige Bijouterien, Bucheinbände, Lederwaren, Metallsachen, Ziervasen, überall Anklänge an bekannte Jugendmotive, (...) jede Geschäftsanzeige hat eine Umrahmung, Leiste, Vignette, frei, sehr frei nach Eckmann oder Christiansen (...).[15] Und noch Walter Benjamin weiß nach einigen Jahren sich zu erinnern: Mann kann sagen, daß die Münchener „Jugend" das Zentralorgan dieser geheimnisvollen ‚Emanzipationsbewegung' gewesen ist, die in der Stimmung jener Verse lebt: „Stell auf den Tisch die duftenden Reseden, die letzten roten Astern hol herbei!"[16]

Keineswegs wollte die „Jugend" einen fin-de-siècle-Pessimismus propagieren, im Gegenteil, sie stand im Dienste einer neuen Lebenslust. Otthein Rammstedt fasst hierzu zusammen:

> Man begehrt gegen Klerikalismus und Aristokratismus auf, prangert den wieder erwachten Konservatismus an und hob das Verlogene und Anachronistische an der Decadence des Fin-desiècle hervor. Wie im ‚Pan', im ‚Narrenschiff' oder im ‚Simplizissimus' wurde die politisch-soziale Satire gepflegt. Aber die ‚Jugend' wollte sich bewußt von ihnen unterscheiden, sie wollte nicht einseitig in der Kritik sein, sie wollte umfassend Kunst und Leben anvisieren. (...). Die ersten Hefte enthielten dementsprechend Musikbeilagen mit Originalkompositionen von Richard Strauß, August Bungert und anderen Komponisten. Die ‚Jugend' wollte mehr Springbrett als Sammelbecken sein,

---

14 Ebenda S. 125 (in der Anmerkung).
15 Georg Hermann: Die „Jugend" und ihr Künstlerkreis, in: Zeitschrift für Bücherfreunde, 4, 2. Zitiert nach: Wehlte, a. a. O., S. 109.
16 Walter Benjamin: Aus dem Tagebuch einer Verlorenen, in: Gesammelte Schriften, Frankfurt/M 1985, Bd. VI, S. 152-157, hier S. 153. Vgl. hierzu: Otthein Rammstedt: Zur Ästhetik Simmels. Die Argumentation in der „Jugend" 1897-1906, „Beiträge der Georg-Simmel-Gesellschaft" 1.22, Bielefeld 1988, S. 1-26, hier S. 4.

also eher für die Jugend offenstehen.[17]

Simmels Beiträge, von denen dreißig identifiziert werden konnten, wurden meistens mit einem G.S., in einigen Fällen mit einem S. signiert,[18] was von einem gewissen Wunsch nach Diskretion zeugt.[19] Doch andererseits bemerkt Otthein Rammstedt mit Recht, dass die Signierung keineswegs schwer zu entziffern war, zumindest für Simmels Bekannte, die auch Autoren in der „Jugend" waren: Paul Ernst, Eduard Keyserling, Rainer Maria Rilke, Hugo von Hofmannstahl, Gerhardt Hauptmann und Erich Mühsam. Simmel pflegte darüber hinaus nicht selten, seine kurzen „Jugend" -Texte im Bekanntenkreis zu verschicken.[20] Sicher zeugt diese Praxis davon, dass er diese Beiträge für weit wichtiger hielt, als er es vorsah, etwa in dem erwähnten Brief an Stern, in dem er seinen Beitrag einen ‚flüchtigen Scherz' nannte.[21] Die Vermutung, dass diese Art von Publikationen seinem Ruf als Wissenschaftler eventuell schaden könnte, wird einer der Gründe für die Diskretion gewesen sein; so erklärte Simmel im Jahre 1908 in einem Brief an Georg Jellinek in Zusammenhang mit seiner scheiternden Berufung nach Heidelberg, er habe nie für eine Zeitschrift geschrieben, sondern habe immer Zeitschriften als Publikationsorgane für Texte genutzt, die ihrerseits größeren Einheiten angehörten und nicht als Zeitungstexte entstanden seien.[22]

Die „Jugend"-Beiträge bilden nach meiner Auffassung trotz ihrer Verstreuung über einige Jahre eine Einheit. Sie stellen auch ein besonderes Kapitel im Schaffen Simmels dar. Sie sind eindeutig als literarische Texte zu qualifizieren, was schon deswegen Aufmerksamkeit verdient, weil Simmel im öffentlichen Gedächtnis ausschließlich als Wissenschaftler, als Soziologe und Philosoph, erscheint, wobei allerdings immer wieder sein Hang zur Ästhetisierung konstatiert wird, aber meistens in Bezug auf seine Essays, die ihn zum Vorgänger des essayistischen Schaffens von Siegfried Kracauer, Georg Lukács, Theodor Adorno und Walter Benjamin gemacht haben.

Die wichtigste Frage, die ich an diese in der „Jugend" erschienenen lite-

---

17 Ebenda S. 3.
18 Ebenda S. 4.
19 Um Diskretion bat Simmel etwa Wiliam Stern in einem Brief vom 5. Oktober 1902. Stern wurde von Heinrich Rickert auf Simmels „Jugend"-Beitrag „Metaphysik der Faulheit" verwiesen (Siehe hierzu: Rammstedt, Ästhetik Simmels, a. a. O., S. 1).
20 Ebenda S. 3.
21 Ebenda S. 1.
22 Ebenda S. 2.

rarischen Miniaturen Simmels stelle, ist: zu welchem Blick auf die Welt, insbesondere auf die zwischenmenschliche Welt, hat das Medium der Literatur Simmel verholfen? Die „Jugend"-Beiträge stellen einen Experimentbereich dar, ohne den Simmels wissenschaftliche Silhouette anders aussehen würde. Er wäre auf viele Phänomene und Besonderheiten der Beobachtungsperspektive wohl nicht gekommen. Das Besondere, was Simmel als geistige Persönlichkeit und Wissenschaftler auszeichnet, ergibt sich aus der Nähe zur Kunst und Ästhetik, die nicht bloß eine Nebenbeschäftigung, eine Art ‚Hobby' für ihn sind. Sie sind die Schule seines Denkens und Beobachtens und deren Ergebnisse – nicht in Form von festen Formeln oder Behauptungen, sondern des Blicks und der Perspektivenöffnung für neue Phänomene in die Wissenschaft eingehen.

Die literarischen Beiträge fallen künstlerisch sehr ungleich aus. Ich schreibe ihnen jedoch eine große Bedeutung zu. Auch in Hinsicht auf den literarischen Aspekt bin ich der Meinung, dass sich unter ihnen, die rein scherzhaften Gedichte ausgenommen, vieles findet, was Blochs „Spuren" oder Benjamins „Berliner Kindheit um neunzehnhundert" qualitativ gleicht. Bei einigen Aufzeichnungen kann man sich allerdings des Eindrucks nicht erwehren, dass sich Simmel selber nicht ganz sicher war, was er mit dem jeweiligen Fragment erreichen wollte. Manchmal steht am Ende des Fragments eine Pointe, die zu billig gegenüber dem Ganzen scheint. Es ist, als ob er sich von gewissen Motiven und Empfindungen mitreißen ließ, sie noch nicht ganz als seine Probleme identifizierend. So erscheint immer wieder das Motiv des Verschwendens, des individuellen Schicksals, der Schönheit und anderes wieder, als ob er immer wieder von neuem etwas schriebe, was er als noch nicht ausgearbeitet genug empfand. Dies ist jedoch ein Charakteristikum seines wissenschaftlichen Schaffens überhaupt: so schreibt er etwa über die Mode mehrere Male, ergänzend und verändernd, und die letzte Fassung aus dem Jahre 1911 ist wohl die beste.[23] In meinen Interpretationen der „Jugend"-Beiträge – die verständlicherweise nicht alle Miniaturen umfassen, sondern nur diejenigen, welche mir besonders wichtig erscheinen – versuche ich auch auf die Unzulänglichkeiten der von mir interpretierten Texte zu verweisen. Aber manchmal stellt sich heraus, dass sich ein auf den ersten Blick nicht besonders tiefes Bild als bemerkenswert erweist, vor allem, wenn das Bild auf andere, ähnliche Stellen zu anderen Beiträgen einen Bezug aufweist. Ich werde mich darum bemühen, solche Bezüge ans Licht zu

---

23 Vgl. hierzu das Kapitel V dieser Arbeit, insbesondere die Anmerkung 206.

fördern. Gleichzeitig stellt jeder Beitrag eine kleine Ganzheit für sich dar. Ich versuche daher einige sehr detailliert zu interpretieren. Es liegt mir jedoch auch daran, die „Jugend"-Texte als eine Periode in Simmels Schaffen mit Ausblick auf seine Soziologie und Kulturwissenschaft zu charakterisieren. Sie sind von einem eigenen Stil, von eigenen Denkfiguren und Problemkomplexen getragen, die aber in Simmels Wissenschaft nicht verloren gehen.

2 Der Wunsch als Prinzip der dargestellten Welt in den „Momentbildern"

Das Wirklichkeitsbild, welches die „Momentbilder" vermitteln, ist dadurch gekennzeichnet, das in ihm die Erfahrung des Verfehlens und Schwebens viel öfter anzutreffen ist als das Gefühl, auf dem festen Boden des Wirklichen zu stehen. Die Protagonisten der „Momentbilder" werden von tiefer und heftiger Sehnsucht nach Glück und Erfüllung getrieben. Was sie darunter verstehen, wissen sie meist selbst nicht genau. Sie sehnen sich nach der Übereinstimmung ihres Gemütes und Lebensweges mit dem eigenen ‚Schicksal', anders gesagt: mit dem Ausleben dessen, was sie als ihr tiefstes Wesen zu ahnen glauben. Sollten jedoch ihre Wünsche in Erfüllung gehen, erweist es sich, dass es eine Falle war, und was sie für die Erfüllung hielten, eine Verarmung ihres Charakters und Lebens darstellt. Demgegenüber passiert es, dass Momente der Berührung mit dem ‚Wirklichen', also solche, in denen die Protagonisten (und darunter auch der Erzähler manches ‚Bildes') das Gefühl haben, mit etwas Wesentlichem und Schicksalhaftem konfrontiert zu werden, von einer Seite kommen, von der sie es nie erwartet hatten. Der Aufbau der „Momentbilder" versucht diesen Erfahrungen gerecht zu werden.

2.1 Das Prinzip des ‚Vorbei'

In den „Momentbildern" wiederholt sich auf vielfältig variierte Weise die Erfahrung des Fehlschlagens, des Vorbeigehens, ohne sich zu treffen, und die Geste der Umkehr ins Gegensätzliche. Obwohl diese Augenblicke des Nicht-Treffens von einem melancholischen Zug nicht frei sind, sind sie trotzdem ironisch gefärbt und bergen in sich eine gewisse Heiterkeit. Diese ist dem zu verdanken, dass sich in solchen Augenblicken, die oft die Pointe des Textes ausmachen, eine für die herkömmliche Logik inkommensurable, fast absurd anmutende

Öffnung ergibt, in der der jeweilige Sinn zu kippen scheint, so dass man oft die frappierende Pointe mit einem Lachen möchte, wenngleich in ihr eine traurige Note beiklingt. Dem ‚Vorbeigehen' am Ziel entspringt zwar das Gefühl der Enttäuschung, aber vor allem eine Öffnung auf die Zukunft als Erwartung und Hoffnung.

In einem kurzen Text, betitelt nach Heine „Klinge, kleines Frühlingslied", den Simmel selbst im Untertitel als ‚ein Momentbild' klassifizierte, verirrt sich das heitere, leichte ‚Frühlingslied' des Dichters in den Herbst, in die Zeit, der verhaltenen Tragik alles Vorletzten'. Der Herbst steht für Verschwendung: „Als vergäße die Natur, da es nun doch zum Sterben geht, ihre weise Sparsamkeit und verschwendete ihr Gelb und Grün und Roth mit der Leidenschaft des verlierenden Spielers."[24] Das Verschwenden ist keine bloß poetische Metapher, um die Farben der herbstlichen Natur zu beschwören; Simmel entwickelt eine ganze Philosophie der Verschwendung. Sie kommt in „Blüthenverschwendung", einem Dialogfragment aus der „Jugend" vom 10.12.1900, noch deutlicher zum Ausdruck,[25] aber auch in der scherzhaften Phantasie zum Heine-Frühlingsgedicht wird viel Energie auf heitere Weise verschwendet. Infolge der Verträumtheit verpasste das Lied die Blütezeit der Rosen und kann die dichterische ‚Botschaft', eine zu ‚grüßen', nicht mehr erfüllen.

> Denn so versteckt und matt sind diese letzten Rosen, daß ich immer vorübergehe, ohne sie zu grüßen, und sie zu spät erkenne, und wenn ich umkehre, sind sie gewelkt. Wenn ich aber aus der Ferne schon eine grüße, so ist es nachher gewiß keine Rose, sondern irgend etwas Buntes, Anderes, was nicht duftet.[26]

Das Prinzip dieser einfachen Fabel ist, dass der Wunsch sein Ziel nicht erreicht, sondern regelmäßig an ihm vorbeigeht: das Heinesche Lied an den Rosen, der Ich-Erzähler an dem Lied, dem er die generelle Wahrheit verraten wollte: dass der Dichter „(...) unser Loos gekannt [hat], daß wir die Rose nicht grüßen, der wir begegnen, und wenn wir etwas grüßten, es keine Rose war - -."[27] Diese

---

24 Simmel: „Klinge, kleines Frühlingslied –" Ein Momentbild, in: Georg Simmel: Beiträge aus der „Jugend", GSG 17. („Miszellen, Glossen, Stellungnahmen, Umfrageantworten, Leserbriefe, Diskussionsbeiträge 1889-1918, Anonyme und pseudonyme Veröffentlichungen 1888-1920"), hg. von Klaus Christian Köhnke unter Mitarbeit von Cornelia Jaenichen und Erwin Schullerus, Frankfurt/M 2004, die Beiträge umfassen die Seiten 347-440, hier S. 390.
25 Simmel: Blüthenverschwendung, in: Ebenda S. 398-400.
26 Simmel: „Klinge, kleines Frühlingslied" ..., a. a. O., S. 390.
27 Ebenda.

‚Wahrheit' bleibt in der Luft hängen, denn das Lied ist schon weg, in Eile und erneuter Hoffnung, in einem bunten Fleck am Zaun das Objekt seiner Sehnsucht zu entdecken. Das Objekt, die Rose, wird als solches nicht wieder erkannt; die ganze Mühe des ‚Grüßens' richtet sich auf das falsche Objekt. Man weiß genau, dass das Vorbeigehen an der ‚Rose' und das verfehlte Grüßen auch diesmal nicht aufgehoben, sondern mit Sicherheit wieder nachträglich als Verfehlen korrigiert wird. Mit der Konsequenz eines Spielers, der das Schicksal herausfordert, wird der Versuch jedes Mal neu unternommen; und das nachträglich festgestellte Vorbeigehen an der Erfüllung des Wunsches enthüllt sich als notwendig für die Aufrechterhaltung des Begehrens nach dem Erreichen der Botschaft.

Bei flüchtiger Lektüre liegt es nahe, dieses mit einer Banalität spielende „Momentbild" selber als banal einzustufen: als melancholische Resignation eines ‚Fin de Sièclisten'. Meiner Meinung nach ist es jedoch wichtig, trotz der blumig-liedhaften niedlichen Staffage (die Simmel von Heine entliehen hat) in diesem „Momentbild" einen Mechanismus zu erblicken: das ‚Schicksal' als stetes Verfehlen des Wunsches, das im Nachhinein die Vergangenheit als Nicht-Erfülltheit produziert, und doch eine Öffnung als und für die Zukunft schafft. Die dichterische Parole wird nicht erfüllt, paradoxerweise geschieht aber gerade das, was der Dichter ‚erwartet hat'. Die Maxime, die der Erzähler am Ende ausspricht, und die das ewige Verfehlen als ‚unser' Schicksal erkennt, ist auch eine Verfehlung, denn sie erreicht seinen Adressaten nicht und kann ihn nicht belehren. Dafür lebt das ‚Lied' jedoch, verfehlt in einer verfehlten Welt, in der Herbst statt Frühling herrscht, seine Erwartung weiter aus. Im Rückblick enthüllt sich dem ‚Lied' seine Vergangenheit als das eigentlich noch Nicht-Geschehene. Nicht die Erfüllung des eigenen ‚Schicksals' (der Bestimmung) ist paradigmatisch, sondern das stete Nicht-Zusammenfallen mit ihm.

2.2 Die Liebe, die Lüge und die Koketterie, oder wie das Zwischenmenschliche zum Seinsprinzip werden kann

Dem Aneinander-Vorbeigehen begegnen wir in anderen „Momentbildern" auch auf einer anderen Ebene: als Prinzip, das ein wesentlicher Bestandteil des Ich-und-Du Verhältnisses bildet. Es stellt sich heraus, dass dieses Prinzip das Funktionieren intimer Beziehungen besonders gut erfasst. Das erste von den beiden „Momentbildern *sub specie aeternitatis*", die in der „Jugend" vom 29.7.1903 erschienen sind, trägt den Titel „Treulosigkeit". Es variiert sein Thema in zwei Teilen auf überraschende Weise. In dem zweiten Teil wird behauptet, ein tiefes Liebesverhältnis sei nur als Untreue denkbar, als eine Art ‚Aneinander-Vorbeilieben', denn

> (...) wir [lieben] in einem und denselben Menschen keineswegs immer den selben (...): während er meint, als der eine und ganze, als der er selbst sich fühlt, in unserem Herzen zu sein, umarmen wir ein Teil-Ich seiner, irgend einen Menschen, der aus seinem Stoffe gebildet, aber doch nicht er selbst ist. Es wäre die Tragödie unzählig vieler Frauen, wüßten sie, wie oft ihre Männer ihnen untreu sind – mit ihnen selbst. Oder haben die Männer vielleicht ebensoviel Veranlassung, auf sich selbst eifersüchtig zu sein? Ich glaube auch dies: daß die Frauen oft an uns vorbeilieben, ein Wesen, das, vielleicht oft seine Form tauschend, uns immer gleich unheimlich wäre, wenn wir es kannten, weil es zugleich Wir und Nicht-Wir ist.[28]

Das Prinzip setzt einen steten Wandel des Partners voraus, wobei er selber glaubt, immer der gleiche zu sein, während die oder der Geliebte meint, ihn (sie) nicht zu verfehlen als Objekt der Liebe. Das Zwischenmenschliche ist eine Sphäre mit unklarem Status. Es hat keinen festen wahren Kern, um den sich die falschen Vorstellungen aufbauen, es wird aber auch nicht gesagt, dass grundsätzlich falsche Bilder von dem anderen entstehen. Eher wird das ‚Aneinander-Vorbeilieben' als das eigentliche Problem einer solchen Beziehung und als deren Dynamik erkannt. Die Bilder des anderen können mehr oder weniger zutreffen, aber sie relativieren sich selbst in Bezug auf das Verhalten des Partners. Zu seinem Inneren gibt es keinen direkten Zugang. Das Verwechseln des realen Objektes mit dem imaginierten, eine Art Untreue, „(...) mit der wir den Anderen in tausend wechselnde Gestalten kleiden, um ihn in ihnen, hinter seinem Rücken, zu lieben (...)",[29] sorgt für Dauer, für das Schweben zwischen Haben und Nicht-Haben, das nicht in eine Eindeutigkeit aufgelöst werden darf und auch nicht kann. Der Leser der „Momentbilder" könnte meinen, dass Liebe in Simmels Auffassung ein einziges Einander-Verfehlen ist. Das würde jedoch insofern nicht stimmen, als ein Nicht-Verfehlen gar nicht in Frage kommt. Liebe ist nach Simmel eine Leidenschaft, welche sich an den Anderen als Individualität richtet und im Namen einer Individualität; somit spricht sie einen unauflösbaren Unterschied an. „Insofern ist die Liebe die reinste Tragik: sie entzündet sich nur an der Individualität und zerbricht an der Unüberwindlichkeit der Individualität (...)", schrieb Simmel in sein Notizbuch und stellte neben diesen

---

28 Simmel: Treulosigkeit, in: Beiträge aus der „Jugend" ..., a. a. O., S. 431-433, Zitat S. 432-433.
29 Ebenda S. 433.

Aphorismus noch einen anderen: „Die Liebe als Suchen, Versuchen. Wir suchen den anderen in uns, in unserem eigenen Gefühl. Dieses Suchen heißt Liebe. Wir lieben ihn nicht erst und dann suchen wir ihn."[30] Hier ist der andere in der Liebe das Objekt des Begehrens, das sich stets entzieht.

Die beiden leben in einer Wirklichkeit, welche die Grenze zwischen der bloßen ‚Tatsache', als dem, was der Andere ‚wirklich ist', und dem Imaginären verschiebt. Denn sie schaffen sich stets Bilder voneinander, Bilder, die nicht den Anderen abbilden, sondern wie Gespenster ein ‚Er und Nicht-Er' zugleich sind. Diese Bilder erfüllen den Raum zwischen den beiden und beladen ihn mit Spannung, sie kreieren erst recht einen solchen zwischenmenschlichen ‚Raum'. In dem Text von Simmel geht es um zwei Partner, jedoch bestimmt das gesellschaftliche Dasein durch und durch die Situation des Paares. Denn die ‚Untreue' ist als Vorstellung nicht möglich ohne das Mitdenken der Existenz anderer Menschen. Die Bindung an den anderen ist eine Art Hasard, denn der Mensch, der ‚das wandelbarste Weltwesen' ist, wagt hier etwas zu versprechen: eine Bindung, die von Dauer sein soll, also etwas, was das Gegenteil seines Wesens, der Wandelbarkeit, darstellt. In der Liebe, die den Anderen als Individuum anspricht, also gerade im Kern seiner Wandelbarkeit, ist das Verfehlen, das hier ‚Untreue' heißt, ein Mittel, „(...) durch das die Natur den Leichtsinn unserer Gelübde mit einer unverdienten Ewigkeit beschenkt (...)."[31] Die Bilder des Anderen werden stets korrigiert und stets von neuem ergreifen sie den Anderen nicht adäquat. Es ist durch eine unüberwindbare Undeutlichkeit verursacht, die das Zwischenmenschliche charakterisiert. Dasselbe Prinzip ist hier auch für ein dauerhaftes Begehren und eine dauerhafte Faszination verantwortlich, meint Simmel. Er stellt in diesem Text etwas Frappierendes fest: dass ein zwischenmenschliches Verhältnis funktioniert, ergibt sich nicht daraus, ob die Partner alles voneinander wissen, einander gut kennen und möglichst gut verstehen, dass die Regeln auf den Begriff gebracht worden, geklärt und ihnen bewusst sind. Das ist viel unbedeutender, als die Wünsche und Hoffnungen, die halbbewusst von jedem gehegt werden, die Art der Engagiertheit, Erwartungen, und

---

30 Georg Simmel: Über die Liebe (Fragment), in: Georg Simmel: Postume Veröffentlichungen. Schulpädagogik (GSG 20.), hg. von Torge Karlsruhen und Otthein Rammstedt, Frankfurt/M 2004, S. 116-175, Zitat S. 167 und 165. Eine sehr ähnliche Struktur der intimen zwischenmenschlichen Beziehung zeigt Arthur Schnitzlers im Jahre 1926 entstandene „Traumnovelle" auf.

31 Simmel: Treulosigkeit, a. a. O., S. 433.

die Existenz eines Raumes, in den sie projiziert werden können. Wenn die Beziehung keinen solchen ‚Raum' bietet, kann sie wohl nur als bloße Institution funktionieren.

Das Einander-Verfehlen ist auch für einen charakteristischen Blick auf die Wirklichkeit verantwortlich. Die Grenze zwischen dem Reellen und dem Imaginären ist fließend; die Bilder, Träume, Sehnsüchte, das Verdrängte und Unsichtbare, das Abwesende ist ebenso wichtig wie das klar auf der Hand Liegende und das, was zweifellos der Fall ist. In der von Menschen bewohnten Welt gehen gespenstische Gestalten wie ‚Ich und Nicht-Ich' um. Dessen gespenstische Existenz ist manchmal wichtiger als das, ob man gerade Recht hat oder nicht. Recht kann man zugleich haben und nicht haben, oder, wie es oft in den „Momentbildern" geschieht, mehrere Parteien können zugleich Recht haben, was ihnen nicht hilft, miteinander umzugehen und zu sich zu finden. Die Grenze zwischen ‚Tatsache' und ‚Nicht der Fall' wird eher den Naturwissenschaften zugeschoben (in „Recht. Ein Tragödien-Fragment"). Demgegenüber gewinnt eine andere Grenze an Bedeutung: wie operiert man in solch einer Wirklichkeit, wo das Anwesende und das Abwesende mit Objektivierungen: mit dem Begriff, dem moralischen Gesetz, dem Recht und der Religion, konfrontiert wird. Diese haben den Anspruch, zu beurteilen, sind also auf Zustände hin orientiert, während ihr Objekt, der Mensch, ein Wandelbares ist. So stellt sich Simmel in vielen Texten die Frage, ob und wie man Gefühle und Intentionen be- und verurteilen könne. Wie sind Versprechen, Gesetze, Normen, Weltanschauungen und Richter möglich und wie werden sie einer Wirklichkeit gerecht, die aus ‚gespensterhaften' Wesen besteht. Es kündigt sich hier an, was Simmel einige Jahre später in seiner „Soziologie" betonen wird: die Abgrenzung zwischen der Erkenntnis der Natur und der Gesellschaft. Die letztere ist stets im Wandel, noch dazu kann der Beobachter selbst nie außerhalb der Gesellschaft stehen, sondern er wirkt auf seine Mitmenschen, und sie auf ihn.

Die vielen Bemerkungen zum Phänomen des ‚Aneinader-Vorbeiliebens' bedeuten nicht, dass Simmel die Lüge nicht kennt. Die Lüge ist, neben dem Wunschbild, der Sehnsucht, dem Sich-Entziehen, auch ein Teil der Wirklichkeit. Die Bilder, die in Bezug auf den Anderen entstehen, grenzt Simmel nicht gegen die Wahrheit ab, sondern eher gegen die Lüge.

Die Lüge ist Thema der Geschichte vom Zauberer, der einem jungen Mann die Gabe verliehen hat, Menschen auch gegen ihren Willen ‚Ja' sagen zu lassen. Psychologisch raffiniert und nachnietzscheanisch ist das aber keine „(…) oberflächlichste, verwischbarste Lüge, die nur das Wort anderswohin schickt, als die Gedanken gehen"[32], sondern eine eigentliche Lüge, die innere Selbstverlogenheit. „Die eigentliche Lüge ist die, wo das Wort dem Gedanken gemäß ist, aber der Gedanke selbst der tieferen Wirklichkeit in uns widerspricht (...)."[33] Der ‚Lügenmacher' hatte also in der Tat die Macht, Menschen in ihrem Innersten zu zerbrechen und zu spalten, indem er sie zwingen konnte, einem Teil ihres Wesens zuzustimmen, wobei sich die tiefere Schicht dessen gegen die Zustimmung sträubte. Mit seiner magischen Gabe war es dem Lügenmacher auch gelungen, eine tatsächlich fast makellose und glückliche Ehe zu schaffen. Denn er hatte ein Mädchen, von dem er wusste, das sie ihn nie lieben könnte und würde, veranlasst, aus Lüge einem Liebesverhältnis und einer Ehe einzuwilligen.

> (...) er zwang sie, ja zu antworten, – nicht obgleich es eine Lüge war, sondern gerade weil es eine war. Denn nicht nur mit den Lippen mußte sie es sagen, sondern auch mit einem Stück ihres Ich (...), mit irgend einer Schicht, die sie nicht verleugnen konnte und die die Seele ihrer Seele doch immerzu Lügen strafte.[34]

Aber das Eheleben wird für ihn zu einem Ungeheuer, weil er sich dessen bewusst ist, dass die Frau daran leidet, dass sie ihn nicht vom ganzen Herzen hassen konnte, sondern mit einer Schicht dessen verlogenes Gefühl aufbringen muss. Der junge Mann, der schmerzhaft die Wahrheit erfuhr, dass „auf Kosten anderer kein Glück möglich ist", findet die Lösung, indem er seine wundersame Gabe auf sich selbst anwendet, um zu glauben, dass sie beide glücklich seien. „Das gelang vortrefflich, und nun war alles so gut, wie es sein konnte – wenigstens fast so gut."[35]

Verlogenheit auf Verlogenheit ergibt das Glück. Es ist auch ein Vorbei. Simmels spätere Verfahren, die Schattierungen desselben Begriffs oder Dinges zu entdecken, macht sich hier bemerkbar. Diese Lüge ist ein Vorbei, dem die Erfahrung des Fehlschlages genommen worden ist. Das Vorbei wird durch den Raum für Hoffnung und Enttäuschung nicht gebrochen, sondern als solches verdrängt. Die Lüge erzeugt eine von Grund auf falsche Situation, die zugleich einem himmlischen Zustand der Harmonie ähnelt. Die himmlischen und hölli-

---

32 Simmel: Der Lügenmacher, in: Beiträge aus der „Jugend" ..., a. a. O., S. 409-410, Zitat S. 409.
33 Ebenda.
34 Ebenda.
35 Ebenda S. 410.

schen Zustände ähneln auch in anderen „Momentbildern" einander zum Verwechseln.

Das Sich-Entziehen kann auch zum metaphysischen Prinzip werden. In „Koketterie" wird eine Frau porträtiert, die diese Kunst meisterhaft versteht. Es wird hier nicht ein Haben oder ein Nicht-Haben erstrebt, sondern die Koketterie nichts Anderes ist als eine Form des Schwebens zwischen beidem. Nachdem sie getadelt worden ist, dass sie nur kokettiere und das männliche ‚Opfer' „(...) zwischen dem Gewähren, das versagt, und dem Versagen, das gewährt (...)."[36] pendeln lasse, fordert die Protagonistin von dem Gesprächspartner als von einem ‚Philosophen' er möge die Koketterie definieren. Als sie den Satz zur Antwort bekommt „Koketterie sei ein Versprechen, das man nicht einlöst"[37], erwidert sie:

> „Wie heißt es doch," sagte sie darauf etwas spöttisch, „- *eritis sicut deus scientes bonum et malum*? Sie wenigstens scheinen das *bonum et malum* allerdings zu wissen. Aber das *sicut deus* haben Sie mir eigentlich zugeschoben. Denn wenn dieses Spiel zwischen gewähren und versagen Koketterie ist - verhält sich denn Gott und die Welt zu uns anders? Locken uns die Dinge nicht weiter und weiter, um uns schließlich ihr Letztes doch nicht zu gewähren? (...) Sieht uns das Dasein nicht auch so halb abgewandt an, mit einem Versprechen, das es nicht einlöst und gegen das wir doch wie blind und verzaubert unser Ganzes einsetzen? (...)"[38]

Mit dieser Replik, die zwischen Philosophie und einem Scherz schwebt, zieht die Kokette das ‚Recht' auf ihre Seite, denn sie greift den Vorwurf des Philosophen auf und erweist aus seiner Argumentation heraus das Gegenteil: dass Versprechen und Versagen nicht nur das Dasein nicht verfehlen, aber es gerade widerspiegeln, wobei es das Wesentlichste ist, dass die Widerspiegelung gerade im Verfehlen liegt. Die Aussage selbst ist als Handlung sprachlich nichts anderes als Kokettieren, also Sich-Entziehen. Koketterie ist das ‚Vorbei' an sich. Der Text mit dem Titel „Koketterie" ist als eine Konversation in geselliger Runde aufgebaut. Die Geselligkeit erlaubt es, von den Notwendigkeiten des Alltags und den Geschäften eines jeden gewissermaßen zu abstrahieren, dafür bewegen sich die versammelten Bekannten in einem Gespräch, das selbst durch das Spielerische der Koketterie geprägt ist. Die philosophische Reflexion über die Natur der Dinge, die sich uns entziehen, entspringt diesem spielerischen Gespräch, in

---

36 Simmel: Koketterie, in: Beiträge aus der „Jugend", a. a. O., S. 414-416, Zitat S. 415.
37 Ebenda.
38 Ebenda S. 415-416. Hervorhebungen im Zitat von Simmel.

dem sich die Versammelten versuchen. Die Aussage selbst ist eine spielerische Replik und wird in den Mund einer Frau gelegt, die die Koketterie meisterhaft beherrscht. Es besteht in diesem Text also eine Ähnlichkeit zwischen dem Zwischenmenschlichen der Situation und der ‚Natur der Dinge'. Die letzteren verhalten sich so, wie die Frau sich in der Gesellschaft verhält. Die ‚Dinge' werden mit der selbstbewussten Frau identifiziert. In dem Gespräch der Frau mit dem ‚Philosophen' hat sie Recht. Er definiert und steht auf dem Standpunkt, eine eindeutige Logik des Gewährens und Versagens in das gesellige Dasein einzuführen, indem er die Frau für ihr Kokettieren tadelt. Damit beginnt er jedoch das Gesellige zu vernichten, das sich gerade in der Sphäre des Habens und Nicht-Habens bewegt: im Reagieren und Nicht-Reagieren auf den Anderen.

3 Recht haben ist noch nicht Wirklichkeit: die Emanzipation der Gesellschaft vom Tatsachenideal der Naturwissenschaften

Es lohnt sich manchmal, auch Unrecht zu haben. Das Recht-Haben kann zur Verdammnis werden. In dem am 24.9.1898 veröffentlichten Text „Recht. Ein Tragödien-Fragment" steht ein junger Mann im Zentrum, den der Erzähler noch von der Schule her kennt und mit dessen Schicksal er immer wieder konfrontiert wird. Dieses Schicksal ist gekennzeichnet durch die Fähigkeit, anderen gegenüber Recht zu haben. Diese Gabe wird dem Protagonisten allerdings schnell zum Verhängnis. Diese fordert langsam als Prinzip die ganze Persönlichkeit und wird tatsächlich im Sinne der alten Tragödie zum Schicksal, in der man, was man auch tut, dem Fatum nicht entgehen kann. Schon als Knabe auf der Schule zwingt Herbert, der Protagonist, den Physiklehrer vor der ganzen Klasse einzugestehen, Unrecht gehabt zu haben. Herbert bedauert das dann, weil der Lehrer ein liebenswürdiger Mensch war. Zwischen ihm und der Gruppe wurde daher eine Art ungeschriebener Vertrag abgeschlossen, sich gegenseitig anzuerkennen. Das prinzipielle Recht-Haben änderte nichts an dem Stand der Tatsachen, zerstörte allerdings etwas anderes: das subtile Netz des Vertrages zwischen den Jungen und dem altmodischen Lehrer, den diese schonen wollten. Herbert verzichtet später auf das Jurastudium, um den Gefahren des Talents, das er hat, zu entgehen und wandte sich den Naturwissenschaften zu, mit der Hoffnung, „(…)

die Natur wenigstens würde ihm gegenüber nicht Unrecht haben (…)."[39] Die Tragödie bestand jedoch darin, dass sich Herbert nicht nur durch das Recht-Haben einschränkte, sondern sich dessen auch durchaus bewusst war. Sein Freund, der Erzähler der Geschichte, erklärt:

> Und es sei fast ein *unglücklicher* Zufall, daß er immer Recht behalte. Denn unvermeidlich reduziere sich ihm dadurch das Leben, soweit es in Beziehungen zu Anderen bestände, mehr und mehr auf die Formel einer Diskussion, einer Entscheidung nach Recht und Unrecht, und er wisse sehr gut, wie unliebenswürdig und wie armselig gegenüber dem tieferen Sinne des Lebens dieses Schema sei. (…) Indem ich sein Schicksal beobachtete, wurde mir klar, wie sehr sich das Leben in der Form der Gegensätzlichkeit zwischen Mensch und Mensch vollzieht, wie sehr es, selbst jenseits der großen Kämpfe, selbst auf dem Boden der Liebe, selbst in den Gleichgültigkeiten des Tages, aus fortwährende Entscheidungen zwischen dem Ich und dem Anderen gestellt ist. Wir übersehen das, weil diese Entscheidungen für gewöhnlich wechselnd ausfallen und weil all dieses Sichdurchsetzen und Zurückweichen sich gegenseitig ausgleicht.[40]

Es wird hier auf den Unterschied zwischen Recht-Haben und Sich-Durchsetzen-Wollen verwiesen. Sie sind nicht identisch. Die Sache selber hat Gültigkeit, soweit das ‚Recht' verifizierbar ist; aber das Gesagte passiert zwischen Menschen und reibt sich an dem Zusammensein. Das ‚ganze Reichtum des Daseins' und die Fülle des Lebens, denen Herbert sich stets entzieht, sind in dem wechselnden Rhythmus von Sich-Durchsetzen und Ausweichen zu suchen. Herbert ist zur Konfrontation mit dem Leben nicht fähig, wessen er sich bewusst ist. Das Verhängnis des ‚Recht-Habens' beruht darauf, dass wegen der Sicherheit, mit der Herbert in jeder Diskussion siegte, die Auseinandersetzung sich völlig von seiner Persönlichkeit isoliert vollzog. „Sein Wille ging auf den ganzen Reichtum des Daseins, und eine Unentwirrbarkeit von Naturanlage und Schicksal beschränkte ihn auf die glänzende Armuth Eines, dessen Meinung immer siegt, dessen Ueberlegenheit so selbstverständlich ist, daß man von vornherein die eigene Persönlichkeit nicht einsetzt, weil man sie doch nicht durchsetzen kann."[41] Paradoxerweise bedeutet das stete Recht-Haben kein Sich-Durchsetzen. Herbert hat zwar Recht, verliert aber an Persönlichkeit, weil er sie nicht einsetzen kann. Sein Schicksal treibt ihn in ein gespensterhaftes Dahinvegetieren, in dem nicht einmal der Tod möglich ist:

---

39 Simmel: Recht. Ein Tragödien-Fragment, in: Beiträge aus der „Jugend" …, a. a. O., S. 375-380, Zitat S. 376.
40 Ebenda S. 376-377. Hervorhebung im Zitat von Simmel.
41 Ebenda S. 377.

> So lebt er weiter, innerlich und fast äußerlich vereinsamt; (...). Er ist aber Mannes genug, das sinnlos gewordene Leben nicht wie einen billigen Roman mit einem Pistolenschuß zu beenden. Er sagte mir einmal: „Ich habe einen solchen Haß gegen mein eigenes Rechthaben, daß ich mir das Leben nehmen würde, wenn ich nicht wüßte, daß ich damit Recht hätte" - - [42]

Die gespensterhafte Vereinsamung und Unmöglichkeit des Todes, die Existenz in einer Leere, die infolge einer Verarmung der Persönlichkeit eintreten, verfolgen Simmel auch in anderen „Momentbildern". Schaut man sich einige weitere Texte aus der „Jugend" an, stößt man auf das Motiv der erfüllten Wünsche, deren Erfüllung sich als unerträgliche Einschränkung des ‚Reichtums des Daseins' enthüllt. Herberts einmalige Erfüllung, als er durch den Sieg über den Physiklehrer ein Held für sich und seine Mitschüler werden und die Situation durch den Gegensatz ‚Recht-Unrecht' völlig beherrschen wollte, zog eine solche Einschränkung nach sich.

4 Der Gegensatz zwischen erfülltem Wunsch und Ungeschick als innere Struktur der „Momentbilder"

4.1 Der Teufel der erfüllten Wünsche

Für die erfüllten Wünsche ist bei Simmel meist der Teufel zuständig. Er steht allerdings oft nicht so weit von Gott und verführt die Menschen, indem er ihnen die Herbeiführung eines paradiesischen Zustandes verspricht. Für die erfüllten Wünsche ist in den „Momentbildern" die Geschichte von König Midas paradigmatisch, der an der Erfüllung seines Wunsches, dass sich alles, was er berührt, in Gold zu verwandeln möge, vor Hunger zugrunde ging. Der Mythos wird in „Recht. Ein Tragödien-Fragment", also in der Erzählung über Herbert, und in „Von erfüllten Wünschen. Zwei sehr ähnliche Märchen" erwähnt. Was eine Erfüllung und Bereicherung sein sollte, erweist sich als Verarmung und Tücke des Schicksals, welches der Wünschende eben zu hinterlisten und im Griff zu haben beabsichtigte. Die Falle stellen sich die Wünschenden allerdings ungewollt selber, weil sie es leicht haben wollen und die Natur des Lebens verleugnen. Vor allem wollen sie sich dem Bezug auf Andere entziehen, da dies mit Kämpfen und Rätseln verbunden ist. Die Miniatur „Relativität" versah

---

[42] Ebenda S. 378.

Simmel mit dem Motto: „Das Schicksal erfüllt uns bisweilen unsere Wünsche, aber auf *seine* Weise."⁴³ In einer geselligen Runde erzählt dort jemand die Geschichte von einem Mann, der sich dem Teufel verschrieben hat, um der Allerklügste zu sein. Da der Teufel aber sein Geschäft verstand, gab er dem Manne nicht mehr Klugheit, sondern machte alle übrigen zu Dummköpfen, während der Besagte seine bisherige Vernunft behält. Nun wurde ihm ein Leben und Zusammenleben unmöglich, die kleinste Arbeit, die der Mithilfe Anderer bedurfte, machte jede Verständigung unmöglich. Der Unglückliche vereinsamte. Er verspürte kein Glück ob seiner absoluten Überlegenheit. Da lernte er eines Tages den Teufel kennen, von dem er sich dann eine Befreiung von allen Bezügen auf andere Menschen erhoffte.

Allerdings ist auch der Teufel nicht der Klügste, ebenfalls er kann dem Schicksal der erfüllten Wünsche nicht entgehen. In der „Parabel" kommt er zum Höchsten, dem er ein Gefallen getan hatte. Er bittet ihn, während der Höchste der erfahrenen Hilfe wegen gnädig auf ihn zuhört, er möge den Menschen das Glück nehmen. Der Teufel schuf damit unwillkürlich das Paradies auf Erden, denn nun sind alle Sehnsüchte dahin und alles Treiben ist stillgelegt, denn „(...) die Sanftmuth, die Entsündigung, die Wunschlosigkeit eines Gottesreiches war eingetreten; und das Pax hominibus klang nicht mehr als Gebet, sondern als Triumphlied."⁴⁴ Da sah der Teufel seinen Fehler ein und bat innigst und untertänigst den Höchsten, „(...) den Menschen die göttlichste aller Gaben, Ziel und Dank aller Gebete, der höchste Rechtstitel der Anbetung Gottes, das Glück, um

---

43   Simmel: Relativität, in: Beiträge aus der „Jugend" ..., a. a. O., S. 423-424, Zitat S. 423. Die Parole „Das Schicksal gewährt uns unsre Wünsche, aber auf seine Weise, um uns etwa über unsere Wünsche geben zu können" stammt aus Goethes „Wahlverwandtschaften" (Vgl. hierzu die Erläuterungen des Herausgebers zu GSG 17., S. 595.) Von der Tiefe der Goethe-Rezeption bei Simmel zeugen die vielen direkten und indirekten Goethe-Zitate, de sich in seinen Schriften befinden. Walter Benjamin, der Simmels „Goethe"-Buch intensiv rezipierte, verfasste auch einen Aufsatz über die „Wahlverwandtschaften". Wohl an dieses Werk knüpft eine Bemerkung in seiner „Berliner Kindheit um neuzehnundert" an, die sehr an Simmels ‚Momentbild' über die erfüllten Wünsche erinnert: „Die Fee, bei der er einen Wunsch frei hat, gibt es für jeden. Allein nur wenige wissen sich des Wunsches zu entsinnen, den sie taten; nur wenige erkennen darum später im eigenen Leben die Erfüllung wieder. Ich weiß den, der mir in Erfüllung ging, und will nicht sagen, dass er klüger gewesen ist als der der Märchenkinder." (Walter Benjamin: Berliner Kindheit um neunzehnhundert, in: Walter Benjamin: Gesammelte Schriften Bd. IV/1., hg. von Rolf Tiedemann und Hermann Schweppenhäuser, Frankfurt/M 1980, S. 305-438. Zitat S. 247.)
44   Simmel: Parabel, in: Beiträge aus der „Jugend" ..., a. a. O., S. 371-372, Zitat S. 372.

Gotteswillen (...) wiedergeben."[45] Indem der Höchste das tut, handelt er wohl im Interesse des Teufels und scheint selbst nicht alles zu durchdringen. Aber tatsächlich erweist sich die Klugheit Gottes darin, dass er von seiner notwendigen Komplizenschaft mit dem Teufel wohl im Inneren weiß. Das Glück wendet die Menschen sowohl Gott zu, weil sie ihn anbeten, aber es verteufelt auch die Welt, weil es zwischen Haben und Nicht-Haben schwebt; jeder glaubt zu wissen, was es ist, insgesamt verfehlt es jedoch jeder.

Während das Paradies das Gegenteil der Hölle ist und sich doch als deren Spiegelbild erweist, verbindet sich das Diesseits mit Relativität und Doppeldeutigkeit der Dinge, die sowohl Teuflisches wie Göttliches bergen können. Himmel und Hölle sehen aus wie Abstrahierungen von dem dritten Zustand, dem Diesseits. In „Himmel und Hölle" sagt ein ‚Jemand' während der Diskussion:

> „Himmel und Hölle wollen Sie vereinigen, weil die Dinge Pein und Seligkeit in geheimnißvoller Einheit in sich tragen und nur die Seele entscheidet, welche dieser gebundenen Energien in ihr lebendig werde? Nein, mir scheinen Himmel und Hölle gerade nur in reinlicher Trennung ihren Sinn zu haben. Denn wodurch unterschieden sie sich sonst von Diesseits?"[46]

Zumeist ergibt die Erfüllung des Wunsches, dass diese ‚geheimnisvolle Einheit', also die Ambivalenz der Dinge, verloren geht. Die Welt verfällt dann in eine unerträgliche Harmonie. Diese beruht jedoch auf Verdrängung des Störenden. Was stört, sind die ‚gebundenen Energien' der ‚Dinge', die von der ‚Seele' eine Entscheidung fordern.

4.2 Ich und Du: zwei Beispielinterpretationen

In zwei Miniaturen, die in der „Jugend" am 12.9.1899 erschienen und denen Simmel den Titel „Von erfüllten Wünschen. Zwei sehr ähnliche Märchen" gab, geht es um eine weitere Variierung des Themas ‚Wunscherfüllung'. Die beiden Märchen behandeln die Ich-und-Du-Problematik.

Das erste Märchen ist dem ‚Ich' gewidmet und erzählt von einem ‚wunderschönem Mädchen'. Dieses stellt die Simmelsche Version des Narzissmythos dar. Der griechische Narziss verliebte sich in sein eigenes Spiegelbild, wodurch

---

45 Ebenda.
46 Simmel: Himmel und Hölle, in: Beiträge aus der „Jugend" ..., a. a. O., S. 406-408, Zitat S. 408.

er lebensunfähig wurde, weil er nun die ganze Welt vergisst. In dem ersten der beiden kurzen Märchen von Simmel spielt der Spiegel auch eine Schlüsselrolle.[47] Die Ich-Problematik und die Ich-Bezogenheit werden hier einer Frau (eigentlich einem Mädchen) zugeschrieben, und nicht einem Jüngling, wie es Narziss war. Es ist wohl von Seiten Simmels konventioneller, die Schönheit als weibliches Attribut vorzustellen, obwohl in der griechischen Mythologie – die insgesamt Simmels „Momentbilder" durchdringt, wohl als Reminiszenz der klassischen Gymnasialbildung – die Schönheit sowohl der männlichen wie auch der weiblichen Jugend zugeschrieben wurde.

Das Mädchen aus dem Simmelschen Märchen ist schön und zufrieden mit sich selbst. Ihre Schönheit ist Ausdruck ihrer Selbstgenügsamkeit. Sie sucht nicht die Gesellschaft der Anderen, sondern die der Spiegel, in die sie schaut. „Immer wenn sie zu Besuch war, setzte sie sich so, daß sie dem Spiegel gegenüber kam; die andern wollte sie nicht sehen, und es lag ihr auch nichts daran, daß die andern sie sahen."[48] Sie scheint auch nicht die Sehnsucht, nach sich selbst zu verspüren, die die Selbstliebe des Narziss' prägte, welcher sich nach einer Vereinigung mit seinem Objekt, d.h. seinem eigenen schönen Spiegelbild auf der Wasseroberfläche, sehnte. Obwohl offensichtlich in sich selbst verliebt, ruht das Mädchen harmonisch und ungestört in sich selbst. Ihr Körper stellt wie bei Narziss das Bild von Selbstbezogenheit dar; er bildet einen in sich geschlossenen Kreis, wortwörtlich ‚von Kopf bis Fuß' schließt er sich in sich ein: die Füße des Mädchens seien nämlich so schön gewesen, „(...) daß ihr eigenes Haar,

---

47 Zur Popularität des Spiegels und des Spiegelmotivs im 19. Jahrhundert und um die Jahrhundertwende schreibt Ralf Konersmann: „Zu den Denkwürdigkeiten des frühen 19. Jahrhunderts gehört seine Aufmerksamkeit für Spiegel. Es war überhaupt das Jahrhundert der Licht- und Bildreize. (...) In den Metropolen waren Spiegel bereits um die Jahrhundertwende allgegenwärtig. In London, vor allem aber in der von Hegel so genannten Hauptstadt der zivilisierten Welt, in Paris, wurden großzügig Spiegel verteilt. In den Kaffeehäusern und Bistros der Stadt waren spiegelnde Wände und Trumeaus selbstverständlich. (...) Die Spiegel überwanden die vertrauten Raumgrenzen und ebneten hergebrachte Distanzen und Unterschiede ein. Was drinnen war, war auch draußen, und wer glaubte, nur davor zu stehen, der sah sich plötzlich und unwiderstehlich hineingezogen. (...) Aber die Begeisterung bleibt nicht ungebrochen. Noch in der ersten Hälfte des Jahrhunderts wird die Allgegenwart der Spiegel mehr und mehr als bedrückend empfunden. Ihre Reflexe wirken plötzlich schroff, die Konfrontation mit dem eigenen Spiegelbild weckt Unbehagen. (...) Schon 1840 weist Edgar Allan Poe in seiner „Philosophy of Furniture" auf diese Problemlage hin." (Ralf Konersmann: Lebendige Spiegel. Die Metapher des Subjekts, Frankfurt/M 1991, S. 15 ff.)
48 Simmel: Von erfüllten Wünschen. Zwei sehr ähnliche Märchen, in: Beiträge aus der „Jugend" ..., a. a. O., S. 387-389, Zitat S. 387.

wenn es aufgelöst war, ihr sie immer küßte (...)."⁴⁹

Die Schönheit, mit der das Mädchen ausgestattet ist, stammt offensichtlich aus dem Reiche der Kunst. Sie entspricht der Vorstellung von deren Selbstbezogenheit und Selbstgenügsamkeit. Die Schönheit braucht nichts, ist Vollkommenheit. In einem anderen „Momentbild", das den Nietzsche entlehntes Titel „Jenseits der Schönheit" trägt, beschreibt Simmel scherzhaft, allerdings nicht ganz ohne Überzeugung, dass die Überlegungen stimmen, das Schöne als Ideal der Vollkommenheit. Im Gegensatz zu anderen Arten von Vollkommenheit – der ethischen oder dem Ideal einer vollkommenen Erkenntnis – scheint die Schönheit verschwommener und geheimnisvoller zu sein, weil man nicht so richtig weiß, welches hier die Quelle der Vollkommenheit ist, wenn es keine ethische Kriterien und klare, dem Gegenstand der Erkenntnis adäquate Begriffe gibt.

Nur an einer Stelle des Märchens wird ein ‚dynamisches' Verhältnis zwischen dem Mädchen und ihrer Umgebung erwähnt, aber nach wie vor im Zusammenhang mit dem Motiv der Schönheit. Wir erfahren, dass die Umgebung die Zurückgezogenheit und das stolze Verstummen des Mädchens mit äußerster Freude akzeptiert, ja ihnen entgegenkommt, weil das Mädchen auf diese Weise zu einem geheimnisvollen Punkt in ihrem Alltag und zur Projektionsfläche für ihre Wünsche nach einem ‚Anderen' wird: „(...) und so tiefe Augen hatte sie, daß, wenn einer darin bis auf den Grund kam, er gar nicht wieder herausfand; auch ihre Lippen waren sehr lieblich, und man begriff, daß sie am liebsten aneinander blieben und nichts sagten."⁵⁰ Die Tiefe der Augen, in die man sich verirren kann, erinnert an die spätere im Text präsente Verwandtschaft zwischen Ich, bzw. Ich und Du, und dem Motiv des Wassers, des Sees und des Ertrinkens.

Trotz der offensichtlichen Präsenz der fremden Blicke (welche die Schönheit halbbewusst als Versprechen einer Erfüllung und als Verheißung eines ‚Anderen' deuten) scheint das Mädchen dem sozialen Spiegel, den Anderen gegenüber, gleichgültig zu sein. Ihre Faszination für die eigene Schönheit und ihre Vorliebe für die Spiegel entspringen nicht dem verinnerlichten Blick der Mitwelt. Der Spiegel in diesem Märchen dient nicht der eigenen Disziplinierung, um Anderen zu gefallen, sondern er ermöglicht es, die Anderen auszuschließen und mit sich selbst allein zu sein. Spiegel symbolisieren die Wider- und Rückspiegelung, die Abgeschlossenheit des Ich, nicht dessen Spaltung in

---

49   Ebenda.
50   Ebenda.

das sich selbst betrachtende Ich und das Ich als Objekt der Anschauung. Eine innere Spaltung scheint das Mädchen nicht zu kennen. Ihr Herz stellt eine Kammer mit Spiegelwänden dar: „Auch ein Herz hatte sie, und wenn das Spiegelwände gehabt hat, so war das wohl auch sehr schön, denn es war nichts Anderes darin, als sie selbst, ganz allein."[51]

Das Spiegelbild ist etwas Besonderes, weil es einerseits die eigene Gestalt und das eigene Gesicht zu sehen ermöglicht, aber zugleich verwandelt er dies alles in einen Schein, in das Imaginäre. Nur dank dem Spiegel ist es möglich, das eigene Gesicht zu erblicken. Sonst würden wir zwar die Gesichter aller anderen Menschen, denen wir begegnen, sehen können, nicht aber das eigene. Der Spiegel ist die Verkörperung der Selbstreflexivität, doch gleichzeitig besitzt er keinen eigenen Gegenstand, er spiegelt nur das Vorhandene wider und verwandelt es in ein bloßes Bild, ohne Materie.

Als eines Tages ein ‚mächtiger Zauberer' erscheint, und, nachdem das Mädchen sein Werben mit dem Satz abgelehnt hatte, sie brauche niemanden, doch er entgegnet, dass er einen Wunsch ihrer Wahl erfüllen wolle, fordert sie, immer in den Spiegel blicken zu können. „Und so kam es denn: die Gesichter der Menschen und der blaue Himmel und die Bäume und alle Geräthe waren nun bloß Spiegel, in denen sie immer nur sich selbst sah."[52] Es wird hier wieder auf einen antiken Stoff angespielt, auf die bereits erwähnte Geschichte des Königs Midas, der zu keinem Menschen und keinem Ding mehr gelangen konnte, nachdem sich nach Erfüllung seines Traums es sich in Gold verwandelt hatte. Das Mädchen aus Simmels Märchen bekommt die Gabe, alles in eignes Spiegelbild zu verwandeln. Sie war einige Zeit begeistert, bloß sich selbst in allem widergespiegelt zu erblicken,

> (...)[a]ber bald war es ihr doch etwas zu viel und langweilig. Immer nur ihre eigene Schönheit sah sie und schließlich wurde ihr die ganz verhaßt. Zu keinem Menschen konnte sie mehr kommen und zu keinem Ding, denn alles war sie selbst und was sie ergriff, war sie selbst und wo sie hinging, kam sie immer nur zu sich selbst. Da wurde ihr das Leben so zuwider und unheimlich und zur Last, daß sie an einen See ging, und wie sie sich auch da nur sich selbst sah, da stürzte sie sich hinein und ging in sich selbst unter.[53]

Es ist unklar, warum die Situation, nur noch mit sich selbst sein zu können, das

---

51 Ebenda.
52 Ebenda.
53 Ebenda.

Mädchen stört, wo sie doch auch vorher kein Interesse für die Anderen gezeigt hatte. Wahrscheinlich war es die bloße Existenz der Anderen, welche sie zu meiden und zurückzuweisen suchte, für ihre Wünsche wichtig, niemand zu brauchen und auf niemand acht zu geben. In der allein nur noch auf das Ich geschrumpften Welt gibt es keine Möglichkeit der Abgrenzung und des Alleinseins mehr. Am Ende ist das Ich etwas Gespenstisches; es bekommt die Dimensionen eines Sees, scheint unbegrenzt zu sein. Die Unbegrenztheit des Ich ist andererseits eine scheinhafte, weil sie nur eine Widerspiegelung, also Täuschung, ist. Der See, in dem das Mädchen am Ende des Märchens untergeht, hat keine wirkliche Tiefe. Die Welt der Spiegel ist eine Welt, aus dem jedes Andere ausgeschlossen wird, vor allem jedes ‚Du', wie man dies dem darauf folgenden Märchen entnimmt. Zugleich entsteht der Eindruck, dass mit der Ausschließung der Anderen dem Mädchen auch der Tod verweigert wird. Sie sucht den Tod als Ausweg aus dem Ich, das ihr zum Gefängnis geworden ist, und erwartet vom See – als dem Unbegrenzten, Anderen – die Einschränkung des Ich. Aus dem Ich kommt sie aber nicht mehr heraus, und ‚geht in sich selbst' unter. Die positiv besetzte Wendung ‚zu sich selbst kommen', die ein authentisches Bei-Sich-Sein bezeichnet, bekommt einen umgekehrten Sinn: das Ich, welches nur Schein, Widerspiegelung des Selben ist, wird zur unüberwindlichen Grenze. Das Ich, besetzt mit Schönheit, die Geheimnis verspricht, lockt mit dem Versprechen einer Tiefe, es stellt sich am Ende allerdings heraus, dass es nur eine Spiegeloberfläche ist, die es als alleiniges Zentrum der Welt, unmöglich macht, zu etwas Anderem zu gelangen.[54]

---

54 Der Spiegel gehört zu den wesentlichsten ‚Requisiten' des Subjekts und ist oft Sinnbild dessen Wunsches, sich selbst als integrale Einheit zu begreifen (obwohl der Spiegel in der Philosophie und Literatur auch als Symbol der inneren Spaltung des Subjekts fungiert): „Als gespaltenes konstruiert sich das Subjekt eine imaginäre Einheit, in der es sich von sich selbst und der Wirklichkeit um so mehr entfremdet. Sich in seinem Fragmentcharakter anzunehmen, jene grundsätzliche Spaltung, mit der die symbolische Ordnung zusammenhängt, von ihren imaginären Maskierungen zu befreien, ist das Ziel von Jacques Lacans Therapie. Deshalb sein theoretisches Insistieren auf dem Problem des Einen und seiner Stücke: die Entdeckung des Kinderkörpers als eines ganzen und eigenen vor dem Spiegel? Fortschritt in die Entfremdung (...)." (Lucien Dällenbach/Christiaan L. Hart Nibbrig: Fragmentarisches Vorwort, in: Dällenbach/Hart Nibbrig (Hg.): Fragment und Totalität, a. a. O., S. 7-17, Zitat S. 12.) Die Figur des Spiegels benutzt Jacques Lacan in seinem klassischen Text „Das Spiegelstadium als Bildner der Ichfunktion", um auf die Entstehung des Ich-Bewusstseins beim Menschensäugling zu verweisen. „Die jubilatorische Aufnahme seines Spiegelbildes durch ein Wesen, das noch eingetaucht ist in motorische Ohnmacht und Abhängigkeit von Pflege, wie es der Säugling in die-

Wenn das Mädchen vom See eine erlösende Tiefe erwartet, erinnert ihr Wunsch an die früher erwähnte Sehnsucht der Menschen, in ihren eigenen Augen eine labyrinthartige Tiefe und ein Versprechen des Glücks und des Versinkens in ein Geheimnis zu erblicken. Ohne den Bezug auf die Anderen –der meist als Einschränkung empfunden wird – erweist sich das Ich nicht als etwas Lebbares, sondern als ein Phantom. Als das Mädchen ‚in sich selbst' untergeht, bedeutet es kein Sich-Verirren in die Tiefe eines Geheimnisses, sondern das Gegenteil davon: sie scheint in einer Leere hängen geblieben zu sein. Sie erreicht den See, in dem sie zu versinken wünscht, nicht, weil sie hinter die sie selbst widerspiegelnde Oberfläche nicht hinaus kann.

Man kann die Frage stellen, ob durch das Märchen nicht indirekt die Auffassung zur Sprache dringt, dass die Attribute, die gewöhnlich dem Ich zugeschrieben werden – und die die Psychologie, insbesondere die Tiefenpsychologie, auch begründet – nämlich, etwas Tiefes und Geheimnisvolles zu sein, sofort verschwinden, wenn man sich das Ich in der Isolierung vorstellt. Vielleicht ist das Ich für sich nur etwas Tiefes, insofern es auch ein Du gibt, das unzugänglich ist. Ohne die Gesellschaft wäre die Individualpsychologie nicht denkbar.

In dem zweiten Märchen stellt das Du allerdings den Untergang dar. Diesmal ist der Protagonist ein Mann. Sein Problem besteht darin, dass er, trotz aller Schicksalsgaben, der Klugheit und der Stärke, mit sich nicht zufrieden ist:

> Immer dachte er nur an seine Bücher, an alle Räthsel, die er lösen wollte, an alles Geistige, vor dem die Schwere des Daseins verschwindet; und da kam er zu einem rechten Haß seines Körpers, dieser rücksichtslosen Masse, die immerzu Pflege forderte und wie ein Bleigewicht die inneren Flügel herunterzog; es kam ihm vor, als würde sein Geist zu jeder Höhe und in alles Feine dringen können, wenn nur die Körperschwere von ihm genommen wäre.[55]

Der schlaue Zauberer, der den jungen Mann vorher in Andenken an dessen

---

sem infans-Stadium ist, wird von nun an – wie uns scheint – in einer exemplarischen Situation die symbolische Matrix darstellen, an der das Ich (je) in einer ursprünglichen Form sich niederschlägt, bevor es sich objektiviert in der Dialektik der Identifikation mit dem andern und bevor ihm die Sprache im Allgemeinen die Funktion eines Subjekts wiedergibt. Diese Form könnte man als Ideal-Ich bezeichnen (...)." (Jacques Lacan: Das Spiegelstadium als Bildner der Ichfunktion, wie sie uns in der psychoanalytischen Erfahrung erscheint. Bericht für den 16. Internationalen Kongreß für Psychoanalyse in Zürich am 17. Juli 1949, in: Jacques Lacan: Schriften I, Berlin 996, S. 61-70, hier S. 64.) [Hervorhebungen in Zitat von Lacan]
55 Simmel: Von erfüllten Wünschen..., a. a. O., S. 388.

Mutter mit allerlei Gaben beschenkte und der dessen Unzufriedenheit als Undankbarkeit empfindet, bringt den Wunsch in Erfüllung und nimmt dem Mann die Körperschwere, die ‚Materie' seines Körpers. Dafür gibt ihm der Zauberer allerdings ein Rätsel auf den Weg. Im Augenblick, in dem der Mann die Lösung des Rätsels erraten werde, sollte seinem Körper wieder „(...) sein Stoff und seine Schwere zuwachsen."[56] Das Rätsel hatte die Form eines kleinen einfachen Reimgedichtes und lautete: „Verliere dich / Nur ganz in mich, / Du findest besser nur dich wieder – / Ich bin ja schon dein bessers Ich / Und dennoch bin ich niemals Ich / Ergreif mich – du! – sonst flieh ich wieder."[57]

Der junge Mann war äußerst zufrieden über die Befreiung von seinem Körper, den er als Bleigewicht empfand, welches ihm den Weg in die Höhen des Geistes versperrte. Der Junge schwebte nun frei im Reiche der Ideen und entwickelte auch einige freudebringende Gewohnheiten. So etwa versuchte er, „wenn er ganz unbeobachtet war", zu fliegen, „und manchmal gelang das auch ein bisschen".[58] Im Winter bereitete es ihm ein großes Vergnügen, wenn er über den frisch gefrorenen See gleiten konnte, insbesondere wenn das Eis noch so dünn war, dass es unter dem Gewicht eines Spatzes zusammenbrechen würde. Ab und zu dachte er natürlich an das geheimnisvolle Rätsel, aber er schob den Gedanken auch gleich von sich weg, weil er um keinen Preis wünschte, auf die Lösung zu kommen. Eines Tages allerdings

(...) sah er am Ufer eine weibliche Gestalt in einem sanften, samtenen Kleide. Er lief ein wenig näher und sah ein schönes blondes Mädchen, so schön, wie er nie etwas gesehen hatte. Es war wie eine Wolke von Glück um sie herum, und mit einem Schlage wußte er, daß es *sein* Glück war, das sie in ihren Augen und auf ihren Händen trug, das ihr Haar durchflocht und ihr Lächeln tränkte. Er konnte nicht anders, wahrend er zu ihr hinglitt, mußte er die Arme ausbreiten und rufen: „Du!" Und während er es rief, fiel ihm das Räthsel ein, und nun wußte er seine Lösung: Du! In diesem Augenblick kam die ganze körperhafte Schwere über ihn, in eins fühlte er, wie das Du, an dem er das Leben gewinnen wollte, sein Untergang sei, denn nun brach das dünne Eis unter ihm, und er versank.[59]

Wie das Mädchen aus dem ersten Märchen scheint der junge Mann auch keinerlei Gesellschaft zu brauchen. Sein Wunsch richtet sich allerdings nicht auf das eigene ‚Ich', sondern auf die Sphäre der ‚Ideen' und des Geistes. Man kann an

---

56 Ebenda.
57 Ebenda.
58 Ebenda.
59 Ebenda S. 389.

dieser Stelle fragen, ob Simmel hier in den beiden Märchen nicht seine späteren Ideen zur Geschlechterproblematik antizipiert, die er in dem Essay „Das relative und das Absolute im Geschlechter-Problem" niedergeschrieben hat.[60] Dort erscheint ihm die Frau als ein in sich ruhendes Wesen, welches der Natur näher stehe als der Mann, der in sich gespalten sei und nach der Sphäre des Objektiven strebe. Allerdings bezeichnet Simmel in diesem späten Essay die Sphäre des Objektiv-Menschlichen als ein Männliches, welches zum allgemein Menschlichen um den Preis emporgehoben wird, das geschlechtlich Männliche im Geiste zu verleugnen und die Ideen außerhalb jeden Bezugs zum Geschlecht zu situieren. Auch das Weibliche werde verdrängt, weil es dadurch keinen Bezug zum Allgemeinen und so auch zur Sprache und zum Geist, bekommt. Diese Sicht der Dinge ergibt sich jedoch aus einer Lektüre, die sich in traditionellen Grenzen bewegt. Es lässt sich nicht leugnen, dass die beiden Simmelschen Märchen von traditionell gedachten Bildern der Geschlechter beeinflusst sind. Die Schönheit soll der Frau gehören und die Ideen dem Mann. Ich würde jedoch die Märchen, welche halb ernst, halb scherzhaft gemeint sind – sehr einfach in der Form, und sogar an ad hoc ausgedachte Fabel erinnernd: für ein Kind, das gerade nicht einschlafen will – mit einer kleinen lehrreichen Pointe, anders lesen. In ihnen kann man einen Versuch sehen, das Verhältnis zwischen Ich und Du darzustellen; Simmel bewegt sich in Bildern, die er vorfindet. Er greift nach dem Bild der (schönen) Frau, jedoch nicht, um ihrer ‚Natur' (oder der des Mannes) Ausdruck zu verleihen, sondern um den Bezug von Ich und Du in ein Bild zu bringen. Das Du ist ein Gebiet der Ungewissheit, der Erwartungen und Projektionen. Die Verwendung der Metaphorik des Geschlechterunterschieds, wo es eigentlich um Ich und Du gehen sollte, ist frappierend. Das Du wird mit den konventionellen Attributen der Weiblichkeit ausgestattet, der Anmut und deren Geheimnis. Es soll bedeuten: das Du ist der Ort der Wünsche. Insofern wird jedes Du, unabhängig vom Geschlecht, mit Attributen, die konventionell der ‚Weiblichkeit' zugeschrieben wurden und leider immer noch werden, versehen. Wenn das ‚ichbezogene' Mädchen aus dem ersten Märchen an das Kunstwerk in seiner Selbstgenügsamkeit erinnert, so lässt die Frau aus dem zweiten Märchen an das Kunstwerk wegen des mit ihr verbundenen Glücksversprechens denken. Dass das (auratische) Kunstwerk ein ‚Ruf aus der Ferne' sei, schrieb etwas später

---

60 Georg Simmel: Das Relative und das Absolute im Geschlechter-Problem, in: Simmel: Philosophische Kultur. Gesammelte Essais, in: GSG 14., hg. von Rüdiger Kramme und Otthein Rammstedt, Frankfurt/M 1996, S. 219-255.

Walter Benjamin. In Simmels Märchen soll mit diesen Qualitäten das Du ausgestattet sein.

Der junge Mann erlebt das Problem der objektivierten Kultur des Geistes, die er übertrieben extrem verinnerlicht und deutet: als Drang nach dem ‚ewig Geistigen'. Der Körper ist aus dieser Perspektive zur Materie und Schwere geworden und soll, als Störfaktor, den es auszuschließen gilt, verdrängt werden. Die Verachtung des Hier und Jetzt und der Gaben, die schon da sind, veranlasst den Zauberer, den Wunsch zu erfüllen, den Körper des jungen Mannes in ein materieloses Phantom zu verwandeln, ihn aber mit derselben Geste auch gleichzeitig hinter einem Rätsel zu verbergen. Der Körper verschwindet zugunsten eines schwerelosen Scheins: zugunsten bloßer Vorstellung von Körperlichkeit, aber zugleich erscheint er wieder als eine Art Sprache, allerdings eine verrätselte. Der Junge trägt seitdem ein Rätsel in sich: das kurze Gedicht. Die Sprache birgt eine besondere Aufgabe: sie dient nicht der Kommunikation, sondern wird als Gedicht und Rätsel zur Spur einer Verwandlung und trägt potentielle Rückverwandlung in sich. Die verborgene Lösung dieses Rätsels ist das ‚Du', das auf diese Weise (durch den Einfall des schlauen, aber auch klugen Zauberers) zur Figur der ‚Körperschwere' des Ich wird. Die Körperschwere verschwindet auf Wunsch des jungen Mannes, sie erscheint verrätselt als die ‚Schwere' des ‚Du' und die Folgenschwere der Begegnung mit ihm, die für den Protagonisten tödlich endet. Der tödliche Ausgang der Begegnung mit der fremden Frau wird zum Preis für die Verdrängung der eigenen ‚Schwere'. Die ‚Schwere' und die Materialität des Körpers bedeuten hier allerdings nicht einfach rein materielle ‚Masse', sondern Widerstand im Leben und die Fähigkeit, die eigene Persönlichkeit in ihrer ganzen Fülle im Leben zu investieren. Der Mann war nach dem Erfolg des Zaubers sehr erleichtert „und es kam ihm vor, als brauchte er nun sich selbst nicht mehr mitzunehmen, wenn er seinen geliebten Ideen nachging (...)"[61] Das Rätsel drängt sich ihm jedoch immer wieder auf. Die Begegnung mit der Unbekannten stellt durch ihr ‚Gewicht' einen krassen Gegensatz zu der Welt der Ideen dar. Sie scheinen nicht nur ‚entkörpert' und entindividualisiert zu sein, sondern sie fordern auch kein Einsetzen der ganzen Persönlichkeit, was den Mann nicht stört, bis er endlich einem weiblichen Du begegnet und daran untergeht. Man kann aber den Verdacht hegen, dass der tragische Ausgang dieser Begegnung mit dem erfüllten Wunsch zusammen-

---

61 Simmel: Von erfüllten Wünschen..., a. a. O., S. 388.

hängt. Wäre der Mann die Schwere seines Körpers nicht losgeworden, hätte er sich auf das hauchdünne Eis nicht begeben. Oder aber, wenn er die ‚Materie' des Körpers ohne jede Spur hätte loswerden können, gäbe es kein Rätsel in seinem Leben. Dann müsste er jedoch ein Geist werden, kein Mensch bleiben. Sehr originell ist in Simmels Märchen eben die instinkthaft getroffene Verbindung zwischen Körperschwere, deren Verschwinden, dem Rätsel und der Ich-Du-Problematik.

In dem ersten Falle, dem des Mädchens aus dem ersten Märchen, haben wir es mit dem Verzicht auf das Zwischenmenschliche und mit dem Glauben an die selbstgenügsame Tiefe des Ich zu tun. Das Ich erweist sich jedoch ohne die Anderen, also ohne die Wechselwirkung und die für das Mädchen lästige Gesellschaft, als eine bloße Spiegeloberfläche. Das mit der Schönheit – die ein Versprechen ist – belegte Ich verspricht eine Erlösung und Erfüllung, wie sie auch ein Kunstwerk im traditionellen Sinne ausstrahlt. Das Ich aber so zu betrachten, bedeutet, in der Unwirklichkeit zwischen Tod und Leben zu schweben. In dem Falle des Mannes war die Begegnung mit dem Du tödlich, weil es infolge des erfüllten Wunsches zu einer Verdrängung der ‚Schwere' gekommen war. Die Erfüllung seines Wunsches sollte ihn von jeder Schwere und jedem Ungeschick in Bezug auf das Geistige befreien, setzte ihn jedoch völlig unvorbereitet einem Du aus, in welches er infolgedessen sein ‚Glück' und Wesen projizierte, so dass sich sein Schwerpunkt außerhalb seines selbst, in der Unbekannten befand. Sie erschien ihm infolgedessen nur allzu bekannt, als sein ‚besseres' oder ‚eigentliches' Ich. So ist er einerseits als Ich auf das bloß ‚Geistige' geschrumpft, andererseits ist es ihm unmöglich geworden, tatsächlich einem Du zu begegnen, denn die durch Einengung und Verdrängung entfesselte Projektion verwandelte die fremde Frauengestalt in ein vollkommenes und ersehntes aber trügerisches Ich-Bild.

4.3 Das Ungeschick

Am 10.12.1900 erschien in der „Jugend" das „Momentbild" „Spuren im Eise". Diese Miniatur erinnert in vielem an die Problematik des zweiten Märchens von erfüllten Wünschen. Die Szenerie ist hier ähnlich, sie besteht in Motiven des Eises und des anmutigen Schwebens. Der männliche Protagonist der „Spuren im Eise" verhält sich allerdings anders als der Junge, der sich den Verlust seiner Körperschwere wünschte. Hier gehen die Wünsche nicht in Erfüllung:

Spuren im Eise

Ich stand am Ufer eines zugefrorenen Teiches und sah den Exerzitien eines Schlittschuhläufers zu. Er war weit über den Anfang hinaus und mit einer Hingebung, wie sie bei wenigen Bestrebungen des Lebens um so idealer Ziele willen eingesetzt wird – warb er um wechselnde Wendungen und Windungen, Verschlingungen und Rückläufigkeit seiner Kurven. Aber noch gelangen sie nicht leicht und sicher. Die Kniee bogen und steiften sich in unrühmlicher Abhängigkeit, die Arme griffen in die Luft nach einem imaginären Gegengewicht umher, der Körper ließ sich wie mit schwerfälliger Widerwilligkeit die Linie entlang ziehen, die der Geist ihm vorschrieb. Ich wandte mich von dem anmuthlosen Schauspiel ab und nach einer Weile zurückkehrend, fand ich die Bahn leer und stieg selbst hinab. Und siehe da, die Spuren, die jener Läufer dem Eise eingeritzt hatte, waren die entzückendsten, anmuthigsten Formen, von einem Schwung und einer Freiheit wie die Linien, die ein Vogel durch die Luft zieht.

Dabei kam es wie ein Glück über mich, daß so etwas doch *möglich* ist: daß wir unter aller Plumpheit, allem Ungeschick, allem Schwanken unserer Bewegung doch mit einer äußersten Spitze eine Linie auswirken können, deren schlanke und leichte Spur nichts von der Unzulänglichkeit unseres Gesamtanblicks weiß. Und ob wir das nur mit den Füßen können? Ob nicht auch nach oben hin, während wir täppisch und gleichgewichtslos dahintaumeln, das Äußerste unserer Seele eine Spur hinterläßt, von deren Reiz und Werth uns, während wir sie beschreiben, nichts anzusehen ist, die aber ein Gott zu erkennen, sich an ihr zu freuen wüßte? [62]

Der Junge aus dem Märchen von erfüllten Wünschen sehnte sich nach einer Vollkommenheit in der Sphäre des ‚Höheren', des Geistes. Er versprach sich, das Ziel zu erreichen, indem er seine ‚Körperschwere' opferte. In „Spuren im Eise" fällt sofort auf, das Simmel im Bild bleibt, er greift wieder auf die Gestalt des Schlittschuhläufers zurück, um den Wunsch des Individuums nach Selbsterfüllung und Selbstfindung auszudrücken. Das Maß der Übereinstimmung mit sich selbst ist wieder die Schönheit: diesmal die Schönheit der Bewegung: die Anmut. Sie gilt seit dem 18. Jahrhundert als äußeres Zeichen der vollkommen Übereinstimmung von Körper und Seele. Selbstfindung und Übereinstimmung mit dem eigenen ‚Schicksal' werden angestrebt, inwieweit sie ‚erfüllt' sind, informiert das Geschick oder Ungeschick der Bewegung. Der Körper mit seinem Gewicht stellt die Quelle des Ungeschicks dar. Um Gleichgewicht zu halten, führt der Schlittschuhläufer ungeplante und die Harmonie störende Bewegungen aus. Der Körper wirkt wie ein Gegengewicht, schwerfällig, und beugt sich nicht ohne Widerstand der Linie, die dem Geist vorschwebt. Die Lektüre der Spuren, die im Eise hinterlassen worden sind, erfüllt den Erzähler allerdings für die unerwartete Anmut dieser Zeichnung mit Begeisterung. Sie wirken wie die Bahn eines Vogels in der Luft, also wie ein Sinnbild der Leichtigkeit und

---

62 Simmel: Spuren im Eise, in: Beiträge aus der „Jugend" ..., a. a. O., S. 398.

Freiheit, die früher, bei dem ‚Schauspiel', gerade der Körper einzuschränken schien. Die Zeichnung ist nichts anderes, als die in das Eis eingeritzte Spur des ungeschickten Ringens mit dem Körper und seinem Gewicht. Auch dass von ‚Einritzen' die Rede ist, verweist darauf, dass hier die Schwerkraft im Spiel war. Da die Bewegungen äußerst unökonomisch waren, dass hier eine Menge Energie unnötig verschwendet worden ist, nur um das Gleichgewicht zu halten, lassen an die bereits erwähnten Motive des Verfehlens und der Verschwendung in den vorhergehenden „Momentbildern" denken. Die Spuren des ‚Dahintaumelns' sind jedoch erst mit dem Verschwinden des Subjekts schön. Nicht ihm selbst, sondern der Spur seiner Bewegungen wird Anmut zuerkannt. Die ‚äußerste Spitze der Seele' bedeutet eine Sublimierung des Lebens, nachdem das Leben bereits verschwunden ist. Die Perspektive, aus welcher der Erzähler die Spuren des Schlittschuhläufers betrachtet, erinnert in manchem an die Perspektive des Todes. Der Läufer hätte selbst die von ihm hinterlassenen Linien beurteilen mögen, hätte er nicht seine Tätigkeit aufgeben und die Bühne der Eisfeldes verlassen müssen. Die Spur und deren Anmut, also das, was von dem Sinn des Ringens zeugt, sieht der Schlittschuhläufer nicht; ein Anderer, der hier die Perspektive eines ‚Gottes' einnimmt, erkennt die Schönheit. Das, was bleibt, ist das Objektivierte, das von dem Subjekt hinterlassen worden ist.

Die „Spuren im Eise" stellen eine Art Gegenprojekt zu den beiden Märchen von erfüllten Wünschen dar. Dem Ungeschick, selbst wenn es Verschwendung von Energie bedeutet, soll freier Lauf gelassen werden. Ob es diesen ‚Gott' gibt, der sich an dem menschlichen Ungeschick freuen könnte, ist ungewiss. Es ist durchaus eine Lektüre der „Spuren im Eise" möglich, bei der in den Schlusszeilen eine Art Fin-de-siècle-Resigniertheit erkannt wird, nach dem Motto: erst ein Gott könnte vielleicht von menschlicher Vollkommenheit und dem Gelingen sprechen. Eine andere Lektüre aber könnte das Gefühl des Glücks betonen, die den Leser der ‚Spuren im Eise' überkommt, als er in ihnen den freien Flug des Vogels in der Luft zu erkennen glaubt. Das Leben samt dem Körper werden nicht mit der Disziplin und Selbstkontrolle, welche die Schönheit erfordert, belegt; beide werden also nicht geordnet, ökonomisiert und harmonisiert, um deren Ansprüchen gerecht zu werden. Ihnen verbleibt das ganze Ungeschick des unerfahrenen Schlittschuhläufers. Dafür wird dem Leben (oder dem Subjekt mit seiner Unzulänglichkeit) eine Art Schönheitskredit gegeben, in der Annahme, dass es eine von der Freiheit und Vollkommenheit zeugende Spur hinterlässt, die jedoch nur einem ‚Gott' zugänglich ist. Nur ein solcher wäre imstande, solch eine Schicksalsspur eines menschlichen Lebens zu erblicken.

Die Geste ist verschwenderisch, denn es wird lediglich angenommen, dass der Kredit zurückgezahlt werde, man hat ja nur das ‚Dahintaumeln' vor Augen. Die großzügige Geste ist eine Vertrauensvergütung für das ‚anmutlose Schauspiel', denn solch eine Art ‚Kredit' kann nur mit viel Vertrauen gewährt werden.

Diese Geste des Vertrauens wird noch ein zweites Mal so präsent in den „Momentbildern": in der bereits zitierten „Beseeltheit", einem ‚Bild', das als programmatisch für den Zyklus angesehen werden kann, weil Simmel dort seine Absicht ausspricht, dem Alltäglichen und Banalen einen tieferen Sinn abzugewinnen. Dort ist auch von der Perspektive eines Gottes die Rede, Simmel verwendet allerdings nicht die Metapher des Schlittschuhlaufens, sondern spricht von einem Angeklagten und der Wahrheit:

> Das ist nicht eine heimtückische Ueberhebung [in dem Unsinnigen nach einem Sinn zu suchen – M.T.], sondern Bescheidenheit. Denn darin liegt etwas wie Trost und Hoffnung, daß auch unsere Weisheit, an deren Wahrheit wir so oft zweifeln müssen, für einen uns verborgenen Sinn Raum habe, den höhere Geister freundlich deutend ihr zusprechen – da doch bei dem Angeklagten *in dubio* immer die bessere Absicht angenommen wird –[63]

Während der Gott in „Spuren im Eise" für die Anmut des Lebens verantwortlich war, sollen hier gnädige höhere Geister einen für die Menschen, die zweifeln, verborgenen letzten Sinn (‚Wahrheit') erblicken können. Die Simmelsche Geste in Bezug auf den Angeklagten ist, verglichen mit Kafka, eine umgekehrte: im Zweifelsfalle wird nicht die Schuld angenommen, also der ‚Unsinn', sondern es wird von einem ‚verborgenen Sinn' ausgegangen. Es ist klar, dass es sich nicht um Alltagswahrheiten und -behauptungen handelt und auch nicht um mehr oder weniger verifizierbare wissenschaftliche Erkenntnisse, sondern um den so genannten ‚höheren' Sinn.

Wieder sind einige Lektüren des Simmelschen Textes möglich. Entweder kann den „Momentbildern" die Intention zugesprochen werden, nach einer metaphysischen Wahrheit zu suchen, oder aber, was meiner Ansicht nach den literarischen Versuchen Simmels besser entspricht, um eine Geste zugunsten des ‚Angeklagten', also des Unsinnigen. Dem menschlichen Gerede und Tun soll ein Kredit des Sinnes gewährt werden, eines Sinnes in metaphysischer Bedeutung, oder besser – in der nachnietzscheanischen Epoche und in der Übereinstimmung mit der Rolle der ästhetischen Betrachtung der Dinge bei Simmel –

---

63 Simmel: Beseeltheit, a. a. O., S. 383-384.

einer ästhetischen Bedeutung. Freiheit, Gelingen und Geschick sind ästhetische Kategorien. Nicht zufällig widmete Simmel der Tänzerin Duse ein „Bild", in dem er ihren Tanz als Körperkunst lobt.[64] Das Gewähren des Vertrauens und Sinnkredits dem Leben gegenüber ist auch eine im Grunde genommen ästhetische Geste. Sie lässt sich nicht aus den Gegebenheiten des Lebens (Ungeschick, Unsinn) deduzieren. Auch gleicht sie hier nicht einem moralischen Gebot, etwa dass man den Menschen achten soll. Es ist eine durchaus ästhetische Geste: die bloße Annahme eines letztendlichen Geschicks des Lebens. Diese Geste ergibt sich nicht von selbst; sie bedarf eines Sprunges und die Souveränität in Bezug auf das Gegebene, sie ist selbst eine Geste der Freiheit.

5 Simmels Kritik der Utopie in den „Momentbildern"

5.1 Der Zusammenhang zwischen dem Schönen und dem Utopischen

Die Schönheit scheint nach Simmel kein Anderer als der Teufel selbst erfunden zu haben. Sie spielt in den „Momentbildern" eine enorme Rolle. Wir sahen, dass die Schönheit eine Sehnsucht weckt, die nicht gestillt werden kann. Wo das Du, das Ich oder ein anderes Objekt mit Schönheit belegt sind, bedeutet das ein ungestilltes Begehren und ein Versprechen des Glücks, das in Versuchung führt. Andererseits sehnen sich die Menschen nach Glück, und diese Sehnsucht bringt auch die Welt in Bewegung, wie es in der „Parabel" geschieht. Eine besondere Kategorie von Wünschen wird in den „Momentbildern" durch das Motiv der Schönheit ausgedrückt. Diese Wünsche können als Begehren nach Glück und Erfüllung des eigenen individuellen Wesens, als das des ‚Schicksals' aufgefasst werden. Die Menschen sehnen sich sicher auch noch nach vielen anderen Dingen: nach sozialem Ansehen, nach Geld, aber in den „Momentbildern" wird stets eine Sehnsucht angesprochen, die nach etwas Absolutem strebt; sie verbindet sich imaginär mit dem Schönen und zeigt sich auf Erden als das Schöne.

Diese Sehnsucht steht in Zusammenhang mit dem Individualismus, den Simmel in den „Momentbildern" für einen wesentlichen Zug der abendländischen Zivilisation um die Jahrhundertwende hält. Das Schöne verkörpert die

---

64 Siehe: Die Duse, in: Beiträge aus der „Jugend" ..., a. a. O., S. 410-411.

Sehnsucht des Individuums nach sich selbst. Sein Glücksversprechen unterscheidet sich von jedem Besserungsversprechen, das von ethischen, gesetzlichen oder religiösen Geboten ausgehen mag, denn es richtet sich auf die Tilgung der Unzulänglichkeit des Menschen und der Welt, während die übrigen sie lediglich gerechter oder moralischer zu gestalten versprechen. Dazu sind moralische Ideale, wie auch das Ideal der Erkenntnis, bereits in ihrer Verlogenheit durch Denker wie Nietzsche entlarvt geworden. In „Jenseits der Schönheit", Simmels „Jugend"-Beitrag vom 10.4.1897, ist das Schöne für die Utopien verantwortlich, ja für *die* Utopie, also diejenige, die alles Hässliche, d.h. Unzulängliche, aufzulösen verspricht.

Der Text hat die Form einer parodierten philosophischen Abhandlung in Miniatur. Es handelt sich um ein Philosophieren über die Schönheit. Die Form, die an eine kleine Abhandlung oder an einen Essay erinnert, ergibt sich daraus, dass der Text überwiegend ein ununterbrochener Monolog ist. Er beginnt mit der längeren Aussage des näher nicht charakterisierten ‚Freundes', auf die als Antwort der Monolog des Erzählers folgt, der den ‚Freund' philosophisch zu überbieten glaubt. Der Monolog des Erzählers schwebt an der Grenze zwischen Relativierung und Objektivierung. Einerseits ist die Stimme des Erzählers leicht einer Gestalt zuzuordnen, die der im Text dargestellten Welt angehört, andererseits beansprucht diese Gestalt in dieser Welt eine besondere Stellung und hebt sich von ihr ab. Dass Simmel die ‚Philosophie der Schönheit', die der Text darbietet, in den Mund der komischen Figur eines Amateurphilosophen legt, ermöglicht parodistische Effekte. Das Ganze soll ja ein Scherz sein: es wird nämlich behauptet, nicht die Schönheit, sondern die Hässlichkeit solle der Menschheit als Ideal vorschweben. Gleichzeitig ist jedoch zu spüren, dass der Erzähler, der diese Behauptung des ‚Freundes' aufnimmt und weiterführt, sich nicht einfach im Rahmen eines Scherzes, von dem sich der Autor distanzieren wollte, interpretieren lässt. Die Perspektive des Erzählers versucht sich der äußeren, der des Lesers, zu nähern und diesen direkt anzusprechen.

Das „Momentbild" beginnt mit dem kurzen Monolog einer Gestalt, die lediglich als ‚unser Freund' bezeichnet wird. Dieser bedauert es, für einen Denker in der zeitgenössischen Welt nichts mehr übrig bliebe, weil einem alles bereits ‚vor der Nase weggedacht' worden ist. Es seien keine unangetasteten Wahrheiten geblieben, die nicht ‚auf den Kopf' gestellt worden wären und von denen nicht bereits behauptet worden wäre, dass nicht sie, sondern das Umgekehrte stimme. Das „Momentbild" spielt auf Nietzsche an, obwohl dessen Name nicht genannt wird. Die Darstellung der Nietzscheschen Lehre ist allerdings sehr vereinfacht, es wird auf das Prinzip des ‚Auf-Den-Kopf-Stellens' der Wahrheiten reduziert und entstellt. Selbst das Prinzip des ‚Jenseits' von gewissen etablierten philosophischen Gegensätzen, welches nicht gleichbedeutend mit deren bloßen Umkehrung ist, bleibt nicht beibehalten. Obgleich durch den Titel angedeutet, verschwindet es zugunsten einer Inthronisierung der Hässlichkeit anstelle des Schönheitsideals.

Der philosophierende ‚Freund' ist zweifellos keine Nietzsche-Figur, ihn kann man nicht einmal dessen Anhänger nennen. Auf keinen Fall zeugt sein Monolog davon, dass er Nietzsche gelesen hat; eher hat er nur das weite Echo der ‚kopernikanischen Kehre' wahrgenommen, die die Philosophie Nietzsches für die Jahrhundertwende bedeutete. Zur Zeit der Entstehung der „Momentbilder" war Nietzsche ein etablierter Modephilosoph, und Simmels Text ist eher ein scherzhafter Kommentar zu dieser Situation als zu Nietzsche selbst. Der Erzähler, welcher sich nach der Klage des ‚Freundes' meldet, glaubt ein bisher unhinterfragtes Ideal gefunden zu haben: das der Schönheit. Das Wahre sei bereits hinterfragt und als das eigentlich Unwahre bloßgestellt worden; auch das Gute gelte nicht mehr als solches, die Schönheit aber habe noch keiner ernsthaft in Frage gestellt. Simmel bewegt sich in diesem Text sehr deutlich innerhalb der Grenzen, die durch das klassische Dreieck des ‚Wahren, Schönen und Guten' markiert sind. Diese drei Ideale lassen sich direkt in die drei universitären Disziplinen der Ethik, Ästhetik und der Erkenntnistheorie übersetzen.[65]

Das Schöne sei ein Eingriff des Anderen in die Welt, welches die Unzulänglichkeit der Welt bloßstellt. Mit scherzhafter Rhetorik, die doch im Grunde den Glauben an die Macht der Schönheit bestätigt, sagt Simmels Erzähler:

> Aber wie? Wenn das eines der großen Irrsale und Irrlichter der Menschheit wäre, daß sie im Schönen die Seligkeit, die Erlösung, den Lohn des Daseins zu finden meinte? Ein Sirenengesang, der zu nie erlangter Befriedigung lockt und dem unsre Ohren sich nur hingeben, damit aller andre Ton und Reiz des Lebens flach und falsch klingt? (...) Denn darum ist ja das Leben so dunkel und schaal, so arm und verzerrt, weil über ihm das Ideal der Schönheit steht, strahlend und fleckenlos (...).[66]

---

65 Vgl. hierzu: Rammstedt: Zur Ästhetik Simmels..., a. a. O.
66 Simmel: Jenseits der Schönheit, in: Beiträge aus der „Jugend" ..., a. a. O., S. 353-356, Zitat S. 354-355. Interessanterweise ist der Topos des Sirenengesangs einige Jahre nach Simmel von Franz Kafka und nach ihm von Walter Benjamin in seinem Kafka-Aufsatz aufgegriffen worden. Ein Bild der Sirenen, das dem Simmelschen am nächsten zu stehen scheint, findet sich auch in der 1944 in New York erschienenen „Dialektik der Aufklärung" von Theodor W. A-

Das Interessante an diesem „Momentbild" ist, dass das ästhetische Kriterium an die Stelle des ethischen tritt. Nicht die Vorstellung einer ‚besseren' Welt, sondern einer ‚schöneren' zähle am meisten. Der ästhetische Wert ist der wesentlichste. Er ist auch die Sphäre, wo ein Vollkommenes möglich sei. Die unvollkommene Moral seien wir geneigt, zu akzeptieren, „(...) nicht nur, weil die halbe Moral so oft gleich dem ganzen Glück ist, sondern weil an dem nie rastenden Kampf des Besten in uns mit dem Schlechtesten in uns ein unendlich viel höherer Werth und Bedeutsamkeit des Lebens haftet, als an der kühlen, von aller Versuchung gelösten Unverführbarkeit des Heiligen."[67] Die unvollkommene Erkenntnis sei auch bereits akzeptiert und etabliert als notwendiges Attribut der endlichen menschlichen Vernunft. Mit dem Ideal der Schönheit verhalte es sich jedoch ganz anders:

> Es trägt in sich das geheime Versprechen voller Erreichbarkeit und zieht damit einen Wechsel auf die Wirklichkeit, den diese doch niemals honorirt, nicht strömt es, wie jene andern [die Ethik und die Wissenschaft – M.T.], den milden Trost aus, daß das menschliche Wesen seine letzte Erfüllung und Ganzheit nicht ertragen würde, eine Semele in Zeus' Armen – nein, wir *könnten* sie ganz und restlos genießen, unsre Sinne sind weit genug, unser Sinn tief genug. So fordert Schönheit sich *ganz* von den Dingen und damit zerstört sie die stille Genügsamkeit halber Befriedigungen.[68]

Die Schönheit scheint erreichbar und verträglich zu sein, im Gegensatz zu vollkommener Erkenntnis oder vollkommener Moral, die nur ein Gott zu ertragen scheint. Die Erreichbarkeit ist jedoch eine scheinbare; nicht weil sich die Schönheit dann doch auch als unverträglich erweist, sondern weil sie es mit einer Täuschung zu tun hat:

> Und ist es nicht auch wirklich, als ob immer nur ein Geringes fehlte, damit die Dinge schön

---

dorno und Max Horkheimer, einem Buch, das angesichts der Katastrophe des Zweiten Weltkrieges den die Geschichte des Abendlandes ausmachenden Rationalisierungsprozess kritisierte. In dem Aufsatz „Odysseus oder Mythos und Aufklärung" lesen wir: „Odysseus erkennt die archaische Übermacht des Liedes an, indem er, technisch aufgeklärt, sich fesseln läßt. Er neigt sich dem Liede der Lust und vereitelt sie wie den Tod. Der gefesselt Hörende will zu den Sirenen wie irgendein anderer. Nun eben hat er die Veranstaltung getroffen, daß er als Verfallener ihnen nicht verfällt." (Theodor W. Adorno/Max Horkheimer: Dialektik der Aufklärung, Frankfurt/M 2003, S. 66-67.) Ähnlich wie bei Simmel nimmt bei Adorno und Horkheimer das Schöne ihren Anfang in dem Sirenengesang, das lockt und Glück um den Preis der Selbstauflösung verspricht.

67 Simmel: Jenseits der Schönheit, a. a. O., S. 355.
68 Ebenda.

seien, *ein* Hauch und Schimmer nur noch, *ein* erlösendes Wort, ein letztes Sich-aufraffen und Aufgipfeln, als stünde die Schönheit ganz dicht hinter den Dingen, und sie und wir brauchten nur zuzugreifen – und so schärft sich die Qual des Entbehrens durch die täuschende Nähe und Lockung des Glücks.[69]

Die Täuschung, welche das Ideal der Schönheit umwebt, hat mit der Unmöglichkeit des Erkennens des Wahren nichts zu tun. In dem „Momentbild" verbindet sich mit der Schönheit eine andere Sphäre: nicht die der Erkenntnis und deren Adäquatheit, sondern die des Begehrens, der Sehnsucht, des Genießens und des Glücksversprechens. Interessant ist, dass Simmel bei der Schönheit nicht etwa an Harmonie der Darstellung, an Muster und Kunstkonventionen denkt. Schönheit ist für ihn mit vollkommenem Genießen verbunden und mit der Greifbarkeit der Dinge. Schönheit wäre also Darstellung und Verkörperung der Sehnsucht nach einem solchen Genießen und einer solchen Greifbarkeit. Sie weckt keine direkte Assoziation mit der Kunst, dafür aber mit dem Streben nach Glück und mit einem Potential der Erfüllung, das die Wirklichkeit als blass und unvollkommen erscheinen lässt. Das Glück steht der Sphäre der Schönheit viel näher als der des Guten; es scheint, dass Simmel den Begriff des Glücks von der Ethik in die Ästhetik verschiebt. Anders als bei Hegel kann hier der Diskurs des Schönen im Laufe der Geschichte nicht durch den des Wahren, und noch weniger durch den des Guten ersetzt werden. Während für Hegel das Schöne bloß eine Hülle für den noch nicht begrifflich gewordenen Gedanken ist, scheint Simmel in den „Momentbildern" eine Aufwertung des Schönen in der Moderne zu diagnostizieren, allerdings nicht im Bereich der Kunst, sondern dem des Zwischenmenschlichen und der Einstellung zum Leben und zur Welt. Das Schöne zieht die radikalste Kluft zwischen dem Gegebenen und einem Ideal, zwischen der Welt, wie sie ist und wie sie zu sein zutiefst begehrt wird, nach sich. Diese Kluft ist weit wirksamer als die Entfernung von der vollkommenen Erkenntnis und dem vollkommenen Guten. Ideen und Parolen, konkrete Lösungen zur ‚Besserung der Welt' erweisen sich in dieser Perspektive als zweitrangig. Denn nur das Schöne hat die Fähigkeit, das Begehren nach vollkommenem Glück zu verkörpern.

Der Erzähler schlägt ironisch vor, die Hässlichkeit anstelle der Schönheit zum Ideal zu erheben. Dann „(...) wird die unversöhnliche Tragik der Schönheitsforderung Platz gemacht haben der organischen Anpassung der Seelen an

---

69 Ebenda.

ihre Welt und es wird Freude auf Erden sein und den Menschen ein Wohlgefallen". Das „Momentbild" endet mit der ironischen Zurücknahme des Gesagten durch den ‚Freund', der sich erhebt, tief ergriffen von der Weihe des neuen Evangeliums, und vor den Spiegel tritt, um dessen erster Blutzeuge zu werden.[70] Das scherzhafte Ende hinkt jedoch ein wenig, denn der Monolog des Erzählers über die Schönheit will zugleich als eine Aussage gelten, die sich nicht ganz ins Parodistische umkehren lässt. Es ist so, als ob sich Simmel nicht hätte entscheiden können, ob er das Ganze in Anführungszeichen des Scherzes setzen soll oder doch nicht.

5.2 Simmels ‚Momentbild' „Rosen" als ‚eine soziale Hypothese'

In dem Märchen „Rosen. Eine soziale Hypothese" spielt Simmel bereits mit soziologischen Gedanken; wie er in „Jenseits der Schönheit" von Sehnsucht nach Glück in der Liebe sprach, so spricht er hier von einer solchen in der Gesellschaft: die Menschen soll nichts mehr trennen und sie sollen einander gleich werden. Es ist keineswegs eine Fabel, in der über Reformen konkreter Institutionen und Formen menschlichen Zusammenlebens die Rede ist. Simmel geht es um eine andere Ebene, um die Sehnsucht nach der Vollkommenheit der Welt und nach Glück. Deswegen streiten die Menschen in dem Märchen über das Unnützlichste, dass es in einem Dorf geben kann: über die Rosen.

Das menschliche Wahrnehmen und Empfinden, bei denen das Vermögen, Unterschiede zu erblicken, eine konstitutive Rolle spielt, ist für die Entstehung des Ideals einer ‚Reinheit', einer ‚selbstgenügsamer Seligkeit' verantwortlich, nach dem sich die Menschen sehnen. Der Unterschied schafft Ungleichheit und somit Wechselwirkungen in Form von Konkurrenz und Neid, aber auch der Sehnsucht nach einem paradiesischen Zustand des Ausgleichs. In „Rosen. Eine soziale Hypothese" geht es um die Revolution, deren Ziel es ist, den Unterschied abzuschaffen und Glück zu erringen. In einem Märchenlande hatten einige der Dorfbewohner Rosen züchten können wegen zufällig besserer Naturbedingungen. Es führt zur Unruhe zwischen den Bewohnern und zur Bildung von Parteien und von Theorien, die das Rosenproblem zu erklären, zu rationalisieren oder zu politisieren suchen. Schließlich wurde das Ideal der Gerechtigkeit

---

70   Ebenda.

auf blutfreiem Wege errungen. Die kämpferischen Partien einigen sich gutmütig auf Egalisierungsideen. „So war denn endlich Freude, Gleichheit, Glück errungen."[71] Es dauert jedoch nicht lange, denn auch bei gleicher Verteilung der Rosenflächen gedeihen sie bei einem besser, bei dem anderen schlechter, und es entstehen Differenzen, die wieder einen Ausgleich fordern. Nach jedem revolutionärem Umbruch scheint es, dass der friedliche Zustand endlich errungen worden ist, aber die Natur steht dem Ausgleich entgegen. Subtile Aspekte, die bisher gar nicht wahrgenommen wurden, schaffen jetzt krasse Unterschiede.

Eine Interpretation des Märchens als Reduktion der sozialen Frage auf einen Ästhetizismus wäre verfehlt, denn Simmel hat keine institutionelle Frage im Sinn; die Rosen verkörpern nicht die falsch funktionierenden Einrichtungen, sondern etwas, was „die Andren beneideten und ersehnten."[72] Und die Revolution kämpft absichtlich um das Gleichgültigste, also das Ästhetische. Das Verwechseln der eigentlich sozialen und institutionellen Probleme mit der Sehnsucht nach Glück und Vollkommenheit der Welt, die in ein ganz anderes Gebiet gehören, welche die Dorfbewohner aber erreichen wollen, verleiht dem ganzen Prozess ästhetische Züge (die an den meisten Revolutionen zu beobachten sind) und verwandeln es so in ein unendliches Unternehmen. Das Wahrnehmen ist nur als Wahrnehmen von Unterschieden möglich:

> Nichts anderes nämlich kann die Seele empfinden, als den Unterschied ihrer augenblicklichen Bewegung und Reizung gegen die vorangegangene; in rätselhaften Form klingt diese in ihr nach und bildet den Hintergrund, an dem der jetzige Augenblick seinen Inhalt und seine Bedeutung gewinnt und mißt. (...) Nicht (...) die absolute Größe der Lebensreize empfinden wir, nicht wie hoch oder tief das Gesamtniveau unserer Befriedigungen und Entbehrungen liegt; sondern nur, mit welchen Unterschieden seine einzelnen Erfüllungen sich von einander abheben. Darum wird, wer aus einem Lebensniveau auf ein ganz anderes erhöht oder herabgedrückt wird, nach kurzer Anpassungsfrist die Schwankungen und Unterschiede innerhalb des Neuen mit genau denselben Freude- und Leidgefühlen beantworten, wie die soviel größeren oder geringeren des vorangegangenen Zustandes. Unsere Seele gleicht jenen feinen Mechanismen, die auf jede Aenderung äußerer Bedingungen mit einer selbstthätig geänderten Einstellung reagieren, so daß ihre Leistung immer die gleiche bleibe. Es ging also nun, so lange es ging; aber eines Tages war die Anpassung vollbracht und jene kleinsten Unterschiede in Farbe und Form, in Duft und Reiz der Rosen (...)erregten den gleichen Haß und Neid, denselben Hochmut auf der einen Seite, dasselbe Gefühl der Enterbtheit auf der andern.[73]

---

71 Simmel: Rosen. Eine soziale Hypothese, in: Beiträge aus der „Jugend" ..., a. a. O., S. 357-361, Zitat S. 358.
72 Ebenda.
73 Ebenda S. 359-360.

Die Sicht des Menschen als Unterschiedswesen und der Wahrnehmung als etwas, was durch Unterschiede generiert wird, wird etwas Dauerhaftes in Simmels Denken bleiben. Den Dorfbewohnern wird es nicht gelingen, wie man leicht dem Simmelschen Märchen entnehmen kann, den absoluten Frieden einzuführen. Der Endeffekt wäre dem teuflischen Versuch aus der „Parabel" ähnlich, als den Menschen das Glück (welches sie nicht besaßen und nach dem sie jagten) genommen wurde, was von einem Zustand der glücklichen paradiesischen Befriedigung nicht zu unterscheiden war. Interessanterweise ist Adorno 1958 zu einer ähnlichen Vision der überraschenden, dem Schicksal und den menschlichen Absichten trotzenden Ähnlichkeit des paradiesischen Reiches und der Hölle gekommen:

> (...) das bilderlose Bild des Todes ist eines von Indifferenz. In ihm verschwindet der Unterschied zwischen der absoluten Herrschaft, der Hölle, in der Zeit gänzlich in den Raum gebannt ist, in der schlechterdings nichts mehr sich ändert, – und dem messianischen Zustand, in dem alles an seiner rechten Stelle wäre. Das letzte Absurde ist, daß die Ruhe des Nichts und die von Versöhnung nicht auseinander sich kennen lassen.[74]

6 Die Erarbeitung von Simmels späteren kulturwissenschaftlichen Kategorien: ‚Entsagung', ‚Unterschied', ‚Bezug'

6.1 Entsagung

Der Vollkommenheit entgegengesetzt ist die Entsagung. Der kurze Text „Entsagung" betrifft ein Phänomen, welches zu den zentralen in den literarischen Miniaturen von Simmel gehört. Der Text ist nach dem Prinzip des ‚Senkbleis'[75] strukturiert: er geht von einem Detail der Wirklichkeit aus – in diesem Fall ist es die Erinnerung an einen Jugendfreund. Den zweiten Teil bildet deren nachträgliche Deutung und Sinngebung. Der Name des Freundes, sein Leben, die Lebensumstände und Geschichte der Bekanntschaft bleiben unerwähnt. Wir erfahren bloß, dass es sich um einen Studienfreund des Erzählers handelt. Der Studienfreund wurde „in unsern Kreisen" der Stoiker genannt, heißt es. Das Besondere an ihm war, dass „(...) jedes Verzichten-Müssen (...) ihm eine feine Lust

---

74 Theodor W. Adorno: Versuch, das Endspiel zu verstehen, in: Noten zur Literatur, Frankfurt/M 2003, S. 281-321, Zitat S. 321.
75 Siehe das Kapitel 7.2 dieser Arbeit.

zu bereiten [schien]."⁷⁶ Der Erzähler war mit diesem Spitznamen nicht zufrieden. Er sagte dem Freund, man solle ihn besser als einen ‚Epikurärer der Entsagung' bezeichnen, worauf er jenen Satz zur Antwort bekommt, den er nach Jahren großartig findet: „So pervers fühle ich nicht, daß ich meine Erfüllungen in der Nicht-Erfüllung suchte. Im Gegenteil, ich glaube, daß ich alles Gewinnen und Besitzen tiefer genieße, als ihr. Aber ich kann mich auch an dem Verzichten freuen, weil ich es als eine Seite des positiven Genießens verstehe."⁷⁷

Schon in der Studienzeit versuchte der Erzählende, die Gestalt des Freundes anders als die übrige Gesellschaft zu interpretieren, ihn nicht ‚Stoiker' zu nennen. Mit ‚Stoiker' wolle man dem Freund bloß eine Gleichgültigkeit den Kehren des Schicksals gegenüber zuschreiben. Das treffe seine Gesinnung offensichtlich nicht, wie der Erzähler meint. Seine Interpretation ging in Richtung eines ‚Epikurärertums' des Freundes, also nicht dessen angebliche Gleichgültigkeit sollte betont werden, sondern umgekehrt: die Fähigkeit zum Genießen. Doch diese Interpretation bewirkte nur eine Umkehrung, also eine ‚Perversion': sie drückte nichts anderes aus, als eine Vermutung, dass das, was im üblichen Verständnis als Versagen empfunden wird, dem Freund gerade Freude bereitet. Der Freund findet diese Gesinnung ‚pervers'. Er korrigiert die Interpretation, indem er in Bezug auf sich selbst den Begriff des ‚Genießens' einführt, der, obwohl das Wort ‚Epikuräertum' gefallen ist, bisher nicht in Betracht genommen wurde. Es war nur die Rede von ‚Gewähren und Versagen' seitens der Natur, von ‚Wünschen', auf welche die Natur unterschiedlich antwortet, mit ‚Freude- und Schmerzgefühlen', die ein Geflecht bilden, auch mit ‚Verzichten-Müssen' und endlich von ‚Entsagung'.

Es ist interessant, wie viele Bezeichnungen für Wünsche und deren Erfüllung oder Nicht-Erfüllung in dem kurzen Text Simmels mobilisiert wurden. Welche Tiefe in den Worten des Freundes steckt, war dem Erzähler erst nach Jahren aufgegangen. Der reiche Wortschatz der Lebensempfindung, den er verwendete, war ihm selbst nicht aufgefallen. Der Freund quittiert die Sicht seiner Umgebung auf ihn mit dem Gegensatzpaar ‚Erfüllung/Nicht-Erfüllung'. Die Umgebung sei in Bezug auf ihn nicht imstande, in anderen Kategorien zu denken als durch diesen Gegensatz. Sie operiert mit klarer Wertung: das Erfüllen ist gut und das Nicht-Erfüllen schlecht. ‚Erfüllung' impliziert auch eine Orientierung an angestrebten Zielen und eine Eindeutigkeit. Etwas wird angestrebt und

---

76 Simmel: Entsagung, in: Beträge aus der „Jugend" ..., a. a. O., S. 384-385, Zitat S. 384.
77 Ebenda.

begehrt, insofern das Ziel erreicht wird, verliert es an Bedeutung und interessiert nicht mehr. Das Nicht-Erfüllte ist demgegenüber ein bloßes Fehlen. In seiner Antwort verschiebt der Freund jedoch diese Akzente. Von der Perspektive, die sich völlig innerhalb des Gegensatzes ‚Erfüllung/Nicht-Erfüllung' bewegte, wechselt er auf die des Genießens und des Empfindens über.

Der Erzähler nimmt das Wort ‚Genießen' in dem zweiten Teil des „Momentbildes" auf, wo er begeistert über den tiefen Sinn der Worte des Freundes spricht. Er interpretiert den Sinn dieser Worte und die darin zum Ausdruck kommende Lebenseinstellung, weil er in diesen nun ein wesentliches Prinzip der Wirklichkeit selbst erblickt:

> Denn es ist nicht nur die vornehme Verschwendung und lässige Großartigkeit des Daseins, daß das Schicksal uns an unzähligen Reizen vorüberführt, die wir doch müssen zur Seite liegen lassen, daß unzählige Möglichkeiten des Genießens unausgeschöpft bleiben, unzählige Spannkräfte, sich der Welt hinzugeben und sie in sich aufzunehmen, niemals gelöst werden. Sondern, dem, das wir nun wirklich gewinnen und genießen, quillt die Fülle seines Reizes aus jenem, woran wir vorübergegangen sind und dessen Schatten sein Triumphgeleit bilden. Die Empfindungskräfte, die sich nicht an ihren eigensten Gegenständen ausleben können, nähren und steigern, wie Nebenflüsse, die anderen, die ihre Befriedigung finden. Alle Höhe, Sammlung, Zugespitztheit eines Genusses lebt von den Möglichkeiten anderen Genießens, an dem wir vorübergehen, und alle Empfindung unsers Gewinnens und Erringens zieht ihre tiefe und Kraft aus der Ersparniß dessen, was zu gewinnen und zu erringen uns versagt wird.[78]

Das Genießen entspringt nicht dem direkten Verhältnis von Wunsch und dem Besitzen des gewünschten Objekts; es ist nicht so, dass ein ‚Gewinnen' bloß die Quelle des Genießens ist. Ersparnis und Verschiebung, ‚Möglichkeiten anderen Genießens' bilden einen Hintergrund, auf dem das Gewonnene erst genossen werde. Es entsteht eine komplizierte Struktur, in der das Präsente und Empfundene stets im Zusammenhang mit dem Nicht-Präsenten, dem Möglichen, das ‚unzählig' ist, erscheint, stets in Bezug auf die unausgeschöpften ‚Möglichkeiten anderen Genießens'. Es sind nicht vor allem die Qualitäten des besessenen Objekts, die über die ‚Tiefe und Kraft' der Empfindung ‚unsers Gewinnens und Erringens' entscheiden, sondern eine Verschiebung von Kräften, die ‚sich nicht an ihren eigensten Gegenständen ausleben können'. Auf diese Weise gleicht die

---

78 Ebenda S. 384-385. Ein sehr ähnliches Motiv der Kräftegewinnung durch Entsagung (Verzicht auf den Besitz des Liebesobjekts) ist in Rainer Maria Rilke in seinen „Duineser Elegien" (in der ersten Elegie des Zyklus) zu finden. Vgl. Rainer Maria Rilke: Werke. Auswahl in zwei Bänden, Leipzig 1957, S. 233-236.

Ersparnis gleicht nicht der Nicht-Existenz, sondern beeinflusst stets das Existierende.

6.2 Unterschied und Reihenfolge

In dem Prinzip der Entsagung wurde sichtbar, dass die Dinge sich aufeinander beziehen; ihr Wert für das Subjekt steckt nicht einfach in ihrer Substanz, sondern jedes Ding wird vor einem breiten Hintergrund erfahren. Diesen Hintergrund bildet nicht nur das Präsente, sondern auch das, was verschwiegen, verdrängt, oder vergessen ist. Die Dinge beziehen sich aufeinander und existieren nicht als isolierte Monaden, sondern als Relationen.

Mehrere Male wird in den „Momentbildern" der lateinische Spruch wiederholt: „Eritis sicut homo scientes bonum et malum". Unter anderem erscheint das Bibelzitat in dem Text „Gegensatz" vom 24.1.1899. Das Empfinden und Wahrnehmen über Relationen und Gegensatz wird in diesem Text dem Menschen seit der biblischen Vertreibung aus dem Paradies als ein ‚Fluch' zugeschrieben. Der Ausgangspunkt der Reflexion bildet die Beobachtung, dass sich die Stille des Klostergartens S. Alessio in Italien nur deswegen in ihrer Tiefe genießen lässt, weil sie sich von dem Hintergrund der lärmenden Straße abhebt:

> In dem Genuß dieser Stille aber liegt etwas wie Grausamkeit, denn wir empfinden sie nur um den Preis, daß wir auf jene Bewegung und Hat hinunterschauen, daß aller Lärm und Unruhe des Lebens in uns nachzittert, als Hintergrund ihres Gegensatzes. Ist es nicht der eigentliche Fluch alles Menschlichen, daß wir jegliches Ding nur im Unterschiede gegen sein Anderes genießen können?[79]

Weiter folgt die Charakterisierung des Paradieses als des Ortes, der „seine Freuden ohne diese Bedingung bot."[80] Man könnte hinzufügen, dass ein solches Paradies seit der ‚Vertreibung' immer wieder auf der Erde beschworen wird – um sich in Simmels Miniaturen als genaues Spiegelbild der Hölle zu entpuppen. Während Begriffe wie das Schöne und das Hässliche, auch die des Guten und Bösen, in den „Jugend"-Beiträgen im ‚außerirdischen' Raume nach der Art von Platons Ideen zu existieren scheinen,[81] ändert sich das, sobald es nach dem

---

79 Simmel: Gegensatz, in: Beiträge aus der „Jugend" ..., a. a. O., S. 381.
80 Ebenda S. 381.
81 Vgl. Rammstedt: Zur Ästhetik Simmels..., a. a. O., S. 25.

menschlichen Empfinden und Wahrnehmen gefragt wird. Halb fasziniert, halb resigniert und misstrauisch, konstatiert hier der Erzähler der Simmelschen Texte einen Relativismus.

Unmittelbar auf den Entsagung-Text folgt eine andere kurze halbessayistische Aufzeichnung, welche die ‚Reihenfolge' zum Thema hat und so auch betitelt ist. Auch diesmal geht Simmel von zufällig Beobachtetem aus, das er dann mit viel Begeisterung für die in dem Alltäglichen entdeckte Tiefe philosophisch kommentiert. Diesmal ist das zufällig Gehörte extrem banal, und es bildet auch einen krassen Gegensatz zum streng ernsten Kommentar, so dass das Ganze sogar unbeabsichtigt komisch wirkt, obwohl Simmel eine solche Kritik auch selbst voraussieht und hinzufügt: „Ich glaube, Jeder hat schon bemerkt, daß die tiefsten und wesentlichsten Verhältnisse der Dinge uns oft zuerst an einem ganz schäbigen und ridikülen Falle bewußt werden; es ist, als müßten sie, gleichsam der allgemeinen formen des Seins, sich mit einem Inhalt so sehr abstechenden Charakters erfüllen, um erst von diesem Gegensatz sich abhebend ihre Wahrheit und ihren Glanz sichtbar zu machen. (...)"[82] Und doch ist das Prinzip der Reihenfolge für Simmel sehr wichtig. Es handelt sich um ein Gespräch von zwei Gästen eines Hotels in einem Kurort, zweier Herren „(...) deren jeder eine besondere Proportion zwischen Hypochondrie und Lüsternheit darstellt".[83] Diese tauschen Erfahrungen über die Mahlzeiten in ihren Pensionen aus und kommen zu dem Schluss, dass es die Reihenfolge der Speisen sei, die darüber entscheidet, ob man den servierten Käse vertragen kann oder nicht. Dies veranlasst den Erzähler zu dem Kommentar:

> Ist nicht unser Loos, seine Gesamtheit und Schlußbilanz, vielleicht wirklich viel unabhängiger von den einzelnen Gaben, Treffern und Nieten, Erhöhungen und Abstürzen, als wir es denken - und viel abhängiger von der bloßen *Reihenfolge*, in der wir alles dies erfahren? (...) „Auf die Reihenfolge kommt es an!" Fast möchte man glauben, ein blindes Fatum habe jedem sein Päckchen von Schicksalen an Lust und Leid mitgegeben, und was Engel und Teufel an und thun könnten, sei nichts, als daß der eine sie in die eine, der andere in die andere Reihenfolge ordnet, und das bedeute es, das der eine unser Leben selig, der andere unselig machen könne![84]

Ähnlich wie in „Entsagung", wenngleich unter einem anderen Aspekt, stellt sich heraus, dass die Dinge nicht vereinzelt zu sehen sind; der Wert ist nicht ihre

---

82 Simmel: Reihenfolge, in: Beiträge aus der „Jugend" ..., a. a. O., S. 385-386, Zitat S. 385.
83 Ebenda S. 385.
84 Ebenda S. 385-386.

Qualität, sondern die Komplexe, in denen sie auftreten. Es ist ein Relativismus, den Simmel eindeutig mit dem Menschen verbindet, nicht mit den Dingen ‚an sich'.

7 Die Fruchtbarkeit der Beschäftigung mit Literatur für den Wissenschaftler: Ausblicke

7.1 Die Bedeutung der „Momentbilder" für Simmels Sicht der Gesellschaft

Aus Simmels „Jugend"-Beiträgen lässt sich ein Bild des Menschen als des ‚wandelbarsten Wesens' herauslesen. Ein Schritt in Richtung seiner Soziologie ist die Idee, dass wir uns Bilder machen von dem Anderen, dass diese Vorstellungen stets korrigiert und ergänzt werden und dass sich der andere von diesen Bildern auch beeinflussen lässt. In dem „Exkurs über die Frage >>Wie ist Gesellschaft möglich?<<" den Simmel seiner ‚großen' „Soziologie" als wesentlichen Teil des Einleitungskapitels voranstellte, die 1908 erschien, also kurz nach der „Momentbilder"-Periode, lesen wir Passagen, welche wie Zusammenfassung der in den „Momentbildern" gemachten Beobachtungen klingen. Simmel geht dort davon aus, dass eine Art transzendentale Ästhetik unseren Wechselwirkungen zugrunde liegt; er spricht davon, dass sich deren Partner voneinander bestimmte Bilder machen. Freilich handelt es sich um sehr unterschiedliche Bilder, da die Wechselwirkungen unterschiedlich gefärbt sind und auch die Situationen und Zwecke, in denen ein Mit-, Für- und Nebeneinander der Individuen vollzieht, jeweils verschieden sind.

Die literarische Thematisierung der Liebe in den „Jugend"-Beiträgen trug mit ihrem sensiblen psychologischen Hinhören zweifellos dazu bei, dass Simmel als Soziologe eine große Sensibilität für die unscheinbarsten Phänomene der Mikrosoziologie entwickelte. Das ‚Mit-, Für- und Nebeneinandersein der Individuen'[85] sollte sein großes Thema werden. Bereits in dem 1894 erschienenen Aufsatz „Das Problem der Sociologie" wird sichtbar, wie Simmel sich von der alleinigen Konzentration der Forschung auf große, etablierte Strukturen, wie ‚Associationen und Verbände', distanziert. Er schreibt dazu:

---

85 Georg Simmel: Das Problem der Sociologie, in: GSG 5., hg. von Heinz-Jürgen Dahme und David P. Frisby, Frankfurt/M 1992, S. 52-61, Zitat S. 57 (in der Fußnote).

> Überhaupt gehören in die Soziologie als Wissenschaft von der Beziehungsformen der Menschen untereinander keineswegs nur die Associationen und Vereinigungen im engeren Sinne, d.h. im Sinne einer Kooperation oder eines harmonischen Befaßtseins in einem Rahmen: auch Gegnerschaft und Konkurrenz stiften, oder sind vielmehr Beziehungen, Wechselwirkungen unter den Individuen (...). Damit weisen auch sie auf Kräfte hin, die sich bei der gegenseitigen Berührung der Menschen in ihnen entwickeln und deren Arten und Quellen für sich studiert werden müssen (...)[86]

Die Beschäftigung mit Paradoxien derart enger Beziehungen, wie Liebe, Eifersucht oder Freundschaft muss Simmels Sicht auf diese Phänomene ungeheuer vertieft und sensibilisiert haben. In den literarischen Miniaturen für die „Jugend" wagt er sich daran, äußerst komplizierte zwischenmenschliche Konstellationen zu beschreiben und das Medium der Literatur, das ihm erlaubt, sich der Bilder und Metaphern zu bedienen, ermöglicht es ihm, über die Grenzen des Begriffs hinauszugehen und auf diese Weise Neues zu ergründen. Später brachte ihm sein feines Gehörvermögen in Sachen Wechselwirkung den Vorwurf Max Webers ein, er würde die Grenze zwischen Soziologie und Psychologie nicht respektieren.[87] Es liegt aber auf der Hand, dass Simmel in den „Momentbildern" wie auch in seinen späteren Essays, wo er über Dankbarkeit, Eifersucht oder ‚das Ende des Streits' reflektiert, sich sehr bewusst und konsequent darauf konzentriert, was zwischen den Menschen geschieht und der jeweiligen Beziehung zwischen den Individuen zu verdanken ist, selbst wenn es sich um Gefühle handelt. Eine physiologisch orientierte Psychologie hat er nie betrieben; er fragt auch nie nach der Vergangenheit der jeweiligen Person, danach, was diese an psychischen Erfahrungen in die Situation mit hineinbringt. Er schreibt nicht die persönliche Geschichte des Individuums, fragt nicht, wie sich ihre Konstitution herausgebildet und entwickelt hat, so wie es die Archäologie des Innenlebens, die Psychoanalyse genannt wird, tun würde.

Wie gewisse Stellen aus dem soziologischen Schaffen Simmels Überlegungen aufgrund der „Momentbilder" erinnern, kann ein weiteres Beispiel aus der „Soziologie" bezeugen. Das Sich-Ein-Bild-Machen von Anderen, im Sinne eines Ideals, an dem der Andere gemessen wird, hat ein kurzer Text über die

---

86 Ebenda S. 58 (in der Fußnote).
87 Vgl. Brigitta Nedelmann: ‚Psychologismus' oder Soziologie der Emotionen? Max Webers Kritik an der Soziologie Georg Simmels, in: Otthein Rammstedt (Hg.): Simmel und die frühen Soziologen. Nähe und Distanz zu Durkheim, Tönnies und Max Weber, Frankfurt/M 1970, S.11-35. Zu Webers Haltung gegenüber Simmel siehe: Max Weber: Georg Simmel als Soziologe und Theoretiker der Geldwirtschaft, in: „Simmel Newsletter" Vol. 1., Nr. 1., Summer 1991, S. 9-13.

Liebe zum Thema, den Simmel als „Fragmente aus einer Philosophie der Liebe" in der „Jugend" vom 18.3.1907 erscheinen ließ. Es geht dort um die Entstehung und Wirkung des Ideals von sich selber, das man in den fremden Augen gespiegelt vermutet und mit dem man konfrontiert ist. In dem Text wird behauptet, dass es einem Mann leicht falle, sich einem Mädchen gegenüber, welches bereits in „erotischen Sehnsüchten und Träumen gelebt hat, (…) auf der Höhe zu halten" und ihr auch im Laufe der Zeit der Liebe würdig zu erscheinen.[88] Denn die Wirklichkeit und Erfahrung hätten mehr Kraft und Gewicht als jedes erträumte Ideal:

> Anders aber und für ihn viel gefährlicher liegt es, wenn das Mädchen überhaupt erst durch die Liebe zu ihm Berührung mit dem erotischen Gebiet gewinnt, wenn keine allgemeine Sehnsucht und Idealbildung vorangegangen ist, sondern er sozusagen zugleich das Allgemeine und das Besondere, das Ideal und die Wirklichkeit ihrer Erotik ist. Denn in diesem Fall wird über ihn nicht das jenseits seiner erwachsene Ideal gesetzt, dem gegenüber er leicht Recht behält, sondern das Ideal seiner selbst, dessen Forderungen er sich nicht entziehen kann. Das Mädchen sieht in ihm und verlangt von ihm das Höchste seines eigenen Wesens, er hat jetzt selbst den Wechsel ausgestellt, den sie ihm präsentiert, das Höchste, das sie nun überhaupt will, ist an ihm selbst erwachsen; seine Wirklichkeit hat keine siegreiche Präponderanz mehr gegenüber einem bloß erträumten Ideal, sondern sie wird an einem gemessen, das das Ideal eben dieser Wirklichkeit selbst ist.[89]

Das Zitat erinnert nun allzu sehr an die Überlegungen aus dem „Exkurs über die Frage >>Wie ist Gesellschaft möglich?<<" wo Simmel vom Ergänzen des Bildes des Anderen zum Ideal, bzw. zum Typus spricht. Mit Typisieren haben wir es vor allem dann zu tun, wenn wir an dem Individuellen nicht primär interessiert sind, sondern an beruflichen, offiziellen, dienstlichen Kontakten. Es gibt aber auch Ideale, die sich an individuellen Wirklichkeiten entzünden. Solch rätselhafte Passagen aus der „Soziologie", die fast mystisch oder metaphysisch anmuten, sind wohl nicht ohne den Kontext der literarisch ausgearbeiteten Überlegungen der „Momentbilder" zu verstehen:

> Wir alle sind Fragmente, nicht nur des allgemeinen Menschen, sondern auch unser selbst. Wir sind Ansätze nicht nur zu dem Typus Mensch überhaupt, nicht nur zu dem Typus des Guten und des Bösen u. dgl., sondern wir sind auch Ansätze zu der – prinzipiell nicht mehr benennbaren – Individualität und Einzigkeit unser selbst, die wir mit ideellen Linien gezeichnet unsre wahrnehmbare Wirklichkeit umgibt. Dieses Fragmentarische aber ergänzt der Blick des Andern zu dem, was wir

---

88 Simmel: Fragmente aus einer Philosophie der Liebe, in: Beiträge aus der „Jugend" ..., a. a. O., S. 437-440, Zitat S. 437.
89 Ebenda.

niemals rein und ganz sind.⁹⁰

Es entsteht hier eine seltsame Konkurrenz mit sich selbst, die erscheint, weil wir uns antizipierend das eigene Bild in den Augen der Anderen gespiegelt vorstellen. Man braucht die Anderen, um mit sich selbst und seinen Möglichkeiten und Unmöglichkeiten konfrontiert zu werden. Das kommt nicht von selbst. Der Traum, der als Ideal seiner eigenen Wirklichkeit den Geliebten aus dem „Momentbild" umschwebt, ist nicht Illusion im verifizierbaren Sinne, sondern eine Art zwischenmenschliche Wirklichkeit, an dem sich das Gegebene reibt und aus der sie ihre Dynamik erhält. Ganz gezielt dachte Simmel nicht an eine Situation, in der das ‚erotische Ideal' des Mädchens durch etwa den Vorgänger des Geliebten bestimmt worden wäre. In solch einem Falle würde die ‚Verdopplung' des Mannes nicht möglich, seine ‚Wirklichkeit' wäre einfach übersehen worden, die ganze Situation wäre eine völlig andere.

7.2 Von dem ‚Abstrahieren' zum ‚Senkblei'

Im Jahre 1894 veröffentlicht Simmel den erkenntnisphilosophischen Artikel „Das Problem der Sociologie". Nachdem er Bücher über die „Moralwissenschaft" und die „Probleme der Geschichtsphilosophie" geschrieben hatte, widmet er seine Aufmerksamkeit der Soziologie und fragt nach ihrem Gegenstand und nach dem Ort, den sie in den Geisteswissenschaften einnimmt. Er versucht die Soziologie von der Historiographie und der Psychologie abzugrenzen und fragt nach den allgemeineren Bedingungen der Begründung einer Wissenschaft. Die Methode der Wissenschaften – als Beispiel dient Simmel allerdings nicht die Soziologie, sondern die Geschichtswissenschaft – ist die des Abstrahierens. Das Gegebene und die Vielzahl der Phänomene der menschlichen Welt sei unendlich und es fügt sich keineswegs von selbst in eine Ordnung, weder hat es klare Gesetze. Der Forscher muss von der chaotischen Fülle abstrahieren, indem er gezielt mit Begriffen arbeitet:

> (...) Der Historiker löst aus der Unendlichkeit des realen Handelns und Redens, aus der

---

90 Georg Simmel: Exkurs über die Frage „Wie ist Gesellschaft möglich?", in: Simmel: Soziologie. Untersuchungen über die Formen der Vergesellschaftung, GSG 11., hg. von Otthein Rammstedt, Frankfurt/M 1992, S. 42-61, Zitat S. 49.

Summe aller inneren und äußeren Einzelheiten, die Entwickelungen heraus, die unter bestimmte Begriffe gehören. Nicht alles, was Friedrich II. oder Maria Theresia von morgens bis abends gethan (...)– nicht dieses alles wird in der „Geschichte" erzählt; sonder der Begriff des politisch Wichtigen wird an die wirklichen Ereignisse herangebracht und nun wird nur das aufgesucht und erzählt, was unter diesen gehört, was aber thatsächlich so, d.h. in dieser reinlichen inneren Konsequenz und Losgelöstheit, sich gar nicht zugetragen hat. [91]

Die Geschichtsschreibung hat mithin eine produktive Seite, indem sie eine Erzählung erarbeitet, welche die Totalität der Tatsachen nicht nur nicht bloß widerspiegelt, sondern etwas Neues schafft, etwas, was sich so ‚gar nicht zugetragen hat'. Dieser Prozess ist für Simmel ein durchaus rationaler; es geht um – sei es in der Soziologie – das Herausabstrahieren der Formen der Vergesellschaftung, oder – sei es in der Geschichte – um die Feststellung von Gesetzmäßigkeiten. Simmel orientiert sich hier an Kant, obwohl der Name in „Probleme der Sociologie" nicht erwähnt wird; und zwar an Kants These über die Produktivität des erkennenden Bewusstseins, das Begriffe und Gesetze in das Gegebene hineinlegt und seinen Gegenstand im Akte des Erkennens hervorbringt. Die Trennung zwischen dem Verfahren der Naturwissenschaften – so wie es Simmel in der Kantschen Tradition sah – und der Geisteswissenschaften scheint sich in diesem relativ frühen Aufsatz nicht bemerkbar zu machen. Auf eine solche wird Simmel später bestehen, wenn er feststellt: „Es ist wohl heute kein Zweifel mehr, dass ‚Gesetze der Geschichte' nicht auffindbar sind (...) Will man dennoch die Hoffnung auf ein Begreifen der Geschichte als einer gesetzmäßiger Entwickelung nicht aufgeben, so kann man sich ihm nur durch Zerlegung derselben in möglichst einfache und in sich homogene Teilvorgänge nähern."[92] Der Kern des Verfahrens besteht also in Vereinfachung, Induktion und Sich-Unterordnen unter Gesetze. Simmel fragt sich nicht nach den Konsequenzen eines solchen Verfahrens für den Gegenstand. Legt man so nicht auch Kausalität in das Geschehene, die es in dem Maße nicht hat? Was wird bei dem Verfahren des Geschichtsschreibers bewusst ausgespart, was verschwiegen oder übersehen? Sicherlich wäre Simmel, wenn er keine Alternative und Perspektive für dieses Verfahren gefunden hätte, nicht der Autor der „Philosophie des Geldes" und zahlloser Essays über allerlei Dinge, vom Henkel am Krug angefangen, kurzum: der Simmel, den wir kennen.

Ein Jahr später, 1895, erscheint in der Zeitschrift „Die Zukunft" ein an-

---

91 Simmel: Das Problem der Sociologie, a. a. O., S. 17.
92 Ebenda S. 60.

derer Text Simmels, der Kunstwerke zum Vorwurf hat. Es sind „Böcklins Landschaften". Sie faszinieren und fesseln Simmel wegen ihrer Methodik, die Natur, d.h. die Landschaft, so zu behandeln, dass sie wie der Zeitlichkeit und Räumlichkeit entrückt aussieht. Der treffendste Vergleich dieser Bilder wäre nur der mit der Musik. Simmel beobachtet an dem Verfahren der Kunst auch ein gewisses Abstraktionsverfahren, welches die Landschaft so verwandelt, dass sie mit einer Geistigkeit erfüllt zu sein scheint, mit anderen Worten: ‚beseelt'. Diese Beseeltheit der Böcklinschen Landschaften empfindet Simmel nicht bloß als zufällige subjektive Stimmung; eher verkünden die Landschaften Böcklins eine Wesensschau und den Hauch des Schicksals, oder sie versprechen es zumindest von weitem. Auffällig ist, dass sich Simmel diesen Bildern gegenüber als ‚moderner Mensch' angesprochen fühlt. Die modernen Menschen, „deren Leben, Empfinden, Werthschätzen, Wollen in unzählige Gegensätze auseinandergegangen ist"[93] müssen Böcklins Bilder als tief faszinierend empfinden. Simmel sehnt sich hier noch, im Gegensatz zu seinem späteren bekannten relativistischen Standpunkt, nach einer Art Platonischer Idee von Einheit Im Angesicht des Kunstwerks konstatiert er:

> Hätte das Prisma Sehkraft, so würde ihm das weiße Licht versagt sein, das es vielmehr nur in seinen gesonderten Bestandtheilen aufnehmen könnte; die innere Einheit, in der diese für eine andere Anschauungsweise existieren, könnte es nur ahnen, aber für die Erkenntnis wäre es ewig für die nachträgliche Kombination der Elemente angewiesen, in die es, seiner Konstitution folgend, jene Einheit erst zerlegt hat.[94]

Böcklins Landschaften erwecken in Simmel einerseits Sehnsucht nach Tiefe und andererseits Verzweiflung der induktiven Methode gegenüber: keine Sammlung und Kombination verstreut liegender Elemente wird je den weißen Lichtstrahl – das Objekt, das Wesentliche – zu ergeben vermögen. Die Kunst, zumindest eine solche wie die Böcklins, vermag demgegenüber einen Sprung zu schaffen, der ihr das Wesentliche anzufassen erlaubt. Es war mit aller Wahrscheinlichkeit die Betrachtung der Kunst, die Simmel darauf verwies, dass man die Dinge auf einen Sinn hin analysieren könne, der die innere Kondition des modernen Menschen verrät. Das Abstrahieren des jeweils Wesentlichen vom Unwesentlichen und die Suche nach einer Ordnung des wissenschaftlichen Materials reicht dazu nicht aus. Die Methode muss bereichert werden. Daher muss man die analysier-

---

93 Georg Simmel: Böcklins Landschaften, in: GSG 5., a. a. O., S. 96-104, Zitat S. 101.
94 Ebenda S. 100.

ten Objekte in eine Perspektive rücken, in der sie aus ihrem gewöhnten Kontext herausgenommen werden. In „Böcklins Landschaften" findet sich bekanntlich[95] die lateinische Formel der Betrachtung ‚sub specie aeternitatis', die Simmel drei Jahre später als Übertitel für einige seiner literarischen Miniaturen als ‚Kolumnist' in der „Jugend" wählte. In den „Jugend"-Texten kam noch die den Böcklinschen Kunstwerken unbekannte Komponente des ‚Momentbildes' hinzu: des ‚Momentanen' und Flüchtigen. Besonders wichtig ist in dieser Periode für Simmel jedoch die Feststellung, dass die Kunst ein Verfahren ist, dem etwas gelingt, was durch einfaches Abstrahieren, Abbilden, Zusammenstellen usw. nicht zu erreichen ist. Die Kunst findet Mittel, Inhalte, die auf eine andere Weise kaum fassbar sind, zu objektivieren:

> Spinoza verlangt von dem Philosophen, daß er die Dinge *sub specie aeternitatis* betrachte, Das heißt: rein nach ihrer inneren Nothwendigkeit und Bedeutsamkeit, losgebunden von der Zufälligkeit ihres Hier und Jetzt. Wenn man eine Leistung des Gefühles mit den selben Worten deuten darf wie die des Verstandes, so wirken Böcklins Bilder, als ob wir ihren Inhalt, in die Sphäre solcher Zeitlosigkeit versetzt, anschauten; als ob der reine, ideelle Gehalt der Dinge (...) vor uns stände.[96]

In den „Jugend"-Beiträgen sucht Simmel nach einem ‚ideellen Gehalt' der Dinge, er historisiert diesen Gehalt allerdings zugleich. Zumindest lassen die in diesen Beiträgen hie und da verstreuten Anspielungen vermuten, dass Simmel zwar nicht nach völlig beliebigen und zufälligen Bedeutungen der Dinge sucht, sondern nach gewissen ‚allgemeinen' Bedeutungen, diese jedoch nicht außerhalb der Geschichte erblickt. Die Anspielungen an das ‚Fin de siècle', an Nietzsche, Bezüge auf zeitgenössische Autoren (‚Faulheit') machen das deutlich, wenngleich dies nicht direkt ausgesprochen wird.[97] Simmel fesselt nicht irgendein überzeitlicher ideeller Gehalt der Dinge, sondern ihn interessieren die Gemütslage und die Mikrosoziologie der Moderne.[98]

In der bereits erwähnten „Jugend"-Miniatur „Beseeltheit", die als ein

---

95 Vgl. Rammstedt: Zur Ästhetik Simmels..., a. a. O.
96 Simmel: Böcklins Landschaften, a. a. O., S. 97.
97 Simmels Miniatur „Metaphysik der Faulheit" ist eine Anspielung auf Paul Lafargues „Das Recht auf Faulheit – Widerlegung des „Rechts auf Arbeit" von 1848.
98 Die Definition und Charakterisierung der Moderne übernehme ich von David Frisby, der von Baudelaire, Marx und Nietzsche ausgeht. In dem Simmel-Kapitel des Buches „Fragmente der Moderne" entwickelt Frisby auch einen Zusammenhang zwischen der Moderne und dem Zeitgefühl von Ewigkeit. (Vgl. David Frisby: Fragmente der Moderne. Georg Simmel – Siegfried Krakauer – Walter Benjamin, Rheda-Wiedenbrück 1989).

'Momentbild sub specie aeternitatis" 24.1.1899 erschien, formulierte Simmel seinen Vergleich der Methode der „Momentbilder" mit dem Senkblei. Das Verfahren des ‚Senkbleis' stellt eine Erweiterung und Modifizierung des Verfahrens ‚sub specie aeternitatis' dar. Es geht ihm jetzt nicht nur darum, die Dinge, wie es die Kunst tut, unter einer anderen Perspektive zu sehen, sondern selbst dem Unscheinbarsten und Banalsten, das aufgrund der Wertehierarchien aller Art von vornherein aus dem Blickfeld (der Wissenschaft, der Philosophie und selbst der Kunst) ausgeschlossen bleibt, mit in die reflektierende Perspektive einzubeziehen. Die Methode des Senkbleis wird Simmel in seinem späteren soziologischen und philosophischen Reflexionen nicht vergessen. Nach dieser Methode und ihren Modifikationen wird er seine Texte – nicht zuletzt seine Essays – strukturieren. Denn Simmel ist kein Künstler geworden, obwohl es vielleicht auch Augenblicke gab, in denen er es werden wollte, da deren Vorgehensweise bzw. Methode in dem werdenden Wissenschaftler Neid weckte. Aus der Auseinandersetzung mit der Kunst einerseits und der Wissenschaft andererseits ist schließlich der Soziologe und Kulturphilosoph als Sieger hervorgegangen, obwohl nicht auszuschließen ist, dass der Wissenschaftler den Ausgang dieser Auseinandersetzung eine Zeit lang eher als Scheitern betrachtet hat. Einen Einblick in dieses komplizierte Verhältnis und in die Suche nach neuen Wegen des Denkens und Schreibens gibt das ‚Momentbild', das Simmel unter dem Titel „Kein Dichter" veröffentlichte. Für mich birgt dieser Text auch das Geheimnis, warum Simmel als Wissenschaftler sein Leben lang an der damals wie heute für die akademische Welt zweifelhaften Form des Essays festhielt.

8 Die Möglichkeit und Unmöglichkeit des literarischen Erzählens in den „Momentbildern": „Kein Dichter"

8.1 Die Geschichte und ihre Erzähler

„Kein Dichter", eine erzählerische Miniatur, die Georg Simmel im Jahre 1900 in der Münchner Jugendstilzeitschrift „Jugend" veröffentlichen ließ, stellt einen tragischen Vorfall dar, der sich einst in einem kleinen Dorf namens Surava abgespielt haben soll. Der Ich-Erzähler, von dem wir lediglich so viel erfahren, dass er sich auf einer Reise befindet, sieht mitten im Dorf, das auf seiner Route liegt, die abgebrannte Ruine eines Hauses. Nach dem Grund gefragt, warum niemand die Brandstelle bebauen will, erzählt der Kutscher dem Reisenden eine

Geschichte. In dem abgebrannten Haus soll einst ein Schmied mit seiner jungen und schönen Frau gewohnt haben; der Meister hatte auch einen jungen Gesellen. Als sich mit der Zeit zeigte, dass der Lehrling den Meister in seiner Kunst schon weit übertrifft, beschlossen der Schmied und seine Frau, ihm die Augen auszustechen, damit er aufhört, eine Konkurrenz zu sein. Als aber der verletzte Jüngling, im Schlaf überrascht, seine Augenlider aufschlägt, sieht die Frau des Schmiedes in seinen Augen sowohl den Schmerz als auch die Liebe, die der Geselle seit langem ihr gegenüber hegte, jedoch verborgen hielt. Der Augenblick, in dem die Frau die Bedeutung dieses Blickes begreift, ist für das Schicksal des Dreiecks entscheidend. Entsetzt wirft sie die Fackel weg, mit der sie ihrem Mann bei dem beabsichtigten Verbrechen die Kammer beleuchtete. Das Haus geht innerhalb weniger Minuten in Flammen auf, die allen drei Protagonisten den Tod bringen. Der Kutscher, der die Geschichte von anderen Dorfbewohnern gehört hat, ist sich nicht sicher, ob sie stimmt. Mitten im Dorf verblieb die Ruine. Niemand wolle dort bauen, da ein Fluch über die Stelle verhängt sei.

Simmels Text scheint gegen den Schluss an Gleichgewicht zu verlieren. Die Geschichte des Schmiedes und seiner Frau kann keine Fortsetzung haben – alle Personen des Dramas sind tot und die knappen Worte des Kutschers: „(...) seitdem liegt doch ein Fluch auf der Stelle und keiner hat sich gefunden, der dort bauen wollte", markieren eine an traditionelle Schlussformeln des Märchens erinnernde Abrundung der mündlichen Erzählung. Doch im gleichen Moment erinnert sich der Ich-Erzähler an seine eigenen Probleme. Er trauert nicht über die gehörte Tragödie, wundert sich nicht über das Geschehene, sondern stellt sich selbst in den Vordergrund, so dass die von ihm gesetzte endgültige Pointe des ganzen Textes wie eine Konkurrenz zu dem tragischen Ende des Liebes- und Hassdreiecks klingt:

> Die Geschichte hat ein Verhängnis an mir vollzogen. Ich glaubte damals, ich wäre ein Dichter. Und hier wurde mir ein Stoff entgegengebracht, der das Dichtwerk in sich trug (...). Aber wie ich es auch angriff, ich konnte dies in einer Sekunde zusammengefaßte Schicksal nicht zu einem Kunstwerk entfalten. Immer wieder überwältigte mich das Bild der Frau, der in dem Augenblick, wo sie ihren Feind vernichtet, dessen Liebe entgegenschlägt und ihr erst ihr eigenes Gefühl enthüllt (...). Da sah ich: *Die Wirklichkeit ist zu stark für mich* – ich war kein Dichter – kein Dichter![99]

---

[99] Simmel, Kein Dichter, in: Beiträge aus der „Jugend" ..., a. a O., S. 400-402, Zitat S. 402. [Hervorhebung von Simmel] Die Schlüsselszene der Miniatur ist mit hoher Wahrscheinlichkeit eine weite Anspielung auf Rembrandt van Rijns Gemälde „Die Blendung Simsons".

Das Ich ist nicht die einzige und auch nicht die erste Person, welche die Geschichte des Schmiedes erzählt. In den Text ist die Erzählung des Kutschers als Zitat integriert, welcher seinerseits sagt: „von dem Haus erzählt man eine traurige Geschichte". Das letzte Glied der Erzählerkette ist das Ich, am anderen Ende versinkt sie in einem kollektiven und unpersönlichen ‚Man'. Der grammatisch als dritte Person agierende Kutscher spielt die Rolle des Vermittlers zwischen den beiden, selbst weder als ein ‚Ich' hervortretend, noch im Kollektiv sich auflösend.

8.2 Die literarische Miniatur „Kein Dichter" als Präfiguration für Simmels kulturwissenschaftliche Kategorien

Die Erzählstruktur von „Kein Dichter" erinnert an Begriffe, die Simmels wissenschaftlicher Tätigkeit nicht fremd sind. Er sprach mehrmals von einer gegenwärtig bis zu Hypersubjektivismus gesteigerten individualistischen Tendenz der modernen Gesellschaft, die mit dem Ausklang des Mittelalters, mit der fortschreitenden sozialen Differenzierung und mit der Befreiung des Einzelnen aus festen und geschlossenen sozialen Gebilden ihren Anfang nahm.[100] Diese Probleme waren von Simmel im Jahre 1900, dem Jahr der Veröffentlichung von „Kein Dichter" der Zeitschrift in „Jugend", bereits in dem Lebensstil-Kapitel

---

Simmel verfasste wie bekannt 1916 ein Rembrandtbuch, daneben mehrere Essays über Rembrandt.

[100] So bemerkt Simmel in „Die beiden Formen des Individualismus": „Nachdem die prinzipielle Lösung des Individuums von den verrosteten Ketten der Zunft, des Geburtsstandes, der Kirche vollbracht war, geht sie nun dahin weiter, daß die so verselbständigten Individuen sich auch von einander unterscheiden wollen (...). Die für das 19. Jahrhundert charakteristische [Idealbildung] rechnete mit lauter arbeitsteilig differenzierten, zusammengehalten durch Organisationen, die gerade auf der Arbeitsteilung und dem Ineinandergreifen des Differenzierten beruhten. (...) - Gewiß soll Wilhelm Meister das ‚rein Menschliche' in allem Schicksal, Bildung, Innerlichkeit des Menschen herausstellen und zur Geltung bringen. Und doch ist hier zum erstenmal eine Welt gezeichnet, die ganz auf die individuelle Eigenheit ihrer Individuen gestellt ist und sich nur durch sie organisiert." [Hervorhebung durch Simmel – M.T.] (Georg Simmel: Die beiden Formen des Individualismus, in: Aufsätze und Abhandlungen 1901-1908 (GSG 7.), hg. von Rüdiger Kramme, Angela Rammstedt und Otthein Rammstedt, Frankfurt am Main 1995, S. 49-56, Zitat S. 52-53. Ursprünglich veröffentlicht im Oktober 1901 in „Das freie Wort. Frankfurter Halbmonatszeitschrift für Fortschritt auf allen Gebieten des geistigen Lebens".)

der „Philosophie des Geldes" weitgehend theoretisch bearbeitet, welche in demselben Jahr erschien. In dem ‚Momentbild' kündigt sich jedoch auch eine Problematik an, die in Simmels weiterer Arbeit an der „Soziologie" und in seinen Essays präsent werden sollte. Es ist das Bild des emanzipierten Individuums, das zwischen den ‚sozialen Kreisen' wandert und dessen Lage symbolisch sehr treffend durch die Figur eines Reisenden dargestellt werden kann, der eine geschlossene Gemeinschaft lediglich als Fremder im Vorbeigehen beobachtet. Das ‚Momentbild' enthält auch die für Simmel bereits sehr wichtige Metaphorik des Auges und des Blickes in ihrer soziologischen Bedeutung: es handelt sich um den Blick von Auge zu Auge. Einen solchen Blick faszinierte Simmel als nahezu reinste Form der Wechselwirkung.[101] Die Hierarchie der Erzähler in „Kein Dichter" lässt an die Vorstellung des Übergangs von einer kleinen geschlossenen Gemeinschaft zu einer Gesellschaft denken, in der sich das Individuum zwar verselbständigt, aber der Vereinsamung anheim fällt. Einer ähnlichen Zusammenstellung bedient sich Simmel in „Großstädte und das Geistesleben"[102], wo die ländliche Gemeinschaft der Großstadt gegenübergestellt wird. Und dieselbe Struktur ist auch in der großen „Soziologie" aufzuspüren, nämlich in dem Kapitel „Das Geheimnis und die geheime Gesellschaft", wo der geheime Verband als Typus die Züge einer stark zusammengewachsenen Gemeinschaft aufweist. „Kein Dichter" ist also keineswegs eine Marginalie in Simmels Schaffen; vielmehr ‚kondensiert' die Miniatur für Simmel wesentliche Fragen, die er nicht verwerfen, sondern weiterführen wird, allerdings in einer veränderten Form: nicht in der erzählerischen, sondern in der essayistischen.

8.3 Das Dorf und die Geschichte

Die Position eines Reisenden, die der Ich-Erzähler einnimmt, ist Ausdruck von Distanz gegenüber sozialen Gebilden. Gerade er verhält sich anders als seine Vorgänger: er entdeckt nämlich in der Geschichte eine Spannung, welche jede künstlerische Form zersetzt. Weder an den ‚grausamen Augenblick' noch an die Kunst haben die bisherigen Erzähler gedacht. ‚Man' sieht vielmehr von jegli-

---

101 Und das Motiv der Ruine erscheint wieder in einem der Essays der „Philosophischen Kultur". Siehe hierzu das Kapitel VI dieser Arbeit.
102 Veröffentlicht 1903 in: „Die Großstadt. Vorträge und Aufsätze zur Städteausstellung. Jahrbuch der Gehe-Stiftung zu Dresden", Band IX, Dresden.

chem Blick in die Seele der Protagonisten ab und haftet auch nicht für die Übereinstimmung der Erzählung mit dem Geschehen; denn nachdem der Kutscher seine sehr ins Detail gehende und mit dialogischen Partien versehene Darstellung der Ereignisse gegeben hatte, verriet er dem Reisenden: „Vielleicht ist die ganze Geschichte nicht wahr, denn es war doch keiner dabei, der sie nachher hätt'erzählen können."[103] Die Erzählung zieht sich damit selbst den Boden unter den Füssen weg. Der Position des Augenzeugen wird widersprochen. Der Anlass der Geschichte ist die abgebrannte Ruine, die sich als leerer Platz mitten im Dorf befindet. Es wird gefragt: „Warum ist das Haus wohl nicht wieder aufgebaut worden?" Das Erzählen entspringt mithin nicht dem Ereignis – vielleicht ist die ganze Geschichte gar nicht wahr – und in diesem Sinne hat sie keine Referenz. Anlass für das Erzählen ist der rätselhafte leere Ort, ein sichtbares Zeichen der Abwesenheit. Da keiner dabei war, kann nicht ausgeschlossen werden, dass sich dort eine völlig andere Geschichte abspielte, was aber ohne Belang ist. ‚Man' erzählt also die Geschichte eines Brandes, der unter äußerst tragischen Umständen ausgelöst worden sein muss. Diese verleihen ihr die Spannung. Doch das ist erst dadurch möglich, dass die Legende, welche die Ruine umwoben hat, nicht verifizierbar ist; nachdem sie sich von einer bestimmten Referenz gelöst hatte, konnte sie weit mehr bedeuten, als sie sonst leisten könnte. Simmel entpuppt sich hier als ein Denker der positiven Bedeutung des Negativen. In dem Geheimnis-Kapitel der „Soziologie" schreibt er einige Jahre später, das Verbergen sei bedeutungsträchtiger als das Offenbaren, denn es schaffe einen Raum für unzählbar viele mögliche Interpretationen, während die ‚Wirklichkeit' nur eine Version zulässt, alles Übrige und Widersprüchliche ausschließt. Es hat nichts mit der Feststellung zu tun, was der Fall ist und ebenso nichts mit der Wertung von Tatsachen als richtig oder falsch; nach Simmel sind wir

> (...) nun einmal so eingerichtet, dass wir nicht nur (...) einer bestimmten Proportion von Wahrheit und Irrtum als Basis unseres Lebens bedürfen, sondern auch einer an Deutlichkeit und Undeutlichkeit im Bilde unserer Lebenselemente.[104]

Mitten in der Dorfgemeinschaft entsteht ein Ort der Undeutlichkeit. Die Ge-

---

103 Simmel, Kein Dichter, a. a. O., S. 402.
104 Georg Simmel: Das Geheimnis und die geheime Gesellschaft, in: Simmel, Soziologie. Untersuchungen über die Formen der Vergesellschaftung (GSG Bd. 11), hg. von Otthein Rammstedt, Frankfurt/M 1992, S. 383-455, Zitat S. 404. Dem Geheimnis-Kapitel aus der „Soziologie" ist Teil V. der vorliegenden Arbeit gewidmet.

schichte, die ‚man' erzählt, scheint die Funktion zu haben, für ein Gleichgewicht zwischen der Undeutlichkeit und der Kohärenz der Lebenswelt zu sorgen. Sie belebt die Phantasie – die Darstellung des Kutschers ist reich an Details, die eigentlich niemandem vertraut sein können. Zugleich hält sie die Undeutlichkeit in Schranken. Die Bewohner haben sich offensichtlich auf eine Version der Ereignisse geeinigt. Sie haben auf diese Weise die Lücke in ihrer Lebenswelt ausgefüllt, um nicht zuzulassen, dass sich mitten im Ort ein leeres Zeichen befindet. Die Erzählung hat hier eine funktionelle Bedeutung. Sie dient nicht dazu, widerzuspiegeln, was der Fall ist, bzw. gewesen ist; im Gegenteil, provokativ entwickelt sie sich ohne jeglichen Bezug darauf. Wichtig ist demgegenüber die Aufgabe, die sie für die Dorfbewohner leistet.

In vielen Aspekten erinnert Simmels „Kein Dichter" an Ideen Walter Benjamins in seinem Essay „Der Erzähler".[105] Dort operiert dieser mit ähnlichem Gegensatzpaar, wie er auch nicht selten bei Simmel zu finden ist und an das die Erzählerkette in „Kein Dichter" anspielt: eine kollektive, ‚organische' Gemeinschaft und eine differenzierte und individualisierte Gesellschaft. (Wobei es bei Simmel hinsichtlich dieses Gegensatzes viele Übergangsformen gibt; er kennt auch nicht den Begriff des allgemein ‚Archaischen', den Benjamin verwendet). Das Erzählen verbindet Benjamin mit einer Vorstellung vom Kollektiv und stellt es der modernen Kultur des vereinzelten Ich gegenüber. In der letzten schwindet die Möglichkeit des Erzählens. Jedoch spielt bei Benjamin im Unterschied zu Simmel die Erfahrung eine wesentliche Rolle; man erzählte einst, um seine Erfahrungen an die jüngere Generation weiterzugeben. Die Erfahrungen der Älteren konnten immer noch von Bedeutung sein, weil die Welt vorhersehbar war; und wenn sie sich wandelte, ging das unscheinbar vor sich; die Inflation von traditionellen Mustern sei im Laufe der Geschichte nur sehr langsam fortgeschritten. Bei Simmel werden keine Erfahrungen weitergegeben; vielmehr werden brisante Stellen ‚entwaffnet', die gemeinsame Lebenswelt bewohnbar gemacht. Es ist kein Wissen in der Geschichte der Ruine, das man nutzen könnte. Das Verhältnis zwischen Welt und Erzählung ist bei Simmel im Vergleich zu Benjamin mithin umgekehrt: nicht die geschlossene Kultur produziert eine sie widerspiegelnde Geschichte, vielmehr bleiben die Kultur und die Erzählung in Wechselwirkung und verhelfen einander zu ihrem weiteren Bestehen.

---

105 Walter Benjamin: Der Erzähler. Betrachtungen zum Werk Nikolai Leskows, in: Walter Benjamin, Gesammelte Schriften II/2, hg. von Rolf Tiedemann und Hermann Schweppenhäuser, Frankfurt/M 1980, S. 438-465.

8.4 Der Ich-Erzähler als das moderne Ich und sein Blick auf die Geschichte

Der Ich-Erzähler, der sich am anderen Ende der Erzählerkette situiert, hat aber seine eigenen Probleme. Der grausame Augenblick kann nicht zu einem Kunstwerk verarbeitet werden. Das Plötzliche bleibt punktuell. Der Reisende scheitert. Dabei sind die Kategorien, in denen er über die Kunst reflektiert, die der traditionellen Formalästhetik; die Parole vom schönen Bild klingt eher verblasst. Ein Stoff soll nämlich zur Dichtung ‚entfaltet' werden, Schönheit impliziert Ruhe und Verweilen, im Gegensatz zu den ‚Wirrnissen' des Augenblicks. Der Stoff, trägt das Dichtwerk in sich wie die gespannten Energien im Pulver seine Explosion', während das Ich ‚ein Kunstgebilde zu formen'[106] beabsichtigte.

Der dichterische Prozess in „Kein Dichter" – oder vielmehr das Scheitern eines solchen – steht im Kontext von Simmels Soziologie für einen ganz bestimmten Punkt der Topographie des objektivierten Geistes. Der Augenblick, welcher an dem Ich ‚ein Verhängnis vollzogen hat' ist nicht objektivierbar. Es handelt sich dabei auch nicht um einen zufälligen Punkt am Rande der Wirklichkeit, sondern vielmehr um einen zentralen, um die ‚Wirklichkeit' selbst, denn das Ich stellt fest: „Die Wirklichkeit ist zu stark für mich."[107] Dieser Satz ist in der Erzählung auch graphisch hervorgehoben. Es geht buchstäblich um einen Augenblick – Simmel spielt die beiden Bedeutungen des Wortes aus. Es ist ein momentaner und folgenschwerer Blick von Auge zu Auge. Das Auge wird einige Jahre danach in dem „Exkurs über die Soziologie der Sinne" im Vordergrund stehen. Es ist dort aber nicht der höchste, weil der reinste und abstrakteste Sinn, der Sinn des Erkennens und der Besonnenheit, so wie die Aufklärung den Gesichtssinn interpretierte, sondern die Verkörperung der Wechselwirkung zweier Individuen. Simmel betrachtet die Sinne immer wieder in der Funktion der Wahrnehmung des Anderen. In dem genannten Essay lesen wir:

> Unter den einzelnen Sinnesorganen ist das Auge auf eine völlig einzigartige soziologische Leistung angelegt: auf die Verknüpfung und Wechselwirkung der Individuen, die in dem gegenseitigen Sich-Anblicken liegt. Vielleicht ist dies die unmittelbarste und reinste Wechselbeziehung, die überhaupt besteht. Wo sich sonst soziologische Fäden spinnen, pflegen sie einen objektiven Inhalt zu besitzen, eine objektive Form zu erzeugen. Selbst das gesprochene und gehörte Wort hat doch eine Sachbedeutung (...). die höchst lebendige Wechselwirkung aber, in die der Blick von Auge ins

---

106 Georg Simmel: Kein Dichter, a. a. O., S. 402.
107 Ebenda.

Auge die Menschen verwebt, kristallisiert zu keinem objektiven Gebilde (...).[108]

Es wird hier der zentrale und zugleich problematischste Punkt der Kultur und der Gesellschaft berührt: es handelt sich um zwei Individuen, also um Subjekte der Vergesellschaftung, und dabei um ein fast völliges Ausbleiben von Begriffen, die in dem Gegenüber den Träger einer sozialen Schicht oder Rolle sehen lassen. Wegen der Blickwinkel, unter denen der Andere gewöhnlich wahrgenommen wird und die ihn eben als Vertreter eines Kreises, Milieus, Berufes usw. bestimmen, ist es nicht leicht, gerade einem ‚Individuum' ins Auge blicken zu können. Jedoch sowohl in dem oben angeführten Zitat als auch in „Kein Dichter" trifft der Blick das dunkle Auge des Anderen, der ein Individuum ist, nicht etwa Bürger oder Vertreter eines Berufes. Simmels Augen-Passage in dem „Exkurs über die Soziologie der Sinne" scheint nicht geschichtlich gedacht zu sein; das Hervorheben des Individuellen sowohl in der Gestalt des Ich-Erzählers als auch in dem tiefen Zusammenhang zwischen dem Motiv des Blickes und dem Individuellen als Nicht-Objektivierbaren führt uns auf Simmels Bestimmung der Moderne zurück. Es ist festzustellen, dass Simmel in „Kein Dichter" im Keim eine Semantik des Erzählens skizzierte, die in Lukács' „Theorie des Romans" von 1911 präsent sein wird, insofern sich dort das Epos auf ‚geschlossene Kulturen' bezieht und der Roman als ein Sich-auf-Wanderschaft-Begeben bezeichnet wird.[109]

8.5 „Kein Dichter" als Vorwegnahme der Konzeption des Abenteuers

In der einzigen kurzen Interpretation, die es von „Kein Dichter" bisher gibt, nämlich in Werner Jungs Simmel-Buch[110], fungiert der Text, allegorisch gelesen,

---

108 Georg Simmel: Exkurs über die Soziologie der Sinne, in: Simmel, Soziologie..., a. a. O., S. 722-742, Zitat S. 723.
109 Wie bekannt, beginnt Lukács seine während des Ersten Weltkriegs niedergeschriebene „Theorie des Romans" mit dem Kapitel „Die Formen der großen Epik in ihrer Beziehung zur Geschlossenheit oder Problematik der Gesamtkultur", in dem ‚die seligen Zeiten' gepriesen werden, in denen „(...) der Sternenhimmel die Landkarte der gangbaren und zu gehenden Wege ist und deren Wege das Licht der Sterne erhellt." Im Gegensatz zu den Eposzeiten seien wir in der Epoche des Romans heimatlos und orientierungslos geworden (Georg Lukács: Die Theorie des Romans, Berlin 1971, Zitat S. (9) 21.)
110 Vgl. Werner Jung: Georg Simmel zur Einführung, Hamburg 1990, S. 126.

als Bild der Erfahrung des Plötzlichen, wobei auf Karl-Heinz Bohrers „Plötzlichkeit" verwiesen wird. Man könnte als interpretatorischen Kontext auch David Frisbys Bemerkungen zum Essay „Das Abenteuer" anführen, obwohl dort „Kein Dichter" nicht erwähnt wird. Frisby sieht im Abenteuer eine Vorwegnahme von Benjamins Begriff des Erlebnisses. Das Abenteuer lässt sich nicht in die Biographie des Einzelnen eingliedern. Wir kehren in den Alltag zurück und haben den Eindruck, das Abenteuer sei ein Traum gewesen oder sei einem Anderen passiert, nicht uns selbst.[111] Das Abenteuer ähnelt in seiner Geschlossenheit dem Kunstwerk. Ein bedeutendes Merkmal des letzteren ist der Rahmen, welcher das Kunstwerk aus der sonstigen Welt ausschneidet und einen Raum schafft, wo sich die Elemente nicht mehr auf das Außen, sondern aufeinander beziehen. Es wäre vielleicht nicht falsch zu sagen, dass der wesentliche Teil des Kunstwerkes für Simmel eben der Rahmen ist:

> Das Wesen des Kunstwerkes aber ist, ein Ganzes für sich zu sein, keiner Beziehung zu einem Draußen bedürftig, jeden seiner Fäden wieder in seinen Mittelpunkt zurückspinnend. Indem das Kunstwerk ist, was sonst nur die Welt als Ganze oder die Seele sein kann: eine Einheit aus Einzelheiten – schließt es sich, als eine Welt für sich, gegen alles ihm Äußere ab. So bedeuten seine Grenzen etwas ganz anderes, als was man an einem natürlichen Dinge Grenzen nennt: bei diesem sind sie nur der Ort fortwährender Exosmose und Endosmose mit allem Jenseitigen, dort aber jener unbedingte Abschluß, der die Gleichgültigkeit und Abwehr nach außen und den vereinheitlichenden Zusammenschluß nach innen in einem Akte ausübt. Was der Rahmen dem Kunstwerk leistet, daß er diese Doppelfunktion seiner Grenze symbolisiert und verstärkt. Er schließt alle Umgebung und also auch den Betrachter vom Kunstwerk aus und hilft dadurch, es in die Distanz zu stellen, in der allein es ästhetisch genießbar wird.[112]

8.6 Die Suche nach dem Sinn des Lebens in Walter Benjamins „Der Erzähler"

Das Abenteuer hat die Fähigkeit, ein zufälliges, aus der Kontinuität der Welt herausgerissenes Stück des Lebens nach dem ästhetischen Gesetz ins Notwendige zu verwandeln, ihm den Schleier des Schicksalhaften zu überwerfen. Diese Wirkung geht von der Grenze aus, die das Kunstwerk als solches konstituiert.

---

111 Vgl. David Frisby: Georg Simmels Theorie der Moderne, in: Heinz-Jürgen Dahme/Otthein Rammstedt: Georg Simmel und die Moderne, Frankfurt/M 1984, S. 9-79, insbesondere S. 31.
112 Georg Simmel: Der Bildrahmen. Ein ästhetischer Versuch, in: Georg Simmel, Aufsätze und Abhandlungen 1901-1908, Bd. I (GSG 7.) hg. von Rüdiger Kramme, Angela Rammstedt und Otthein Rammstedt, Frankfurt/M 1995, S. 101-108, Zitat S. 101. Zur Interpretation der Bildrahmenfigur bei Simmel siehe das Kapitel IV. dieser Arbeit.

Über ähnliche Eigenschaften verfügt der Roman in Benjamins Essay „Der Erzähler". Dort stößt der Leser auch auf Motive, die stark an „Kein Dichter" erinnern, vor allem das Motiv des Feuers. Die Form des Romans ist in „Der Erzähler" die des einsamen Erzählens und ebenso wie die Unmöglichkeit zu erzählen. In „Kein Dichter" ist sie an das Pronomen Ich gebunden: „Die Geburtskammer des Romans ist das Individuum in seiner Einsamkeit, das sich über seine wichtigsten Anliegen nicht mehr exemplarisch auszusprechen vermag (...)."[113] Der Roman fungiert bei Benjamin als Symptom der Vereinsamung des Individuums, ist aber immer noch ein Erzählen, welches wie jedes andere von der Spur der Verwurzelung im archaisch Mündlichen lebt. Benjamins ‚Individuum in seiner Einsamkeit' würde als Stichwort für eine Epoche dem Simmelschen Ich-Erzähler entsprechen, das für das Moderne steht; bei Benjamin handelt es sich aber beim modernen Erzählen um eine recht lange Zeitspanne, als deren Anfang Benjamin folgender den „Don Quichote" nennt. Er spricht auch vom Untergang der Romanzeit, in der sich die Information durchsetzt, die mit dem Erzählen nichts mehr zu tun hat, sondern es auf das Neue etwa in der Zeitung abgesehen hat. Simmels Ich und sein ‚grausamer Augenblick', dessen Erfahrung sich dem nähert, das Benjamin später als ‚Schock-Erlebnis' diagnostizierte, wäre wohl in dieser Ausgangsphase anzusiedeln.[114]

Benjamin bringt den Roman und dessen Erfahrung in der Lektüre mit dem Tod zusammen, der eine Grenze darstellt, von der her das Leben wie im Eingedenken betrachtet wird. Wie unter der Perspektive des Todes (des tatsächlichen Todes des Romanhelden oder des Romanschlusses, wobei in vielen traditionellen Erzählwerken der Schluss mit dem Tod des Protagonisten zusammenfällt) nehme der Leser den Romanhelden wahr, denn dessen Schicksal liegt im Werk abgeschlossen vor. In jedem Augenblick ihres fiktiven Lebens, ungeachtet des Vorwärtsströmens der Romanhandlung, wird die Figur schon als erfüllt

---

113 Walter Benjamin: Der Erzähler, a. a. O., S. 443.
114 Natürlich kann nicht von Benjamins Einfluss auf Simmel die Rede sein, sondern umgekehrt: es ist bekannt, dass Benjamin sehr intensiv Simmel rezipierte und sich zu dem Berliner Philosophen und Soziologen offen bekannte. Ob er auch Simmels „Kein Dichter" kannte, ist mit Sicherheit nicht auszumachen, allerdings ist es nicht unmöglich. Benjamin kannte die Zeitschrift ‚Jugend'. Die Struktur des Schockerlebnisses und die Reflexion über das Erzählen, die Simmels ‚Momentbild' prägen, nehmen die entsprechenden Benjaminschen Motive sehr deutlich vorweg. Im Rückblick von der späteren Benjaminschen Formulierung und weitgehenden Ausarbeitung derselben Probleme her wird sichtbar, welche Potenzen Simmels Denken (und die von ihm benutzten Formen, hier die des ‚Momentbildes') in sich trug.

empfunden, weil wir wissen, dass sie in den Grenzen eines ästhetischen Werkes aufgeht. Im Alltag schauen wir auf eine Person in dieser Weise nur, wenn wir ihrer gedenken, sagt Benjamin. Der Leser, als ‚das Individuum in seiner Einsamkeit', dessen Leben ins Unbekannte offen ist, klammert sich an das Schicksalhafte der Figuren. Das Ziel des Romans sei keineswegs die Darstellung einer fiktiven Welt; Benjamin meint, dass der Roman im ästhetischen Medium fremde Schicksale mit Bedeutungsschwere versieht, über die das reelle Leben nicht verfügt, nach der sich die Leser jedoch sehnen, weil sie in einer Welt, in der die Erfahrungen dahinschwinden und zu nichts nützen, einsame und unbekannte Wege, deren Sinn nicht zu erraten ist, einschlagen müssen. Im Leben des Romanhelden gibt es sozusagen mehr Substanz. Das Medium der Darstellung – das Kunstwerk – sorgt für einen Sinnüberschuss. Es ist aber kein konkreter Sinn, eher scheinen uns die Romangestalt kondensierter, schicksalhafter als das eigene unsichere Leben.[115] Die Romanfigur wird dem Erzeugen von Sinn, nach dem der Leser sich sehnt, geopfert. Das Lesen ist nach Benjamin ein Verbrennungsprozess, in dem der Lesende „den Stoff wie Feuer Scheiter im Kamin"[116] verschlingt. Der fremde Schicksal ist wie ein Kaminfeuer, das um seiner Vernichtung willen das Leben erwärmt:

> Nicht darum also ist der Roman bedeutend, weil er, etwa lehrreich, ein fremdes Schicksal uns darstellt, sondern weil dieses fremde Schicksal kraft der Flamme, von der es verzehrt wird, die Wärme an uns abgibt, die wir aus unserem eigenen nie gewinnen. Das was den Leser zum Roman zieht, ist die Hoffnung, sein fröstelndes Leben an einem Tod, von dem er liest, zu wärmen[117]

Dem Romanleser gehe es also um den ‚Sinn des Lebens'. Er sucht nach Figuren, an denen er diesen Sinn erfahren könnte. Die Hoffnung auf Lebenssinn nährt

---

115 Analog bemerkte Zygmunt Bauman, in der postmodern gewordenen Welt hätten wir gegenüber der fiktiven Welt des Romans generell den Eindruck, sie sei geordneter und sinnerfüllter als die reelle Welt, in der wir leben. Zu dieser Bemerkung veranlassten Bauman Milan Kunderas Reflexionen zum Roman. Kundera meinte aus der Perspektive des sich unter dem kommunistischen Regime befindenden Mitteleuropas, die Romanwelt habe dank dem Sinnüberschuss immer mehr Freiheit als die gelebte Wirklichkeit. Nun hat sich mit der Kehre der Geschichte die Rezeption der Werke verändert, meint Bauman. (Vgl. Zygmunt Bauman: Prawda nauki, prawda sztuki [Die Wahrheit der Wissenschaft, die Wahrheit der Kunst] in: Zygmunt Bauman: Ponowoczesność jako źródło cierpień [Das Unbehagen in der Postmoderne], Warszawa 2000, S. 199-223.
116 Walter Benjamin: Der Erzähler, a. a. O., S. 456.
117 Ebenda S. 456-457.

sich vom Eingedenken, von der Todesgrenze her. In Benjamins Aufsatz steckt die Überzeugung, über die Schwere des ‚Sinns' kann das Leben, dem die Grenze noch nicht gesetzt ist, das noch ein ins Unbekannte offenes Leben ist, nicht verfügen. Außerdem werfen die Art und die Umstände des jeweiligen Todes ein Licht auf das gewesene Leben; wir neigen dazu, dem Leben eines Menschen von seinem Tode her den Sinn zu- oder abzusprechen. Vom Tode, oder vom Romanende her, wird das Leben erst zu einem Schicksal:

> Es ist ein trockenes Material, an welchem sich das brennende Interesse des Lesers nährt. – Was heißt das? „Ein Mann, der mit fünfunddreißig stirbt, hat Moritz Heimann einmal gesagt, ist auf jedem Punkt seines Lebens ein Mann, der mit fünfunddreißig stirbt." Nichts ist zweifelhafter als dieser Satz. Aber dies einzig und allein, weil er sich im Tempus vergreift. Ein Mann, so heißt die Wahrheit, die hier gemeint war, der mit fünfunddreißig Jahren gestorben ist, wird *dem Eingedenken* an jedem Punkte seines Lebens als ein Mann erscheinen, der mit fünfunddreißig Jahren stirbt. Mit anderen Worten: der Satz, der für das wirkliche Leben keinen Sinn gibt, wird für das Erinnerte unanfechtbar. Man kann das Wesen der Romanfigur besser nicht darstellen als in ihm geschieht. Er sagt, daß sich der ‚Sinn' von ihrem Leben nur erst von ihrem Tode her erschließt. Nun aber sucht der Leser des Romans wirklich Menschen, an denen er den ‚Sinn des Lebens' abliest. Er muß daher, so oder so, im voraus gewiß sein, daß er ihren Tod miterlebt. Zur Not den übertragenen: das Ende des Romans. Doch besser den eigentlichen.[118]

In der Welt der ‚individualisierten Einsamkeit' wäre auf die Weise die Isolierung des Individuums rudimentär überwunden. Wenn die Erfahrung geschwunden und die Wiedergabe von Erfahrung sinnlos geworden ist – so wie es Walter Benjamin für die Moderne diagnostizierte –, wächst der Anspruch an den ‚Sinn des Lebens'. Er kann sich nicht mehr aus dem traditionellen Glauben an Gott und die Transzendenz speichern, da diese Privatsache geworden sind und somit nicht mehr einen gemeinsamen Rahmen für alles Weltliche samt dem Leben der Menschen bieten können. Der Sehnsucht nach dem Sinn des Lebens kommt an der Stelle der Religion die Ästhetik entgegen. Mit ihr verbinden sich die Kategorien des Ganzen und Vollendeten, folglich auch des Schicksalhaften. Der ästhetische Rahmen, den für das Leben des Protagonisten das Ende des Romans bietet, wirft auf dieses Leben eine Aura des Schicksalhaften. Am deutlichsten ist dies zu sehen, wenn wir einen Roman lesen, dessen Ende wir bereits kennen oder ahnen. Dann ist der Protagonist für uns ein Mensch, dessen Schicksal abgerundet ist.

---

118 Ebenda S. 456.

8.7 Das Verpassen des Sinnes in „Kein Dichter"

In Simmels um ganze 36 Jahre früherem Text verhält sich der Reisende, der gleichzeitig ‚Leser' (eigentlich: Zuhörer) und Ich-Erzähler ist, wie das lesende Individuum bei Benjamin. Der Reisende sucht, aus dem tragischen Schicksal des Schmiedes, seiner Frau und des Gesellen ‚ein Feuer' abzugewinnen, einen Sinn, der so tief wäre, dass er ihm selbst zur perfekten Individuation verhelfen könnte: nämlich Dichter zu werden. Deswegen betrachtet er die Legende auf eine völlig andere Weise als die Dorfgemeinschaft: er erblickt in dem tragischen Vorfall die Spannung des Schicksals, durch die gerade sein tiefstes Ichgefühl und die eigene Lebensbestimmung angesprochen werden. Analog wie später bei Benjamin werden die Protagonisten der Geschichte geopfert: nicht ihr Leben ist wichtig, sondern ihr Tod, der ihnen erst die Tragik und Schwere des Schicksals verleiht. Das erwartete Feuer ist bei Simmel jedoch eine Explosion, es vermittelt keine Wärme, sondern blendet. Im Essay „Das Abenteuer" huscht der Lichtstrahl durch einen dunklen Raum, um etwas der Dunkelheit fragmentarisch und kurz zu entreißen und es dorthin sofort wieder sinken zu lassen.[119] In „Kein Dichter" verzehrt das Feuer die Leiber der Protagonisten, jedoch weder ihrem Opfer, noch ihrem Tod kann der Erzähler einen dauerhaften Sinn abgewinnen. Der Augenblick, in dem die Frau die Wahrheit über den Gesellen und ihr eigenes Gefühl erfährt, wirft auf sie und das Leben des Gesellen eher einen Schatten von Sinnlosigkeit: beide haben etwas verpasst, nämlich: einander zu begegnen. Die gegenseitige Erkenntnis, die sich im Blick von Auge zu Auge blitzartig erfüllt, kann keine Form finden, sich auszudrücken, geschweige von Dauer zu sein und gelebt zu werden. Das bisherige Leben der Frau erweist sich als ein blindes Vorbeigehen an der Möglichkeit einer Erfüllung, die sie in ihrem ruhigen Eheleben wohl nicht gefunden hatte, obwohl alles offensichtlich funktionierte. Das Treffen zweier Individuen erweist sich als der Augenblick, in dem beiden gerade bewusst wird, dass sie blind gewesen sind und sie danach strebte, ihn zu vernichten. Meine Hypothese wäre, ob dies nicht auch auf Simmels Denken über die Gesellschaft zutrifft: wir abstrahieren stets von dem Sein der Anderen, bauen uns ein Bild oder mehrere Bilder von ihm, und die Gesellschaft funktioniert besser oder schlechter trotz – oder gerade dank unserem stetigen Anein-

---

119 Simmel schreibt über das Abenteuer: „Es mag unserem Leben einen bloß momentanen Glanz geben, wie ein Strahl, den ein außen vorüberhuschendes Licht in einen Innenraum wirft (...).'' Georg Simmel: Das Abenteuer, in: Philosophische Kultur..., a. a. O., S. 168-185, Zitat S. 178.)

ander-Vorbeigehen. Manchmal, wenn wir aber dem Anderen, der uns immer ein Geheimnis bleibt, ins Auge blicken, hört sie zu funktionieren auf. Es sind besondere Augenblicke, wo die Gesellschaft gleichsam zusammenbricht und sich in der Ungewissheit, was auf uns seitens des Anderen zukommt, ein Spalt des Möglichen und Neuen öffnet.

Die Weise, auf die das Dreieck in der Geschichte zum Tode bestimmt ist, ist radikal, da die ganze Erzählung darauf hin angelegt ist. Es gibt keine einzige Episode, kein Detail, das nicht dem Ende untergeordnet wäre; die Figuren haben kein Leben außerhalb der Tragödie, sie existieren lediglich um ihres tragischen Todes willen. Dem dient auch die winzige Erzählform, die des ‚Momentbildes', in der es für die Darstellung der Biographien der Figuren keinen Platz gibt. Das Ganze schrumpft zu einem einzigen Augenblick zusammen. Es ist zugleich dasselbe und nicht dasselbe wie in Benjamins Aufsatz. Dasselbe, weil die Figuren vom Tode her ihren Sinn bekommen und weil sich der Reisende von diesem Sinn einen Gewinn für sein eigenes Leben verspricht. Es ist nicht dasselbe, weil sich der Sinn bei Benjamin gleichmäßig über die Wege der Romanfigur verstreut und dem Lesenden tröstend, wenn auch leise, zuspricht, das Leben habe immer noch einen Zusammenhang, selbst wenn es nicht ewig ist, während bei Simmel die Einsicht, deren Symbol die alles verzehrende Flamme ist, lautet, dass unser Leben die ganze Intensität der Wirklichkeit nicht zu tragen vermag, obwohl es um ihrer willen besteht.

Der tragische Fall wird paradox dargestellt, was dadurch geschieht, dass die Erzählung des Kutschers in die Miniatur integriert ist, und zwar als Zitat. Sie ist möglich, weil sie sich als ein Erzählen entwickelt, ohne für das Geschehene zu haften, auch ohne Anspruch auf die ursprüngliche Originalität der Geschichte. Die Fassung, welche der Reisende zu hören bekommt, übersieht gerade das, was für ihn das Wesentliche ist: den ‚grausamen Augenblick'. Und vielleicht ist die Weise des Erzählens, die der Kutscher und der Volksmund wählen, auch die richtigere. Er richtet sich nicht direkt auf das Undarstellbare und verzichtet auf die Urheberrechte. Gerade dank dessen kann seine Erzählung zustande kommen.

8.8 Das Scheitern der (schönen) Kunst

Die Kunst wird in Simmels Denken mehrmals als das Unmittelbare der Wissenschaft gegenübergestellt, die mit ihren Begriffen Kunstwerke und Kunsterlebnisse nicht zu fassen vermag:

> Wir empfinden (...), daß das Kunstwerk, eine objektive Einheit darstellend, eine subjektive einheitliche Reaktion hervorruft, die aber nur erlebt nicht mit einem entsprechend einheitlichen Begriffe beschrieben werden kann (...).[120]

schrieb Simmel im Jahre 1906 in einem Aufsatz über Schopenhauers Kunstverständnis. In „Kein Dichter" geschieht etwas Analoges in Bezug auf das Verhältnis des Kunstwerks zur Wirklichkeit. Zwar ist das Scheitern als die Unfähigkeit des Erzählenden, den ‚grausamen Augenblick' darzustellen, beklagt, dahinter kann man aber auch eine Unadäquatheit der ruhigen schönen Form vermuten. Dass sich die Kritik an Formen über deren subjektives Erleben vollziehen kann, beweist Hugo von Hofmannstahls berühmter „Ein Brief" des Lord Chandos an Francis Bacon, dessen Entstehungszeit obwohl es kein datiertes Manuskript gibt, auf den August 1902 festgelegt wird, also nur zwei Jahre nach Simmels „Kein Dichter".[121] Der Chandos-Brief gipfelt in der Absage am künstlerischen Schaffen. Das Dichten scheint, genau wie bei Simmel, unmöglich zu sein. Der Sinn scheint allerdings aus der Welt nicht verschwunden: er hat sich in zusammenhangslose Gegenstände verirrt, die das Ich nur noch anstarren kann, von denen es jedoch geblendet wird. In den zufälligen Dingen steckt der Überrest der ästhetischen Erfahrung, die sich einst auf das Ganze der Welt erstreckt haben soll. Es handelt sich zwar um eine etwas entfernte Analogie zu Simmels ebenso inkommensurablen ‚grausamen Augenblick', aber die Erfahrungen: Simmels und Hofmannstahls, gehören derselben Welt an. Und auf jeden Fall geschieht im Chandos-Brief genau das, was Simmels Beiträge in „Jugend" wie auch seine spätere Philosophie mehrmals auszusprechen suchen: dass Nebensachen ins Zentrum rücken und die Hierarchien der Dinge und der Erlebnisse in Verwirrung bringen.[122] So sagt einer der Gesprächspartner in dem ‚Momentbil-

---

120 Aus: Simmel: Schopenhauers Ästhetik und die moderne Kunstauffassung, in: Georg Simmel, Aufsätze und Abhandlungen 1901-1908, Bd. II (GSG 8.), Frankfurt/M 1993, S. 87-107, Zitat S. 106. Siehe hierzu auch das Kapitel III. dieser Arbeit. Zu Simmels Begriff von Ästhetik in den ‚Momentbildern' siehe: Rammstedt, Zur Ästhetik Simmels, a. a. O., insbesondere S. 21.
121 So die Erläuterungen des Herausgebers in: Hugo von Hofmannstahl, Sämtliche Werke, Bd. XXXI. Erfundene Gespräche und Briefe, hg. von Ellen Ritter, Frankfurt/M 1991, S. 277. Es ist bekannt, dass Hofmannstahl Simmels Schriften intensiv wahrgenommen hat. Vgl. hierzu insbesondere Frisbys „Georg Simmel in Wien", a. a. O.
122 Hofmannstahls Lord Chandos schreibt in seinem Brief an Francis Bacon: „Mein Fall ist, in Kürze, dieser: es ist mir völlig die Fähigkeit abhanden gekommen, über irgend etwas zusammenhängend zu denken oder zu sprechen." Diese Krise wird jedoch begleitet von Augenblicken, in denen Alltagsgegenstände in Chandos' Augen einen geheimnisvollen Sinn bekom-

der' „Das Gleichgiltigste. Ein moralisches Dilemma":

> Von der Hauptsache sprechen Sie und daß diese doch entscheiden müßte? Die Hauptsache? Aber seit wann leben Sie doch eigentlich am Ende dieses Jahrhunderts? Wissen Sie denn noch immer nicht, daß die Hauptsache das Allergleichgiltigste ist?[123]

Man kann sich bei einer Interpretation von „Kein Dichter" wohl kaum enthalten, darüber zu reflektieren, welche Rolle die Erfahrung, die hier mit Kunst und Wirklichkeit gemacht wird, für Simmels eigene schriftstellerische Tätigkeit gespielt haben mag. Es ist bekannt, dass dies einer der letzteren Beiträge für die Zeitschrift „Jugend" war, dass 1900 die „Philosophie des Geldes" erscheint und dass die Jahre danach durch eine sehr intensive wissenschaftliche, insbesondere soziologische Arbeit geprägt sind, die Simmel allerdings in Essays, also in einer paraästhetischen Form, niederlegte.[124] Der Essay ist allerdings gerade die Gattung, in der das ‚Allergleichgültigste' ins Zentrum rücken kann, und sie definiert sich zugleich über den Verzicht auf künstlerische Leistung im traditionellen Sinne des selbstgenügsamen Werkes, wie auch über eine durch Sehnsucht gekennzeichnete reflektierte Nähe zur Kunst.

9   Ausblick: das ‚Dazwischen' und Verhältnis zum Essay

Die „Momentbilder" sind Kunst und auch nicht Kunst; sie tendieren dahin, was Robert Musil ein ‚Dazwischen' nannte. Musil schrieb in „Der Mann ohne Eigenschaften":

> Ein Mann, der die Wahrheit will, wird Gelehrter; ein Mann, der seine Subjektivität spielen

---

men: „In diesen Augenblicken wird eine nichtige Kreatur, ein Hund, eine Ratte, ein Käfer, ein verkrümmter Apfelbaum, ein sich über den Hügel schlendernder Karrenweg, ein moosbewachsener Stein mit mehr als die schönste, hingebendste Geliebte der glücklichsten Nacht mir je gewesen ist. Diese Stummen und manchmal unbelebten Kreaturen heben sich mir mit einer solchen Fülle, einer solchen Gegenwart der Liebe entgegen, daß mein beglücktes Auge auch ringsum auf keinen toten Fleck zu fallen vermag." (Hugo von Hofmannsthal: Ein Brief, in: Hugo von Hofmannsthal: Der Brief des Lord Chandos. Schriften zur Literatur, Kunst und Geschichte, Stuttgart 2000, S. 46-59, Zitat S. 50 und 55-56.)

123   Simmel: Das Gleichgiltigste. Ein moralisches Dilemma, in: Beiträge aus der „Jugend" ..., a. a. O., S. 365-369, Zitat S. 369.
124   Siehe hierzu: Rammstedt, Zur Ästhetik Simmels, a.a.O., S. 24 ff.

lassen will, wird vielleicht Schriftsteller; was aber soll ein Mann tun, der etwas will, das dazwischen liegt? Solche Beispiele, die ‚dazwischen' liegen, liefert aber jeder moralische Satz, etwa gleich der bekannte und einfache: Du sollst nicht töten. Man sieht auf den ersten Blick, daß er weder eine Wahrheit ist noch eine Subjektivität.[125]

Die „Momentbilder" sind sicherlich keine reine, zur Musik tendierende Kunst, wie sie Simmel in „Böcklins Landschaften" gepriesen hat. Zwar beanspruchen sie die kunsteigene Perspektive ‚sub specie aeternitatis', aber es ist nicht zu übersehen, dass sie, auch wenn sie ganz Ironie oder ein Märchen sind, die Umwelt und die Menschen, und zwar einer konkreten Epoche, erforschen wollen. In ihnen ist die Tendenz enthalten, vor allem über Sätze der Art wie das moralische Gebot im Sinne Musils, zu reflektieren. Sie kreisen um Worte und Sätze, um Urteile moralischer, ästhetischer, philosophischer Natur, selbst wenn es zufällig gehörte Banalitäten sind. Diese sind aber im Alltag präsent, obwohl eben im Musilschen Sinne weder ‚Wahrheiten' noch ‚Subjektivitäten'. Selbst wenn die weltanschaulichen Aussagen, wie das die Regel ist, dargestellten Personen zugeordnet werden, sind sie keine Expressionen ihrer Innenwelt, sondern sie beanspruchen Gültigkeit. Dass Simmel über diese Lehren lacht, gehört auf ein anderes Blatt. Musil sah für einen, der kein Naturwissenschaftler und kein Schriftsteller werden kann oder will, den Weg des Essayisten. Simmel versucht in den 90er Jahren beide Wege: dem des Essays und dem der Literatur. Er wechselte schließlich zum Essay.

---

125 Robert Musil: Der Mann ohne Eigenschaften, Berlin 1994, S. 254.

C Die Ästhetik als Grenzfall der Vergesellschaftung

> Das Bild, das wir von einem Menschen in Anwesenheit wie Erinnerung haben, besteht in einem Durcheinander und Ineinander sinnlicher und seelischer Eindrucke, aus dem die ersteren reinlich und bestimmt herauszulösen meistens weder Interesse noch Möglichkeit vorliegt.
> (Georg Simmel: Aesthetik des Porträts, in: „Neue freie Presse", 22.4.1905.)

1 Simmels Kunstinterpretationen: kein Sujet

Wenn Simmel in seinen Essays Kunstwerke interpretiert, sei es der bildenden Kunst, sei es der Literatur, interpretiert er nie Sujetartiges; er betreibt keine Stoffgeschichte und keine Formengeschichte, ja selbst um eine persönliche Lektüre des Werkes oder um Kritik geht es ihm nicht. Seine Interpretationen von Kunstwerken sind auf eine phänomenologische Schau hin gerichtet: er ‚betrachtet' Kunstwerke auf eine nahezu wortwörtliche Weise. Es ist allerdings eine Schau, die in den Gegenständen der Kunst prinzipiell keine Abbildungen der – wie auch immer verstandenen – Realität sucht. Es geht auch nicht um eine expressionistische Methode der Interpretation, d.h. Simmel begreift das Kunstwerk auch nicht als Abbildung einer inneren Wirklichkeit oder der Persönlichkeit des Künstlers. Kunstwerke sind für ihn autonom; er polemisiert allerdings zugleich gegen die aus Frankreich herübergekommene Parole von der ‚l'art pour l'art'. Die Kunst sei eine Erzeugung von Wirklichem durch die immanenten Mittel des künstlerischen Gewerbes. In dem umfangreichsten Werk, das Simmel Kunstwerken gewidmet hat, dem Rembrandt-Buch, formuliert er diesen Gedanken am deutlichsten. Dort lesen wir, die Kunst sei „(...) der Alternative: Wirklichkeit oder Schein – durchaus enthoben (...)."[126] In diesem Kapitel versuche

---

126 Georg Simmel: Rembrandt. Ein kunstphilosophischer Versuch, in: GSG 15., hg. von Uta Kösser, Hans-Martin Kruckis und Otthein Rammstedt, Frankfurt/M 2003, S. 305-515, Zitat S.498.

ich, diesem Gedanken nachzugehen und daraus Schlussfolgerungen zu ziehen, die bis hin zu Simmels Philosophie der Vergesellschaftung reichen.

Im Rembrandt-Buch nennt Simmel die Kunst eine Art Sprache, die ihre eigene Grammatik und ihren eigenen Wortschatz besitzt. Der Schein im eigentlichen Sinne des Wortes ist nicht die Kunst, sondern vielmehr die Realität, die – nach Kantscher Tradition – Produkt unserer Sinne und unserer Erfahrung ist. Die Kunst bildet eine andere Sprache, in der allerdings kein bloßes Abbild des bereits Existenten erzeugt wird. Der wirkliche Pelzkragen und der Pelzkragen auf der Rembrandtschen Radierung – so Simmel in „Rembrandt" – „(...) sind eine und dieselbe Wesenheit, auf zwei voneinander essentiell verschiedene und unabhängige Arten ausgedrückt."[127] Simmel setzt diesen Gedanken fort:

> Kann man sich von der metaphysischen Belastetheit des Wortes freimachen, so ist es ganz legitim, zu sagen, daß die Idee des Pelzkragens von der Wirklichkeit und von der Kunst wie von zwei Sprachen ausgesprochen wird. Daß die erstere nun gleichsam unsere Muttersprache ist, daß wir die Seinsinhalte oder Ideen aus dieser, in der sie uns zuerst begegnen, in jene übersetzen müssen – diese seelisch-zeitliche Notwendigkeit ändert doch nichts an der Selbständigkeit und Fundamentalität jeder der beiden Sprachen (...) – trotz jener psychologischen Anordnung, die angesichts der sachlichen Paralelität beider im letzten Grunde zufällig ist. Diese letztere ist das eigentliche Fundament, auf dem die paradoxe Theorie möglich wurde, daß nicht die Kunst die Natur nachbildet, sondern umgekehrt die Natur die Kunst. Das heißt, innerhalb jeder Epoche sähen die Menschen die Natur so, wie ihre Künstler es sie lehren. Wir erlebten unsere realen Schicksale in der Art und mit den Gefühlsreaktionen, die unsere Dichter uns vorempfunden hätten, wir erblickten im Anschaulichen die Farben und Formen, die unsere jeweiligen Maler uns suggerierten, und wären gegen andere innere Formungen der Anschauung völlig blind, usw. Ganz annehmbar oder nicht, jedenfalls ist diese Umkehrung des zeitlichen Verhältnisses zwischen Naturanschauung und Kunst ein zutreffendes Symbol dafür, daß keine Richtung dieses Verhältnisses innerlich notwendig ist (...)[128]

Was Simmel in dem Rembrandt-Buch aus dem Jahre 1916[129] explizit schreibt: dass die Kunst eine Art zu ‚sehen' ist, die unsere Haltung zur Welt ebenso beeinflussen kann wie die Alltagserfahrung, bahnt sich bereits in seinen früheren Kunstessays an. Seit den Anfängen seiner theoretischen Beschäftigung mit Kunst hat er sich die Frage gestellt, wie eigentlich durch das Kunstwerk Sinne und Bilder erzeugt werden, nachdem man die billige Erklärung fallengelassen hatte, dass sie bloße Reminiszenzen der außerkünstlerischen Realität seien.

---

127 Ebenda S. 499.
128 Ebenda.
129 Die Entstehung des Buches fällt in die Jahre 1913-1915. (Vgl. Editorischer Bericht zu: GSG 15., S. 517-529, insbesondere S. 524 ff.)

2 Die Bestimmung der Kunst nach Simmel

Für Simmel hängt die Kunst aufs Engste mit Sinnlichkeit und Wahrnehmbarkeit zusammen. Die Wahrnehmung ist aktiv, sie stellt kein bloßes Aufnehmen von Sinnesdaten dar. Dies ist besonders an der Wahrnehmung der Kunst zu beobachten, allerdings kann sich das ästhetische Sehen nicht nur und sogar nicht primär auf Kunstwerke richten. In dem Kapitel „Der Dichter als Wahrnehmungskünstler" vermerkt Annette Simonis in Bezug auf Simmels „Goethe"[130]:

> Wogegen sich Simmel (...) wehrt, ist die bekannte sensualistische Vorstellung eines mehr oder weniger passiven Wahrnehmungs- und Rezeptionsvorgangs, innerhalb dessen sich die Daten der empirischen Erfahrung quasi automatisch in das menschliche Auffassungsvermögen einschreiben, dessen kognitive Ausstattung einer unbeschriebenen Seite gleicht.[131]

Simmel ist ein Gegner des Naturalismus und des Psychologismus, sowie ein energischer Gegner der Deutung von Kunstwerken durch deren Rückführung auf die Persönlichkeit des Künstlers. Auch Ideen sieht Simmel als inadäquat für die Interpretation der Kunst an. Er polemisiert hiergegen bereits 1906 in dem Aufsatz „Schopenhauers Ästhetik", in dem er Schopenhauers Kunstauffassung zum negativen Vorbild stilisiert, weil dieser die Kunstwerke von den Ideen her erkläre.[132]

Anstelle des Worts ‚Schein' spricht Simmel von ‚Erscheinung' und vom ‚Sinn in der Erscheinung', den er einem ‚Sinn der Erscheinung' gegenüberstellt.[133] Der ‚Sinn der Erscheinung' meint die Bedeutung, welche eine Erscheinung als Ausdruck einer hinter ihr stehenden und wirkenden Kräfte erhält. Diese Kräfte sind selbst nicht wahrnehmbar, sie manifestieren sich aber durch Zeichen. Demgegenüber meint der ‚Sinn in der Erscheinung' ein Relationsgefüge von sinnlichen Elementen, die dadurch, dass sie miteinander in Wechselwirkung stehen, selbst Sinne erzeugen, statt solche zu repräsentieren. Es sind aber keine

---

130 Das Buch über Goethe erschien Ende 1912. (Vgl. hierzu: Ebenda S. 520 ff.)
131 Annette Simonis: „Gestalttheorie von Goethe bis Benjamin. Diskursgeschichte einer deutschen Denkfigur", Köln 2001, S. 92.
132 Vgl. Georg Simmel: Schopenhauers Ästhetik..., a. a. O., S. 94 ff.
133 Die Formulierung ‚Sinn in der Erscheinung' befindet sich in dem Essay „Schopenhauers Ästhetik und die moderne Kunstauffassung" (a. a. O.) und „Aesthetik des Porträts", in: GSG 7. (Aufsätze und Abhandlungen 1901-1908, Bd. I.), hg. von Rüdiger Kramme, Angela Rammstedt und Otthein Rammstedt, Frankfurt/M 1995, S. 321-332. Allerdings geht es Simmel in den anderen Texten über die Rezeption von Kunstwerken um dasselbe Phänomen.

diskursiven Sinne, sondern eher ein sinnlich-geistiger, unmittelbar auf den Betrachter wirkender Eindruck von einer Art ‚Belebung' des ganzen Gebildes. Diese Belebung oder ‚Beseeltheit' entspringt nicht dem Bezug des Gebildes auf irgendwelche Ideen, sondern umgekehrt: sie wohnt der Erscheinung als solcher inne. Simmel sagt vom Porträt fest, es löse „(...) [a]us der Ganzheit des Menschen, in die die gewöhnliche Vorstellung sein Äußeres und alles, was wir Seelisches an ihm kennen, ungeschieden einschließt, (...) seine Sichtbarkeit los; den Sinn seiner *Erscheinung* – nicht den Sinn hinter seiner Erscheinung (...)."[134] Auf die Weise mache das Porträt eine der Erscheinung innewohnende ‚Seele' anschaubar.

3 Das Gesicht als natürliches Kunstwerk

Es scheint mir äußerst bemerkenswert, dass Simmel hier – und nicht nur in diesem einen Essay – zu einem ganz besonderen Beispiel greift: nämlich zum Porträt, also zu einer künstlerischen Gattung, die das sinnlich wahrnehmbare Äußere des Menschen und nicht die Natur zum Thema hat. Diese Entscheidung Simmels liegt nahe, an den Menschen, insbesondere an das menschliche Gesicht, wie an ein natürliches Kunstwerk zu denken.[135]

Für Simmel hat die Rede von der Persönlichkeit des Künstlers nur dann Sinn, wenn man Persönlichkeit und Werk nicht als Ausdrucksverhältnis, sondern als Relationsverhältnis begreift. Es gebe jedoch eine Art ‚Seele', die dem Werk immanent ist. Diese ‚Seele' wohnt dem Kunstwerk inne, sie ist nichts anderes als eine Belebung der Elemente, wodurch wir in dem Kunstwerk mehr als eine bloße Anhäufung von Strichen, Farbflecken oder Worten erblicken. Simmel bemerkt hierzu in seinem Aufsatz über Stefan George:

> Aber diese Persönlichkeit, die für uns, ebenso wirksam wie unbewußt, das Werk trägt, ist nicht die des wirklichen Autors, von dem man etwas außer seinem vorliegenden Werke weiß; sondern eine ideelle, die eben nichts ist, als die Vorstellung einer Seele, die grade dies Werk vollbracht

---

134 Simmel: Aesthetik des Porträts, a. a. O., S. 321. [Hervorhebung im Zitat stammt von Simmel]
135 Simmel wird damit zu einem ‚Anti-Lavater'. Johann Caspar Lavater, vertrat die Auffassung, man könne aus der Physiognomie eines Menschen auf seinen Charakter, also auf seine empirischen individuellen Qualitäten mit großer Sicherheit schließen. Vgl. hierzu: Johann Caspar Lavater: Physiognomische Fragmente, Stuttgart 1999, S.21 ff. (Erstausgabe Leipzig 1775.) Die Gesichtszüge seien Zeichen, durch die sich bestimmte Charakterzüge manifestieren.

hat. Wie wir eine Vielheit äußerer Eindrücke, die sich in unserem Bewußtsein treffen, zu der Einheit eines Gegenstandes zusammenschließen, zu einer Substanz, von der sie ausstrahlen, und deren Einheit das Gegenbild der Form unserer Seele ist: so wird uns die Mannigfaltigkeit der Töne und Farben, der Worte und Gedanken eines Kunstwerks in Wechselwirkung gesetzt, durchdrungen, zusammengehalten durch die Seele, von der wir sie ausstrahlen fühlen und die als der Träger der Einheit erscheint, zu der sie in unserer eigenen Seele werden. Das wir das Kunstwerk *sub specie animae* empfinden, ist eine zum Grunde liegenden Kategorien, durch die es überhaupt erst wird, was es für uns ist – wie entsprechende die Natur es wird, indem wir sie unter der Kategorie von Ursache und Wirkung anschauen.[136]

Das Kunstwerk ‚sub specie animae' zu empfinden, bedeutet alles andere, als es auf die Psychologie oder Gefühlsergießungen zurückzuführen; und einer, der Simmel solch eine Sicht der Kunst unterstellen möchte, würde sich gewaltig irren.[137] Es bedeutet etwas anderes: das Kunstwerk ‚sub specie animae' zu sehen, heißt in ihm ein geistig-sinnliches Gebilde zu erblicken, obwohl wir in einem Kunstwerk mit nichts anderem als mit Elementen zu tun haben, die von jedem lebendig-geistigen Dasein abgelöst sind: mit auf einem Blatt Papier gedruckten Worten oder mit bunten Spuren, welche die Bewegung des Pinsels auf Leinwand hinterlassen hatte.

Simmel stellt einen Vergleich zwischen der Betrachtung ‚sub specie animae' einerseits und Kants Auffassung von Naturerkenntnis andererseits an, um den Gedanken des Apriori hervorzuheben und ihn für die Zwecke der Kunsterkenntnis zu adaptieren, sowie um die Kunst gegen die Natur scharf abzugrenzen. Er vermutet, in dem Blick ‚sub specie animae' ein Apriori der ästhetischen Betrachtung gefunden zu haben. Die ‚Seele' ist dem Kunstwerk immanent, sie ‚steckt' allerdings nicht in ihm. Materiell oder begrifflich fassbar ist sie nicht; sie stellt vielmehr eine Bewegung und Spiel der Elemente dar, die nur dann entstehen können, wenn der Gegenstand ästhetisch betrachtet wird. Die ‚Seele' im Werk ist keineswegs ein fertiges Gebilde, das in die Wechselwirkung der Kunstelemente von Außen hineingebracht wird. Vielmehr ist die ‚Seele' ein Wechselwirkungsphänomen. Sie ist die Beziehung der Elemente

---

136 Georg Simmel: Stefan George. Eine kunstphilosophische Studie, in: GSG 7., a. a. O., S. 21-35, Zitat S. 32.
137 Ich konzentriere mich hier auf den Begriff der Seele, wie er von Simmel in den interpretierten Texten verwendet wird. Es ist nicht die einzige Bedeutung der ‚Seele' bei Simmel. Ein anderer ist in seinen Schriften zur Religionsproblematik zu finden. Zur Geschichte des Seelenbegriffs siehe das entsprechende Stichwort in: Historisches Wörterbuch der Philosophie, Joachim Ritter/Karl Grunder (Hg.), Bd. 9, Stuttgart 1995.

aufeinander, andererseits ist sie in ihnen nicht bereits anwesend, sondern bedarf eines speziellen ‚Sehens', nämlich des ästhetischen, dem das Prinzip ‚sub specie animae' als Apriori innewohnt.[138] Aus der Lektüre Simmels leuchtet hervor, dass der geeignetste Gegenstand eines solchen Sehens das menschliche Gesicht ist.[139] Es ist ein Gebilde, das wir nie als mechanische Sammlung von einzelnen Zügen wahrnehmen, sondern als eine ‚Seele', obwohl wir in den Gesichtszügen des anderen nur wahrnehmbare und bewegliche Materie seines Körpers erblicken können. Im Gesicht des anderen sehen wir die ‚Seele' nur als ‚Sinn der Erscheinung'. Und andererseits ist es kaum möglich, ein menschliches Gesicht nicht als eine ‚Seele' aufzufassen, d.h. es nicht ästhetisch zu betrachten: nämlich unter dem Apriori, dass wir nicht eine Ansammlung von einzelnen Zügen und Flächen vor uns haben, sondern ein Individuum. In „Die ästhetische Bedeutung des Gesichts", einem Essay aus dem Jahre 1901 bemerkt Simmel: „(...) die Seele, die hinter den Gesichtszügen und doch in ihnen anschaubar wohnt, [ist] eben die

---

138 Simmels Überlegungen zum ‚Sinn der Erscheinung', also die Frage, wie Sinne möglich sind, die nicht das Ergebnis einer vertikalen, sondern einer horizontalen Relation zwischen den Zeichen selbst sind, erinnert in vielem an die späteren Konzeptionen der Strukturalisten und der semiotischen Schule, ohne allerdings über ein dementsprechendes Begriffsapparat zu verfügen. Das Simmelsche ‚Aufeinanderhinweisen' der Elemente im Kunstwerk oder der einzelnen Züge im Gesicht basiert im Grunde genommen auf derselben Perspektive, wie Jurij Lotmans berühmte Definition von Erzeugung der Bedeutungen im Kunstwerk dank der immanenten Equivalenz dessen Elemente (vgl Jurij Lotman: Die Struktur des künstlerischen Textes, München 1972, S. 55 ff.) Die ‚Autopoiesis', die ‚Selbstreferentialität' des Kunstwerks bei den Strukturalisten wurzelt in der gleichen Tradition wie das ‚Aufeinanderhinweisen' Simmels: in der Kantschen Ästhetik. Es ist kein Zufall, dass Roman Jakobson in seiner bekannten Definition der poetischen Funktion der Sprache den deutschen Begriff Einstellung in Klammern anführt. Direkt hat Jakobson den Begriff von Husserl übernommen. (vgl. Roman Jakobson: Linguistik und Poetik, in: Roman Jakobson: Poesie der Grammatik und Grammatik der Poesie. Sämtliche Gedichtanalysen, Bd. I, Berlin 2007, S. 155-216, hier S. 163, siehe auch Fußnote 24.) Lotman war Kant auch nicht fremd. In seinem letzten Buch identifiziert Lotman die phänomenale Wirklichkeit Kants mit der Welt der Kultur (vgl. Jurij Lotman: Kultur und Explosion, Frankfurt/M 2010.)
139 Bemerkenswert ist, dass bei Simmel die Natur nur noch als Gegenstand der Wissenschaft auftritt. Er kennt kein naiv-schönes Erlebnis dieser, aber auch keine nachträgliche, der Zersetzung der ‚Natur' durch die Erkenntnis widerstrebende Verhüllung dieser in Chiffren und Geheimnissen. Das Naturschöne ist für ihn schon ein durch die Sensibilität der Moderne vermitteltes Schönes; es sind Landschaften, Stadtansichten, Ruinen, also Elemente der kultivierten Welt.

Wechselwirkung, das Aufeinanderhinweisen der einzelnen Züge."[140] An dem Simmelschen Faden weiterdenkend könnten wir an dieser Stelle eine Frage aufwerfen, die in Simmels Texten zwar explizit nicht zu finden ist, sich aber während der Lektüre dieser Texte stellt: wäre die menschliche Gestalt und vor allem das Gesicht nicht der Urtyp und das Vorbild eines Kunstwerks, das zu seiner Entzifferung einen ästhetischen Blick benötigt, noch ehe jemand an die Kunst und an die Produktion von Kunstwerken gedacht hatte? Und wäre der ästhetische Sinn, also die Fähigkeit, Dinge ‚sub specie animae' zu betrachten und in ihnen den ‚Sinn der Erscheinung' zu erblicken, nicht der Fähigkeit erstaunlich nahe, das menschliche Gesicht (und im gewissen Grade vielleicht auch das tierische) zu interpretieren?

Simmel denkt stets an die Menschen, wenn er über die Kunst schreibt. Man braucht sich nur seine kunstgebundenen und -verbundenen Themen anzuschauen, um zu erkennen, dass er besonders viel Platz dem Menschen als Thema der Kunst widmet. So ist das Buch über Rembrandt fast ausschließlich dessen Porträts gewidmet; Simmel kreist um das Geheimnis der Darstellung von Menschengestalten. Weiterhin verfasst er in mehreren Fassungen einen Essay über das Porträt. Die Künstler Rodin und George ringen nach Simmel auch um das Problem der Menschengestalt und der ‚Seele'. Dort, wo Simmel das Kunstwerk als ‚Sinn in der Erscheinung' definiert, lässt er sich von dem Gedanken an die Wahrnehmung des Menschen, vor allem des menschlichen Gesichts inspirieren. Und wenn er bei seinen Überlegungen zu Kunstwerken recht schnell auf

---

140 Georg Simmel: Die ästhetische Bedeutung des Gesichts, in: GSG 7., a. a. O., S. 36-42, Zitat S. 37. Simmel berührt in seinen Überlegungen von einer neuen Seite das alte Problem der Trennung von Leib und Seele. Wie ist es möglich, die Tatsache der individuellen Seele zu erfahren, die für jeden von uns zwar unmittelbar im Erlebnis gegeben zu sein scheint, jedoch als Tatsache des ‚Du', unzugänglich ist? Die ‚Seele' ist fremd in der Welt, die eine Erfahrungswelt ist. Trotz aller theoretischen Ferne zwischen Wittgenstein und Simmel scheinen mir ihre Reflexionen in diesem Punkt etwas Gemeinsames zu haben. Auch Wittgenstein kommt auf die Wahrnehmung des Menschen zu sprechen, insbesondere die Wahrnehmung des menschlichen Gesichts. Wittgenstein notierte in den „Philosophischen Untersuchungen" (wahrscheinlich in den 40er Jahren entstanden; Erstdruck: Oxford 1953): „>>Ich glaube, daß er kein Automat ist<< hat, so ohne weiteres, noch gar keinen Sinn. Meine Einstellung zu ihm ist eine Einstellung zur Seele. Ich habe nicht die Meinung, daß er eine Seele hat." Und fast unmittelbar danach fügt Wittgenstein hinzu: „Der menschliche Körper ist das beste Bild der menschlichen Seele." (Ludwig Wittgenstein: Philosophische Untersuchungen, in: Ludwig Wittgenstein: Werkausgabe, Bd. 1, S. 225-580, Zitate S. 495-496. [Hervorhebung von Wittgenstein] Siehe hierzu auch das Wittgenstein-Kapitel in Manfred Geiers „Sprachspiel der Philosophen. Von Parmenides bis Wittgenstein, Reinbek bei Hamburg 1993.

den Menschen zu sprechen kommt – sei es wortwörtlich oder metaphorisch –, kommt er umgekehrt bei den Reflexionen zur Phänomenologie des menschlichen Gesichts sogleich auf das ästhetische Sehen zu sprechen. In „Über die ästhetische Bedeutung des Gesichts" lesen wir: „Die unvergleichliche Rolle, die dem menschlichen Gesicht in dem Interessenkreis der bildenden Kunst zukommt, wird doch nur sehr allgemein und wie aus der Ferne dadurch bezeichnet, daß in seiner Form die Seele sich am deutlichsten ausdrückt."[141] Und einige Seiten ferner folgt explizit ein Vergleich der Kunst mit dem Menschen:

> Für das Problem aller Kunst: die Formelemente der Dinge durch einander verständlich zu machen, das Anschauliche durch seinen Zusammenhang mit dem Anschaulichen zu interpretieren – erscheint nichts prädestinierter als das Gesicht, in dem die Bestimmtheit jedes Zuges mit der Bestimmtheit jedes anderen, d.h. des Ganzen, solidarisch ist.[142]

---

141 Simmel: Über die ästhetische Bedeutung des Gesichts, a. a. O., S.36.
142 Ebenda S.41. Annette Simonis verweist in ihrem Buch über die Gestalttheorie in der deutschen Kultur- und Literaturwissenschaft auf die große Belebung und Reinterpretation des Goetheschen Gestaltbegriffs, die um 1900 stattfand. Im Rahmen dieser Rezeption erlebte auch die Physiognomik ihre Renaissance. Nach Simonis hat gerade die Physiognomik bedeutenden Einfluss auf die Reinterpretation der Ganzheitsschau ausgeübt. Die Gestalt ist ein geistig-sinnliches Gebilde, das unmittelbar als solches erlebt wird. Um die Jahrhundertwende kommt es allerdings zur Verwerfung eines solchen Ganzheitserlebnisses, zugunsten eines lediglich momentanen, plötzlichen und flüchtigen. Ein Kapitel widmet Simonis dem Goethe-Buch von Simmel. Gerade dort verweist sie in einer Fußnote auf die Physiognomik, sagt allerdings nichts über Simmels Äußerungen zum Gesicht: „Es gibt, wie die zitierten Überlegungen andeuten, offenbar einen Wissensvorsprung, der Simmels eigene Ästhetik und Philosophie von den Gestaltvorstellungen des 18. Jahrhunderts trennt und zugleich einen vorsichtigen Bruch mit den überlieferten ganzheitlichen Formkonzeptionen markiert. Die gewünschte Ganzheit und, damit verbunden, das verborgene Sinnzentrum der modernen Kultur, bilden für Simmel zwar noch wichtige Leitvorstellungen am Horizont seiner Kulturanalyse, aber sie sind bereits problematisch geworden. Heiko Christians hat diese Akzentverschiebung im Blick auf die erstaunliche Renaissance der Physiognomik im Zeitraum zwischen 1910 und 1930 überzeugend dargelegt. Die Konstruktion eines ganzheitlichen Sinnzusamenhangs ist im Rahmen der modernen Kulturbeobachtung, wenn überhaupt, nur augenblickshaft möglich (...)." (Anette Simonis: Gestalttheorie von Goethe bis Benjamin..., a. a. O., S.108.) Simonis beruft sich auf: Heiko Christians: „Gesicht, Gestalt, Ornament. Überlegungen zum epistemologischen Ort der Physiognomik zwischen Hermeneutik und Mediengeschichte", Deutsche Vierteljahrsschrift für Literaturwissenschaft und Geistesgeschichte, Nr. 74 (2000), S. 84-110.) Natürlich wird in Bezug auf Simmels „Goethe" Henri Bergson genannt, den Simmel zur Zeit der Arbeit am Goethe-Buch von 1916 rezipierte. Es wäre interessant, eventuelle Verbindungen zwischen Simmel und der Gestaltpsychologie zu untersuchen. Deren Begründer, Christian von Ehrenfels, war Philosophieprofessor in Wien und Prag und schrieb selbst Dramen. Er beschäftigte sich mit Kunst,

Dabei denkt Simmel keineswegs an das Gesicht als an ein erstarrtes Gebilde, als eine bloße Maske. Vielmehr bemerkt er, dass das Gesicht ganz Bewegung ist, dass jede kleinste Bewegung eines Gesichtsmuskels einen großen Einfluss auf den Ausdruck des Ganzen hat.

1916 schreibt Simmel in der Vorrede zum Rembrandt-Buch: „(...) [D]ie fertige Kunsterscheinung freilich kann man unter vielerlei formale und inhaltliche Gesichtspunkte stellen und sie damit in lauter einzelne Eindrucksfaktoren zerlegen. Allein sie ist aus deren Zusammensetzung so wenig herstellbar und deshalb so wenig daraus verständlich, wie ein Körper als lebendiger aus den zerschnittenen Gliedern auf dem Seziertisch."[143] Das bloße Nebeneinander der Elemente allein ergibt noch nicht das, was Simmel die ‚Beseeltheit' des Kunstwerks nennt; es ergibt sie so wenig, wie das bloße Zusammensetzen der toten Glieder einen lebendigen Körper ergeben kann. Im Gesicht nehmen wir den ‚individuellen Geist' wahr. Im Wesentlichen beruht dieses Wahrnehmen des ‚individuellen Geistes' auf Verfahren, die aus Kunstbetrachtung bekannt sind. Es ist das Vermögen, auf der sinnlichen Oberfläche zu operieren. Das Problem der ‚Seele' zu lösen, kann nur auf einem Wege erfolgen: indem die ‚künstlerischen Probleme der reinen Anschaulichkeit' gelöst werden. Über die ästhetische

---

was für ihn eine Grundlage seiner psychologische Theorie darstellte. Annette Simonis schreibt: „Der leitende Gesichtspunkt der Gestaltpsychologie besteht in der Basishypothese, daß das psychologische Subjekt, sei es nun empirisch oder transzendentallogisch konzipiert, im Akt der akustischen oder visuellen Wahrnehmung gewisse Einheiten zu erfassen vermöge, die keine bloßen Zusammensetzungen aus kleineren Elementen, also nicht summarischer Art seien, sondern eigenständige, irreduzible Gebilde.(...) Die Gestalttheorie beruft sich also auf einen Prozeß der Synthesestiftung, der vielfältige und verschiedenartige Merkmale quasi-automatisch als bewußtseinsimmanente Ganzheiten erkennt und somit über die Wahrnehmung disparater Sinnesdaten ebenso hinausgeht wie über eine rein additive Operation." (Simonis: Gestalttheorie..., a. a. O., S. 133.) Parallel zur Entstehung der Gestaltpsychologie rezipierte auch der George-Kreis Goethe, etwas später verwandten bereits viele Künstler und Philosophen den Begriff ‚Gestalt'. Simonis nennt Ernst Jünger, Carl Einstein, Ernst Cassirer, Oskar Walzel, insbesondere sein Buch „Gehalt und Gestalt im Kunstwerk des Dichters" (1923). Die Arbeit von Simonis ist empfehlenswert, weil sie eine allgemeine Tendenz nachzuzeichnen versucht. Detaillierte Analysen der Werke sind dort jedoch nicht zu finden. Bemerkenswert ist die Sammlung der aus der Literatur und Philosophie ‚herausgefischten' Zitate; so spricht auch Franz Rosenzweig im „Stern der Erlösung" von ‚Gestalt'. In Bezug auf Simmel beschränkt sich Simonis ausschließlich auf das Goethe-Buch, dessen Originalität vor dem Hintergrund der Goethe-Rezepzion und dessen enthusiastische Aufnahme von Walter Benjamin hervorgehoben wird.

143 Simmel: Rembrandt, a. a. O., S.307-308.

Bedeutung des Gesichts reflektierend, bemerkt Simmel in Bezug auf die Seele:

> Während sich im Auge die Leistung des Gesichts, die Seele zu spiegeln, aufgipfelt, vollbringt es so zugleich die feinste, rein formale Leistung in dem Deuten der bloßen Erscheinung, das von keinem Zurückgehen auf die unanschauliche Geistigkeit *hinter* der Erscheinung wissen darf. Aber eben damit gibt es, wie das Gesicht überhaupt, die Ahnung, ja das Pfand dafür, daß die vollendet gelösten künstlerischen Probleme der reinen Anschaulichkeit, des reinen sinnlichen Bildes der Dinge zugleich die Lösung der anderen bedeuten, die sich zwischen der Seele und der Erscheinung, als der Verhüllung und der Enthüllung jener, spannen.[144]

An dem Menschen findet Simmel die besondere Art von Verflechtung der Gesichtszüge mit Geist und Individualität, die unter dem Blick des Anderen eine sinnlich wahrnehmbare Oberfläche sind, denn wir haben tatsächlich keinen Zugang zu der inneren Welt des Gegenübers.[145] Wir erblicken den Anderen als individualisiert, aber dazu kommen wir nicht durch Begriffe und Schlüsse, sondern es gehört zur Wahrnehmung, die der Wahrnehmung von Kunstwerken ähnlich ist. So formuliert Simmel in „Schopenhauers Kunstverständnis": „(...) wir empfinden (...), daß das Kunstwerk eine objektive Einheit darstellend, eine subjektive einheitliche Reaktion hervorruft, die aber nur erlebt, nicht mit einem entsprechend einheitlichen Begriffe beschrieben werden kann."[146]

Was ‚eine subjektive einheitliche Reaktion hervorruft', lässt sich schwer auf den Begriff bringen. Jeder weiß, wie schwer es ist, die eigenartige Wirkung, die ein Kunstwerk – oder ein Gesicht! – auf uns macht, in Worte zu kleiden. Die ‚Seele' ist es, worum es geht; gerade sie entzieht sich allerdings am entschiedendsten dem Begriff. Ich werde hier anknüpfen und von hier aus, nämlich von der Feststellung, der ästhetische Blick sei für das Wahrnehmen des sich der Sprache Entziehenden zuständig, zu einem Text aus Simmels „Soziologie" übergehen. Das sich der Sprache Entziehende ist die ‚Seele', d.h. das Individuelle. Und Kunstwerke ähneln hier menschlichen Gesichtern. Nun schreibt Simmel in diesem bekannten soziologischen Text darüber, dass die Vergesellschaftung gar nicht so möglich wäre, wie wir sie seit jeher kennen, wenn es nicht etwas gäbe, dass sich der ‚Sprache' der Gesellschaft völlig entzieht.

---

144 Simmel: Die ästhetische Bedeutung des Gesichts, a. a. O., S.41-42.
145 Ebenda S.36.
146 Simmel: Schopenhauers Aesthetik..., a. a. O., S.106.

4 Die ästhetische Komponente in dem „Exkurs über die Frage ‚Wie ist Gesellschaft möglich?'

Wenn wir von Simmels Kunstbetrachtung ausgehen und von hier aus auf seinen berühmten programmatischen, in die ‚große' „Soziologie" aus dem Jahre 1908[147] einführenden „Exkurs über die Frage >>Wie ist Gesellschaft möglich?<<„ blicken, werden wir feststellen, dass dieser soziologische Text von der Problematik durchdrungen ist, die an Simmels Überlegungen zum Menschen in und als Kunst erinnert. In dem „Exkurs..." wird nämlich primär nach der Wahrnehmung und nach der Wahrnehmbarkeit des Anderen gefragt, nicht etwa nach sozialen Institutionen oder der Sozialisierung. Die Natur dieser Wahrnehmung beruht auf einer Besonderheit: obwohl ‚empirisch' uns immer lediglich Fragmente des Anderen gegeben sind, nehmen wir den Anderen doch als eine über das direkt Wahrgenommene hinausgehende Ganzheit, als ‚die Tatsache des Du' apriorisch wahr (wenn auch nicht unbedingt, ja selten als genau dieses empirische ‚Du', das der Andere tatsächlich in seinem Inneren zu sein glaubt und spürt). Es bedarf dazu einer Wahrnehmung, die auf Geistig-Sinnliches ausgerichtet ist und das eine in dem Anderen zugleich erblickt, was die Ergänzung der ‚Fragmente' möglich macht:

> (...) der Blick des Andern (...) kann gar nicht die Fragmente nur nebeneinander sehen, die wirklich gegeben sind, sondern wie wir den blinden Fleck in unserem Sehfelde ergänzen, daß man sich seiner gar nicht bewußt wird, so machen wir aus diesem Fragmentarischen die Vollständigkeit seiner [der fremden – M.T.] Individualität. Die Praxis des Lebens drängt darauf, das Bild des Menschen nur aus den realen Stücken, die wir von ihm empirisch wissen, zu gestalten; aber gerade sie ruht auf jenen Veränderungen und Ergänzungen, auf der Umbildung jener gegebenen Fragmente zu der Allgemeinheit eines Typus und zu der Vollständigkeit der ideellen Persönlichkeit.[148]

Man bemerkt sofort, dass Simmel hier gar nicht von Bildern des Anderen spricht, die dessen ‚wahren Persönlichkeit' adäquat zu sein brauchen. Im Gegenteil, es wird prinzipiell ‚hinzugedichtet': das Bild des Anderen entsteht durch ‚Verschiebung' und ‚Ergänzung' seitens des Blickenden. Simmel scheint diese Tatsache für äußerst wichtig zu halten.[149]

---

147 Georg Simmel: Exkurs über die Frage ‚>>Wie ist Gesellschaft möglich?<<, in: Georg Simmel: Soziologie, a. a. O., S. 42-61.
148 Ebenda S.49.
149 Wichtig für Simmels „Exkurs über die Frage >>Wie ist Gesellschaft möglich?<<" sind jene Abhandlungen und Texte, welche die Bedeutung der Ästhetik für die Grundlagen und Praxis

Der Exkurs ist Teil des ersten Kapitels der „Soziologie"; der Ort, den er in diesem programmatischen und einführenden Kapitel einnimmt, ist seltsam: er erinnert an das in ihm behandelte Phänomen des ‚nicht nachvollziehbaren, individuellen Punktes' innerhalb der Vergesellschaftung. Der Exkurs ist nämlich sowohl innerhalb, als auch außerhalb der Soziologie platziert; er bildet einen Grenzfall. Simmel stellt fest, jede Disziplin habe eine obere und eine untere Grenze, wo sie unvermeidlich an Bereiche stößt, welche nicht ihr selbst, sondern der Philosophie angehören. So verhält es sich in Bezug auf die Soziologie mit den Fragen wie etwa „Ist die Gesellschaft der Zweck der menschlichen Existenz oder ein Mittel für das Individuum? Ist sie etwa für dieses nicht einmal ein Mittel, sondern umgekehrt eine Hemmung?"[150] Solche Fragen betreffen den Zweck und Sinn der Gesellschaft, der Kultur und des Individuums, sind „schlechthin *philosophische* Fragen"[151] welche die Soziologie sozusagen von oben abgrenzen. Ähnlich steht es um die ‚untere' Grenze jeder Wissenschaft:

---

der Wissenschaft hervorheben. Wolfgang Welsch, der, Lyotard folgend, sich energisch für die Emanzipierung der Ästhetik aus dem Käfig des Kunstschönen einsetzt und deren ganzes Wirkungs- und Bedeutungspotenzial zur Geltung zu bringen sich bemüht, verweist hier auf Kant und dessen Kritik der Erkenntnis. Zwischen den Autoren, die den „ästhetisch-fiktionalen Charakter des Erkennens" aufdeckten, gehöre Nietzsche ein besonderer Platz. Er zeigte, dass „(...) wir wie Künstler mit fiktionalen Mitteln – durch Anschauungsformen, Projektionen, Phantasmen, Bilder[n] [die Wirklichkeit] hervorbringen." (Wolfgang Welsch: Grenzgänge der Ästhetik, Stuttgart 1996, S.47.) Die grundlegende Bedeutung der Ästhetik hat keineswegs die Absicht einer Verschönerung des Denkens oder eine Beliebigkeit zur Folge. Welsch argumentiert, etwa gegen Karl Heinz Bohrers Konzept der ‚Grenzen des Ästhetischen' (Siehe: Karl Heinz Bohrer: Die Grenzen des Ästhetischen, in: Wolfgang Welsch (Hg.): Die Aktualität des Ästhetischen, München 1993, S.48-64.), dass die Frage der Ästhetik und des Hervorbringens von Wirklichkeit sich jenseits des „alten Streits zwischen Wahrheit und Schönheit" befinde. (Welsch: Grenzgange..., a. a. O., S. 45) „Seit Kants theoretischer Philosophie ist im Prinzip, seit Nietzsche ist weithin und seit Feyerabend, Goodman und Rorty ist allgemein anerkannt, daß Wirklichkeit nicht gegeben, sondern gemacht ist, daß unser Erkennen nicht vom Typus der Wiedergabe, sondern vom Typus der Erzeugung ist. Ein Objektivismus strenger Observanz ist in allen Bereichen zu einer indiskutablen Position geworden. Diese Konstitution von Wirklichkeit erweist sich bei näherer Betrachtung als ästhetischer Prozeß. Erstens deshalb, weil es sich um eine Form von poiesis, von Hervorbringung, handelt; zweitens, weil diese poiesis mit spezifisch fiktionalen Mitteln erfolgt, nämlich durch Grundbilder, Anschauungsformen, Metaphern, Stile, Phantasmen, Projektionen." (Welsch: Einleitung zu: Wolfgang Welsch /Christine Pries (Hg.): Ästhetik im Widerstand. Interventionen zum Werk von Jean-Francois Lyotard, Weinheim 1991, S. 3-4.) [Alle Hervorhebungen in Zitaten von Welsch.]

150 Georg Simmel: Das Problem der Soziologie, in: Soziologie, a. a. O., S. 13-62, Zitat S. 40.
151 Ebenda S.41. Hervorhebung von Simmel.

diese „(...) umfaßt die Bedingungen, Grundbegriffe, Voraussetzungen der Einzelforschung, die in dieser selbst keine Erledigung finden können, da sie ihr vielmehr schon zugrunde liegen (...)."[152] Hierhin gehört der erwähnte „Exkurs", der sich, wie Simmel ankündigt, mit den ‚Apriorisʻ der Vergesellschaftung beschäftigt. Den ‚metaphysischenʻ Fragen der ‚oberenʻ Grenze widmet Simmel kein Wort mehr. Den Bemerkungen folgt jener ausführliche in das Kapitel eingeschobene Text über die Grundlagenfrage nach der ‚Möglichkeit der Gesellschaftʻ.

Der Exkurs hat eine hervorgehobene Stellung innerhalb des Kapitels; er ist in sich geschlossen und klingt zugleich wie ein Kommentar, in dessen Lichte die Frage nach dem Gegenstand und Bestimmung der Wissenschaft von der Gesellschaft ganz anders aussieht als es der Fall wäre, wenn der Exkurs fehlen würde. Denn er beginnt gleichsam von Anfang an, von der Möglichkeit des behandelnden Gegenstandes. Und er ist ein durch die Perspektive der Ästhetik geprägter Text; einerseits, weil Simmel sich von Kants transzendentalen Ästhetik inspirieren lässt, andererseits, weil er fast ausschließlich der Wahrnehmung des Anderen gewidmet ist.

Bezeichnenderweise stellt der Exkurs eine bemerkenswerte Verschiebung der Perspektive innerhalb des Kapitels dar: obwohl die Überlegungen, die ihm vorausgehen, mehr oder weniger die Erkenntnistheorie betreffen, ist das nicht mehr der eigentliche Standpunkt des Exkurses. Dieser fragt nach der Möglichkeit der Gesellschaft selbst und nicht nach den Möglichkeiten ihrer Erkenntnis. Damit schließt er die Perspektive eines von seinem Gegenstand distanzierten Beobachters aus. Alle, die in Bezug auf die Gesellschaft einem Naturwissenschaftler – wie Simmel auf den Spuren Kants feststellt – analoge Stellung einnehmen möchten, also die eines Beobachters, der mit Hilfe seines Sinnenapparates und der technischen Geräte den Gegenstand ‚Naturʻ hervorbringt, befinden sich selbst schon längst in dem Gegenstand, den sie zu erkennen beabsichtigen: nämlich in der Gesellschaft.

Auch derjenige, der in diesem Text nach ‚Grundbegriffen und Voraussetzungenʻ einer Wissenschaft sucht, wie es die dem „Exkurs..." vorausgehenden Passagen nahebringen, wäre überrascht. Simmel interessieren plötzlich keine apriorischen Begrifflichkeiten mehr, die eine Wissenschaft als festes Gebäude fundieren. Um so weniger ist die Gesellschaft durch Begriffe fundiert. Es

---

152 Ebenda S.39-40.

geht um die Frage nach der Gesellschaft als „eine[r] objektive[n] Form subjektiver Seelen."[153] Dazu bedarf es seitens der Individuen eines ‚Bewusstseins der Vergesellschaftung', das als solches „deren Träger oder innere Bedeutung" ist. Das Subjekt muss sich dessen bewusst sein, dass es in anderen Individuen nicht Objekten begegnet, von denen er sich ein theoretisches Bild macht, sondern mit ihnen als Subjekten in Wechselwirkung tritt. Die Entstehung des Bildes des Anderen ist der Ort, an dem die Vergesellschaftung geschieht, wobei aber von einem Verhältnis zwischen Subjekt und Objekt nicht gesprochen werden kann, weil beide Seiten im gegenseitigen Bezug zueinander stehen.

Sich ein Bild vom Anderen machen, ist ein Prozess, in dem Fragmentarisierung und Ergänzung unumgänglich ineinander greifen. Das erste Apriori der Vergesellschaftung lautet nach Simmel:

> Der ganze Verkehr der Menschen innerhalb der gesellschaftlichen Kategorien wäre ein andrer, wenn ein jeder dem andren nur als das gegenüberträte, was er in seiner jeweiligen Kategorie, als Träger der ihm gerade jetzt zufallenden sozialen Rolle ist.[154]

In der jeweiligen Begegnung ist immer ein Anderes vorhanden; wir wissen, wie Simmel sagt, dass der Offizier, der Geistliche, der Beamte, die uns entgegentreten, ein Privatleben, möglicherweise auch eine Familie, einen Kollegenkreis und viele andere Kreise haben und an vielem anderem teilnehmen. Das Zusammenfallen des Subjekts mit der jeweiligen Rolle würde keine Vergesellschaftung hervorbringen, weil es kein Anderes gäbe, welches eine Vergesellschaftung überhaupt möglich macht. Die Gesellschaft würde bloß funktionieren, etwa wie im Falle von Maschinen, die für das Ausüben einer Funktion vorprogrammiert sind und auch aufeinander abgestimmt werden, deren ‚Mitarbeit' aber als kein Fall von Vergesellschaftung gelten kann. Es benötigt der Integrierung eines Punktes in die ‚Gesellschaft', der das Moment des reinen Nicht-Aufgehens ist. Sein Inhalt ist das Nicht-Zusammenfallen mit jeder Form. Simmel spricht vom „Erzeugen durch die Gesellschaft einer allgemeinsten Ausgestaltung einer Grundform des Lebens überhaupt, zwar einer solchen, daß die individuelle Seele nie innerhalb einer Verbindung stehen kann, außerhalb deren sie nicht zugleich steht."[155]

---

153 Simmel: Exkurs über die Frage..., a. a. O., S.41.
154 Ebenda S.52.
155 Ebenda S.53.

Wir wissen, das der Beamte oder der Offizier nicht mit seiner Uniform zusammenfällt, es sei denn, er wäre keiner Vergesellschaftung mehr fähig. Was wäre aber das Andere der Vergesellschaftung als solcher, nicht bloß das Andere des jeweiligen empirischen Falles? Hier wäre auf eine Parallele zwischen Simmels Philosophie der Kunst und seiner Philosophie der Gesellschaft zu verweisen. Das Apriori des ästhetischen Betrachtens ist, den Gegenstand ‚sub specie animae' zu sehen, d.h., in ihm die ‚Beseeltheit' zu erfahren, die wir zwar wahrzunehmen, nicht aber adäquat zu benennen imstande sind. Dasselbe gilt für das menschliche Gesicht, das für uns ‚Seele' ist, ein ‚Du', obwohl wir nur die Materie des Körpers erblicken. Was aber nicht sozial ist, muss individuell sein, denn ‚Individuum und Gesellschaft' sind ja das bekannte Paar von Sozialisiertem und Nicht-Sozialisiertem. Wir müssen uns dessen bewusst werden, dass wir vergesellschaftet werden können. Das bedeutet nach Simmel, wir müssen uns der Tatsache bewusst werden, dass wir nicht nur in sozialen Rollen aufgehen, sondern auch individuelle ‚Seelen' besitzen, die mit dem Etablierten und Sozialisierten nie völlig zusammenfallen. Deswegen wäre eine Gesellschaft von Maschinen oder Robotern, selbst wenn sie ‚miteinander' bestens ‚kooperierten', im Simmelschen Sinne nicht ‚möglich' – oder sie wäre eine ganz andere Gesellschaft als die, welche wir seit jeher kennen .

Wir treffen uns nie unmittelbar; es gibt keinen Punkt, worin wir uns als Träger dessen, das Simmel ‚Leben' oder ‚Seele' nennt, begegnen. Nie haben wir es mit etwas zu tun, das tatsächlich ‚Jenseits' des Begriffs – oder der Gesellschaft – läge. Diese Tatsache muss aber ins Bewusstsein geraten. Und das geschieht nicht anders als dadurch dass die Individuen einander gegenüber treten. Und zwar nicht, weil die Vergesellschaftung dann perfekt und reibungslos funktioniert, sondern im Gegenteil: weil sie stets von der Unsicherheit heimgesucht wird, weil wir nie das Verhalten der anderen sicher vorhersehen können. Der Vergesellschaftung entspringt sowohl das Netz der Rollen und Fäden des Vergesellschaftet-Seins, als auch der dunkle Punkt, der stets die Rolle des Draußen übernimmt:

> Das Bild, das ein Mensch vom andern aus der persönlichen Berührung gewinnt, ist durch gewisse Verschiebungen bedingt, die (...) prinzipielle Änderungen (...) [sind]. (...) Vielleicht, weil es uns nicht gegeben ist, eine von der unsern abweichende Individualität völlig in uns zu repräsentieren. (...) Es scheint, als hätte jeder Mensch einen tiefsten Individualitätspunkt in sich, der von kei-

nem andern, bei dem dieser Punkt qualitativ abweichend ist, innerlich nachgeformt werden kann."[156]

Nicht in der Einsamkeit können wir des ‚dunklen Punktes' gewahr werden, sondern nur in der Wechselwirkung mit anderen. Dies öffnet natürlich jeder Täuschung und Missverständnis Tür und Tor. Das, was wir vom Anderen wissen können, was an ihm sich zu objektivieren vermag, dient als Halt und Garantie dafür, dass man im Alltag bestehen kann, es wird aber stets durch Ungewissheit und Offenheit durchzogen. „(...) [D]as vollkommene Wissen um die Individualität des Andern [ist] uns versagt (...); und von den wechselnden Maßen dieses Mangels sind alle Verhältnisse des Menschen untereinander bedingt."[157]

Simmel knüpft in seinen Überlegungen an Kant an, für den die Natur ebenfalls nicht gegeben ist, sondern entsteht. Aber Kant spricht von Erkenntnis und Erkenntniskritik. Simmel erinnert in seiner Reinterpretation Kants eher an Schleiermacher, der vom Verstehen sprach, und es zu einer allgegenwärtigen sozialen Praxis, nicht nur zu einer der Philologie, erklärte. Gerade weil Schleiermacher Individuen annahm, kam er zu dem Schluss, jedes Verstehen schließe notwendig auch ein Missverstehen in sich.[158]

Der dunkle Punkt des Nicht-Nachvollziehbaren situiert sich außerhalb,

---

156 Ebenda S. 47-48.
157 Ebenda S. 48.
158 Schleiermacher stellte fest: „Das volle Geschäft der Hermeneutik ist als Kunstwerk zu betrachten, aber nicht, als ob die Ausführung in einem Kunstwerk endigte, sondern so, daß die Tätigkeit nur den Charakter der Kunst an sich trägt, weil mit den Regeln nicht auch die Anwendung gegeben ist, d. i. nicht mechanisiert werden kann." (Friedrich Daniel Ernst Schleiermacher: Hermeneutik und Kritik. Mit besonderer Beziehung auf das Neue Testament, Frankfurt/M. 1999, S. 81. Das Werk erschien erstmals 1838 in Berlin, herausgegeben von Friedrich Lücke. Hervorhebung im Zitat stammt von Schleiermacher.) Vgl. hierzu den Kommentar von Karol Sauerland: „Schleiermacher ist sich des Unterschieds zwischen dem Sprechenden und Hörenden, dem Schreibenden und Lesenden bewußt. Ohne die Existenz dieses Unterschieds, erklärt er, würde sich niemand der Mühe unterziehen zu sprechen bzw. zu schreiben. Dieser Unterschied existiert ewig, denn es gibt niemanden, der die gleichen Ansichten oder die gleiche Herangehensweise hätte wie der oder die Andere. Darüber hinaus gibt es keine transsubjektive Instanz, die einen Streit entscheiden könnte, wer Recht hat. Das Fehlen einer solchen Instanz bedeutet jedoch nicht, daß die Sprechenden nicht an eine solche Instanz glauben würden, denn sonst könnten sie nicht miteinander sprechen; sie würde resignierend sagen, es habe so und so keinen Sinn. Ohne den Glauben an die Existenz einer Wahrheit oder zumindest daran, daß man zu einem gemeinsamen Standpunkt gelangen könnte, würden sie eine Dialog überhaupt nicht für sinnvoll halten". (Karol Sauerland: Pojęcie hermeneutyki u Schleiermachera [Schleiermachers Hermeneutikbegriff] in: „Więz" 4/1993, S. 99-107, Zitat S. 106. Zitat übersetzt aus dem Polnischen von M.T.)

aber zugleich auch innerhalb der Gesellschaft und ist auch nur innerhalb ihrer möglich. Simmel bedient sich des Konjunktivs: ‚es scheint...als hätte jeder...', wodurch er die Betonung nicht auf die Tatsache des Privaten wie auch nicht auf die individuellen persönlichen Qualitäten eines Jeden legt, sondern auf das Bewusstsein der Andersheit und die damit verbundene Voraussetzung, dass der andere eben ‚anders', also nicht programmierbar und nicht ganz vorhersehbar ist.

Die Vergesellschaftung wird stets von diesem Phänomen heimgesucht, so wie die begriffliche Erkenntnis von der ‚vollsinnlichen Oberfläche der Dinge'[159] und das Interpretieren eines Kunstwerks von der Unruhe, die uns bei jedem Versuch, es in Begriffen festzuhalten, überfällt. Es ist nicht einfach so, dass Simmel das Individuelle, als das Nicht-Vergesellschaftete, zum autonomen und selbstgenügsamen Wesen erklären würde, das sich vollständig gebildet hatte, ehe es in die Gesellschaft und seine Institutionen tritt. Es ist aber auch kein Versuch, alles, samt dem Individuum, zum Produkt der Gesellschaft zu erklären. Was Simmel erreicht, ist ein drittes: beides als zwei Pole desselben Verhältnisses aufzufassen.[160]

---

159 Siehe: Georg Simmel: Aus dem nachgelassenen Tagebuche, in: Simmel: Postume Veröffentlichungen. Schulpädagogik (GSG 20.), hg. von Torge Karlsruhen und Otthein Rammstedt, Frankfurt/M 2004, S. 261-296, hier S. 263.
160 Interessant ist, dass in den letzten Jahren in der Literatur- und Sprachwissenschaft eine Diskussion geführt wird, die in ihrer Kritik an den Strukturalisten, dass sie vom Begriff des Systems ausgehen und alles Individuelle entweder vom System aus verstehen oder es als unbedeutende, das Bild störende Ausnahme abtun würden, an Simmels Kritik des Gesellschaftsbegriffs als Systems erinnert. So kritisiert Manfred Frank das strukturalistische Modell der Kommunikation: „Eines der Implikate des Code-Modells ist die Idee der Subsumtion: sprachliche Ereignisse sind als Partikularitäten unter den sie formierenden Regeln vollständig befaßt. Es wäre unsinnig, sich vorzustellen, daß von ihnen Rückwirkungen auf den zugrunde liegenden Systembegriff zu erwarten wären: ein sprachlicher Typ ist, was er ist, in vollständiger Unterwerfung unter den ihn definierenden Regelbegriff, den er in alle Unendlichkeit reproduzieren, niemals aber modifizieren könnte. Zwischen Regel und Typ besteht ein Verhältnis logischer Abhängigkeit: der Typ wird aus der Regel ‚deduziert'; das Verhältnis beider ist analytisch. Eben darum enthält ein korrekt verwendetes Sprachzeichen (oder eine korrekt zum Ausdruck gebrachte Intention) nichts, was nicht bereits in den Regeln (...) kodifiziert gewesen wäre." (Manfred Frank: Stil in der Philosophie, a. a. O., S. 14.) Die Entsprechung dieses Modells in der Gesellschaft wäre, das Individuum bloß als Sammlung der Rollen aufzufassen, in denen es fungiert und als nichts darüber hinaus. Gerade Simmel sagt aber, da würde, wenn es der Fall wäre, unser ganzes Vergesellschaftet-Sein ganz anders aussehen.

4.1 Die Unmöglichkeit vom Individuum zu sprechen als Problem der Gesellschaftswissenschaft um die Jahrhundertwende

Als die wesentlichen Umstände, unter denen sich die klassische Soziologie von Emilè Durkheim, Ferdinand Tönnies, Georg Simmel und Max Weber in den 90-er Jahren des 19. Jahrhunderts entwickelte, gelten der Verlust des Fortschrittsglaubens, und die Verwissenschaftlichung. Diese hängt mit dem Prinzip der Wertefreiheit zusammen. Das Aufgeben der Fortschrittsperspektive im Namen der Wertefreiheit einer wissenschaftlichen Disziplin bedeutet, dass Dinge und Ereignisse kaum einer Bedeutungshierarchie untergeordnet werden können. Sie werden nicht mehr hinsichtlich eines zukünftigen Zustandes der Welt angesehen, als solche, die zum Fortschritt beitragen oder ihn eher verhindern. Mit Recht sieht darin Otthein Rammstedt Simmels Chance, bisher ungewohnte Gegenstände, etwa den Henkel eines Kruges, zum Thema der Analyse erheben zu können.[161] Um die Jahrhundertwende etabliert sich auch, nicht ohne Polemik und Streit, der begriffliche Apparat und die Hauptthemen der damaligen Soziologie.[162] Man beschreibt die fortschreitenden Differenzierungsprozesse in der modernen Gesellschaft, die Rationalisierungsprozesse – auch die ‚Irrationalisierungsprozesse', wie man viele von Georg Simmel beobachteten Formen der Moderne bezeichnen könnte – und den Individualismus, welcher der sozialen Differenzierung, der wachsenden ‚Kreuzung sozialer Kreise'[163] entspringt.

Zu der Wende, die auch Georg Simmel mit seinem Begriff der ‚Vergesellschaftung' bewirkt, gehört eine Abneigung dem Begriff ‚Gesellschaft' gegenüber. Man verzichtet auf ihn zugunsten anderer Begriffe.

> Bei allen modernen Klassikern wird daher der Gesellschaftsbegriff nicht nur als Grundbegriff der Soziologie gestrichen und durch andere Begriffe ersetzt, sondern das Objekt selbst verschiebt sich, wird neu konstituiert. Simmel z.B. handelt, seitdem er ein Programm für seine Soziologie gefunden hat (...), fortan nicht mehr von Gesellschaft, sondern von der ‚Vergesellschaftung', weil sich so das Dynamische und Relationale des sozialen Lebens schon grundbegrifflich besser zum Ausdruck bringen läßt. Zur Überwindung des Gesellschaftsbegriffs arbeitet Max Weber mit der

---

161 Siehe: Otthein Rammstedt: Die Attitüden der Klassiker als unsere soziologischen Selbstverständlichkeiten. Durkheim, Simmel, Weber und die Konstitution der modernen Soziologie, in: Otthein Rammstedt (Hg.): Simmel und die frühen Soziologen. Nähe und Distanz zu Durkheim, Tönnies und Max Weber, Frankfurt am Main 1970, S. 280.
162 Siehe insbesondere die Artikel von Rüdiger Kramme, Otthein Rammstedt, Daniel Levine in: : Otthein Rammstedt (Hg.): Simmel und die frühen Soziologen..., a. a. O.
163 So der Titel des Kapitels VI in Simmels „Soziologie" 1908.

Kategorie des sozialen Handelns und thematisiert als Soziologe nur noch ‚Typen der Vergemeinschaftung und Vergesellschaftung'. Tönnies, der noch an Gesellschaft als einem Grundbegriff seiner Soziologie (neben Gemeinschaft) festhält, definiert Gesellschaft aber auch schon eher handlungstheoretisch als System von Austauschbeziehungen.[164]

Es ist eine Zeit, in der man sich der durch soziale Institutionen, sowie äußere und verinnerlichte Normen und Muster ausgeübten Repression bewusst wird. Auch Simmel blieb diesen Inhalten gegenüber nicht blind. Otthein Rammstedt spricht in Bezug auf die Soziologie der Jahrhundertwende vom

> (...) Übergang zur Vergesellschaftung, die von den soziologischen Klassikern als Zwang seitens einer Metastruktur herausgearbeitet wird; ob Durkheim ‚soziale Tatsachen' an der ‚äußerlich verbindlichen Macht' ob Simmel die modernen Menschen nur noch als ‚Träger' einer nach objektiven Normen erfolgenden Ausgleichung von Leistungen und Gegenleistungen' soziologisch interpretierbar hält und den Begriff ‚soziale Rolle' einführt, ob Weber vom ‚Berufsmenschen' spricht, der man gegenwärtig sein müsse, jeweils wird im soziologischen Kontext das Individuum nicht mehr als homo faber gesehen, sondern als soziales Wesen ist es Objekt gesellschaftlicher Kräfte.[165]

Heinz-Jürgen Dahme fasst zusammen:

> Gesellschaft ist für die deutsche Soziologengeneration um die Jahrhundertwende, was in ihren Gesellschaftstheorien nachgewiesen wird, ein – ökonomisch betrachtet – durch Austausch und Arbeit bestimmtes Zweckgebilde, allgemeiner: ein Handlungssystem, in dem Individuen oder Gruppen als Akteure aufeinander relationiert sind.[166]

Daraus ergibt sich das Problem, wie in der determinierten Welt des Sozialen das Individuum noch möglich ist, und vor allem: wie kann eine Gesellschaftswissenschaft noch vom Individuum sprechen, das nicht nur als Akteur und Bündel von sozialen Rollen verstanden wird?

Mit dem Fallenlassen des Gesellschaftsbegriffs und durch die Fixierung der Soziologie als Handlungswissenschaft mußte auch der Individualitätsbegriff reformuliert werden. Das Individuum verflüssigte sich erst zum Handelnden, zum rationalen Handeln, bis schließlich in der Soziologie nur

---

164 Heinz-Jürgen Dahme: Der Verlust des Fortschrittsglaubens und die Verwissenschaftlichung der Soziologie. Ein Vergleich von Georg Simmel, Ferdinand Tönnies und Max Weber. In: Otthein Rammstedt (Hg.): Simmel und die frühen Soziologen..., a. a. O., S. 222-274, hier S. 256-257.
165 Otthein Rammstedt, Die Attitüden der Klassiker..., a. a. O., S. 286.
166 Heinz-Jürgen Dahme: Der Verlust..., a. a. O., S. 250.

noch der Handlungsakt als solcher für die Theoriebildung wichtig erschien.[167]

Damit habe sich, so Dahme, die Vision oder die Forderung erfüllt, die der Soziologe Ludwig Gumplowicz schon in den 80-er Jahren des 19. Jahrhunderts stellte: für die Erkenntnis müsse die Soziologie den Menschen opfern.[168] Damit wäre nach Dahme das Individualitätsthema ‚nicht mehr diskussionsfähig'.[169] Auf das Problem verweist auch Rammstedt, der allerdings noch das außenstehende ‚A-Soziale' thematisiert. Er verweist auf die Aktualität der Frage nach dem ‚arbeitsteiligen Individualismus'. Es scheint die Tendenz zu dominieren, dass das Individuum nur thematisierbar ist, inwiefern es in die Wechselwirkung eintritt. Tatsächlich liegt es an der Wechselwirkung, dass sie jeweils nicht den ganzen Menschen beansprucht, sondern nur bei gewissen Zwecken gewisse Aspekte, gewisse Seiten und Funktionen.[170] Gerade Simmel gebe dem Individuum die größte ‚Chance': in der Möglichkeit der Distanz und des Rückzugs ins Private und Intime. In seinem Apriori, dass das Leben nicht völlig sozial ist, geht Simmel jedoch weiter: er sieht die Vergesellschaftung nicht bloß mechanisch, sondern macht den ‚blinden Fleck' der Überraschung zum Apriori der Gesellschaft; während sich die Wissenschaft von der Gesellschaft um 1900 etabliert, indem sie seinen Gegenstand durch das Ausschließen eines Draußen bestimmt, welches zur Disziplin nicht gehört, ist es nach Simmel „Das Apriori des empirischen sozialen Lebens (...), daß das Leben nicht ganz sozial ist (...)."[171]

5 Der ‚Anfang' der Gesellschaft

Inwiefern stellt das Bewusstsein des ‚individuellen Geistes', des Nicht-Sozialen des Lebens, eine ‚untere' Grenze, also einen ‚Anfang' der Gesellschaft dar? Simmel gibt zu verstehen, dass es ihm nicht um genetische Anfänge und Entstehungshypotesen geht, nicht „(...) in dem historischen Sinne, als sollte das Zustandekommen irgend einer einzelnen Gesellschaft oder die physikalischen und

---

167 Ebenda S.258.
168 Ebenda.
169 Ebenda S.260.
170 Rammstedt: Die Attitüden der Klassiker..., a. a. O., S.289.
171 Simmel: Exkurs über die Frage..., a. a. O., S.53.

anthropologischen Bedingungen, auf Grund deren Gesellschaft entstehen kann, beschrieben werden."[172] Der ‚Anfang' ist aber in jedem Augenblick von neuem präsent. Und am Deutlichsten wird er dort fassbar, wo die Form der Vergesellschaftung gerade kaum fassbar ist: an dem Flüchtigen und wenig Institutionalisierten:

> Was die wissenschaftliche Fixierung solcher unscheinbaren Sozialformen erschwert, ist zugleich das, was sie für das tiefere Verständnis der Gesellschaft unendlich wichtig macht: daß sie im allgemeinen noch nicht zu festen, überindividuellen Gebilden verfestigt sind, sondern die Gesellschaft gleichsam in status nascens zeigen – natürlich nicht in ihrem überhaupt ersten, historisch unergründbaren Anfang, sondern in demjenigen, der jeden Tag und zu jeder Stunde geschieht; fortwährend knüpft sich und löst sich und knüpft sich von neuem die Vergesellschaftung unter den Menschen, ein ewiges Fließen und Pulsieren, das die Individuen verkettet, auch wo es nicht zu eigentlichen Organisationen aufsteigt.[173]

Simmel fasst hier die Vergesellschaftung als ein Geschehen, das stets von neuem einen Anfang nimmt, und das sich in ‚statu nascendi' auf keinen Begriff bringen lässt. Die Originalität der Simmelschen Auffassung dieses ‚status nascens' beruht darauf, dass der Mensch für ihn nicht einfach ein ‚unbeschriebenes Blatt' ist, erst durch die Gesellschaft ‚beschrieben' wird, dass bei Simmel nicht über einen historischen ‚Punkt Null' der Gesellschaft spekuliert wird. Wir haben es hier aber auch nicht mit einer ‚anfangslosen Soziologie' zu tun, wie wir es bei Norbert Elias antreffen. In „Was ist Soziologie" stellt er in Bezug auf die Disziplin fest: „Sie stellen sich vor, daß am ‚Anfang' zunächst ein einzelner Mensch in die Welt trat und daß sich andere Menschen erst nachträglich zu ihm gesellten."[174] Und in „Die Gesellschaft der Individuen" lesen wir: „Es gibt keinen Nullpunkt der gesellschaftlichen Bezogenheit des Einzelnen, keinen ‚Anfang' oder Einschnitt, an dem er als ein verflechtungsfreies Wesen gleichsam von außen an die Gesellschaft herantritt, um sich nachträglich mit anderen Menschen zu verbinden (...)"[175] Elias schlägt vor, die Beziehungen als ‚Geflecht', also möglichst anfangslos zu denken. Der Mythos des ‚Homo clausus' und der biblischen Schöpfungsgeschichte, die im Denken über die Gesellschaft immer

---

172 Simmel: Das Problem der Soziologie, a. a. O., S.41.
173 Ebenda S.33.
174 Norbert Elias: Was ist Soziologie?, München 1996, S. 47 ff.
175 Zitiert nach: Roger Häußling: Nietzsche und die Soziologie. Zum Konstrukt des Übermenschen, zu dessen anti-soziologischen Implikationen und zur soziologischen Reaktion auf Nietzsches Denken, Würzburg 2000, S. 88.

noch weiterwirken soll, müsse endlich verworfen werden.[176] Elias geht es aber darum, dass der Mensch in eine Familie, ein Milieu hineingeboren wird und in seinem Leben und Denken schon auf die Vorgänger, die Kultur, die Inhalte, die er gelernt, erfahren, verinnerlicht hat, aufbaut; dass seine Persönlichkeit kein ‚Nullpunkt' sein könne, selbst wenn er ein großer Entdecker und Neuerer ist.[177]

Es ist gerade das Gegenteil davon, was Simmel unter Vergesellschaftung in ‚statu nascendi' versteht, weil diese in jedem Augenblick einen Anfangspunkt entstehen lässt, ungeachtet der tradierten Inhalte. Es sind Anknüpfungspunkte für neue Fäden, Momente der Undeutlichkeit, Erwartungen, die sich gerade dadurch von dem Gedanken des kulturellen Vorurteils und Verwurzelung deutlich abheben, dass sie immer etwas mehr bedeuten wollen, als bereits gewusst und tradiert ist, mehr als das bereits Soziale, Kulturelle, oder Begriffliche. In jedem Augenblick, in dem wir ‚vergesellschaftet' werden, also in eine Relation mit anderen Menschen eintreten, gehen wir das Risiko ein, nicht sicher zu sein, was daraus entstehen und wie sich die Situation entwickeln wird. Und dies geschieht vor allem dann, wenn ein ‚Fließen und Pulsieren, das die Individuen verkettet' nicht sofort ‚zu eigentlichen Organisationen aufsteigt'. Also eher, wenn sich die Menschen gegenseitig anblicken, miteinander streiten oder aufeinander eifersüchtig sind, und nicht, wenn sie in einer Beamten- oder Offizierrolle aufgehen und genau nach Anweisungen handeln. Dies erhellt warum Simmel der engagierte Soziologe der ‚ewig fließenden und pulsierenden' ‚Formen der Vergesellschaftung' geworden ist.

---

176 Vgl. Ebenda S. 86.
177 Ebenda S. 87 ff.

D Das Stilisierte und Dekorative als Simmels Denkfiguren

> Der Subjektivismus und die Individualität (...) hat sich bis zum Umbrechen zugespitzt (...)
> (Georg Simmel: Das Problem des Stiles, in: „Dekorative Kunst. Illustrierte Zeitschrift für Angewandte Kunst", April 1908.)

1 Parerga

Das Bild der sich stets von neuem herstellenden und sich wieder lösenden Fäden der Vergesellschaftung verbindet sich in den Essays Simmels, welche direkt ästhetische Probleme betreffen, mit Figuren des Stilisierten und Dekorativen. Am Beispiel von seiner Analyse des Bildrahmens und seinen Überlegungen zum Problem des Stils werde ich die Rolle des Stilisierten als Motiv und als Denkfigur in Simmels Schreiben sichtbar machen. Während ‚klassische' Kunstwerke ein abgesondertes Leben führen, verweist alles Stilisierte stets nach Draußen, auf etwas anderes, als es selbst ist; es hinterfragt die Beziehungen zwischen Innen und Außen, ruft breitere Kontexte herbei, anstatt sich gegen sie abzugrenzen. Wenn das Kunstwerk ein Sein ist, so ist das Stilisierte eine Relation. So bekommt es wie selbstverständlich einen wichtigen Platz in Simmels Denken, denn er ist der Denker der Relationen, des Tausches, der Wechselwirkung, in einem weit breiteren als bloß ökonomischen, strikt soziologischen oder philosophischen Sinne. Obwohl Simmels Interesse an Kunst und Künstlern bereits in der Forschung behandelt worden ist, bleibt die Bedeutung der Figuren des Parergonalen in seinem Denken und Stil im Schatten.

Das ästhetisch Parergonale ist das, was am Rande des klassischen Kunstverständnisses sich befindet, was schmückt, kommentiert, auf etwas anderes verweist. Die Figuren des Dekorativen und Stilisierten drängen sich durch das von ihnen verkörperte Prinzip des Relationalen auf; wir finden sie in Simmels kulturphilosophischen Essays, in seinen Analysen der Moderne, der Gesellschaft, des Stil des Lebens. Wie sie als Vergesellschaftungsprinzipien funktionieren können und auch funktionieren, zeigen seine Überlegungen zur Mode, die er immer wieder von Neuem formulierte. Die Lektüre seiner Essays über den Bildrahmen und Stil zeigt, wie er die Phänomene des Stilisierten beobachtet, ihr Funktionieren und ihr Bedeutungspotential für die Moderne abtastet und wie er sich diesen Phänomenen nähert, wenngleich nicht ohne Vorbehalte, denn er muss dabei einem der wichtigsten Theoretiker widersprechen, auf den er sich zugleich oft beruft: auf Immanuel Kant.

2   Kants Bestimmung des Dekorativen. Verbindung von Rahmen und Schmuck

Immanuel Kant hat bekannt den Gedanken an die Unterordnung des Dekorativen unter das eigentliche Werk und die Forderung, es solle dem Werk gegenüber möglicherweise weitgehend zurücktreten, mit großem Nachdruck formuliert. Deshalb erklärte er den Bildrahmen im Paragraph 14. der „Analytik des Schönen" zum ‚Parergon', zum ‚Zierat' (wenn er als Zutat selbst „(...) in der schönen Form [besteht] und auf diese Weise (...) nur durch seine Form (...) das Wohlgefallen des Geschmacks vergrößert (...)"[178], oder gar zum bloßen ‚Schmuck', sollte er sich der Unterordnung dem formellen Ganzen des Kunstwerks verweigern und sein, „(...) wie der goldene Rahmen, bloß, um durch seinen Reiz das Gemälde dem Beifall zu empfehlen, angebracht (...)"[179] Die Vergoldung des Rahmens, der anstatt zu verschwinden, selbst auf Reiz und Beifall Anspruch erhebt, bringt eine Verwirrung in den reinen Geschmacksurteil hinein. Sie verunreinigt es, indem sich Zutat und Zierat selbst aufdringlich dem Blick darbieten, sich dann aber nicht einfach mit der Geste der bloßen Umkehrung an die Stelle des Kunstwerkes – des Wesentlichen – stellen, sondern ihren Reiz und Anspruch auf Beifall als Dienst am Kunstwerk ausgeben. Die Verzierungen lassen den Blick und den Gedanken umherirren, ohne ihn auf dem ‚Wesentlichen' verharren zu lassen; sie widersprechen so dem Gebot, das Wesentliche solle vom Unwesentlichen klar unterschieden werden. Zu Parerga gehören „(...) Einfassungen der Gemälde oder Gewänder an Statuen, oder Säulengänge um Prachtgebäude."[180] Sie alle sollen sich nicht dem Wesentlichen gegenüber in

---

178 Immanuel Kant: Kritik der. Urteilskraft, Hamburg 1954, S. 65.
179 Ebenda.
180 Ebenda.

Konkurrenz setzen und sich auf dessen Kosten in den Vordergrund drängen.[181] Da die es aber tun, stoßen sie auf Kritik des Philosophen.

3 Simmels Interpretation des Bildrahmens

Im Jahre 1902 veröffentlicht Georg Simmel in der Zeitschrift „Der Tag" einen Artikel unter dem Titel „Der Bildrahmen. Ein ästhetischer Versuch."[182] Der

---

181 Jacques Derrida zeigte in seiner Lektüre des Paragraphen 14 dass die ganze Analytik und die Bestimmung der Urteilskraft selbst ohne ein gewisses besonderes Parergon, nämlich ohne das Prinzip des Rahmens, nicht bestehen könne. Sie benötigt stets einen Rahmen, der sie konstituiert: um das Geschmacksurteil und seinen Gegenstand zu bestimmen, muss man stets das Wesentliche vom Unwesentlichen unterscheiden und voraussetzen, dass gewusst ist, was Werk und was Beiwerk ist. „Jede Analytik des ästhetischen Urteils setzt ständig voraus, daß man streng zwischen dem Intrinsischen und dem Extrinsischen unterscheiden kann. (...) Man muß folglich wissen – eine fundamentale Voraussetzung, des Fundamentalen –, wie das Intrinsische – das Eingerahmte – zu bestimmen ist, und wissen, was man als Rahmen herausfallend (hors-cadre) ausschließt." (Jacques Derrida: Parergon, in: Jacques Derrida: Die Wahrheit in der Malerei, Wien 1992, S. 31-176, Zitat S. 84.) Der Rahmen ist also auch der Begriff. Kein Begriff kann sich ohne einen Rahmen konstituieren, er ist selbst der Rahmen, der bestimmt, was ‚drin' ist und was ausgeschieden sein soll. Derrida unterstreicht, sich damit in eine Richtung begebend, die der Simmels verwandt ist, dass es gerade die Eigenschaft der Parerga ist, zugleich auf die beiden Seiten eines gegensätzlichen Paares zu verweisen: sie heben sich zugleich von zwei Hintergründen vor, oder konstituieren durch ihr ab- und zuschließende Wirkung die beiden Seiten eines Gegensatzes als auf sich bezogen: „Das Parergon ist zugleich vom Ergon /dem Werk) und vom Umfeld abgelöst, es hebt sich zunächst ab wie eine Gestalt von einem Hintergrund. Aber es hebt sich davon nicht ab wie das Werk. Dieses hebt sich ebenfalls vor einem Hintergrund ab. Der parergonale Rahmen hebt sich seinerseits vor zwei Hintergründen ab, aber in Bezug auf jeden dieser beiden Hintergründe -, geht im anderen auf." (Derrida: Parergon, a. a. O., S. 82; Hervorhebung von Derrida) Nach Derrida haben aus diesem Grunde im Ästhetischen besonders die Parerga die Eigenschaft, in Verhältnis zur außerästhetischen Welt zu treten: „Die Parerga haben Dichte, eine Oberfläche, die sie nicht allein, wie Kant es wollte, vom ganzheitlichen Innen, vom eigentlichen Körper des Ergon, sondern ebenso vom außen trennt, von der Mauer, an der das Bild angebracht ist, vom Raum in dem die Statue oder die Säule errichtet sind, sodann, nach und nach, vom ganzen Feld der historischen, ökonomischen und politischen Einschreibung (...)" (Ebenda S. 80.) Damit „(...) kündigt sich die ganze Problematik der Einschreibung in einem Umfeld (milieu), des Heraustrennens des Werkes aus einem Feld an, bei dem es immer schwer zu entscheiden ist, ob es natürlich oder künstlich und, in diesem letzten Fall, ob es Parergon oder Ergon ist." (Ebenda S. 78.)
182 Zum Phänomen des Rahmens als solchen und dessen Geschichte gibt es bisher keine umfangreiche Literatur, er wird allerdings stets als wesentliches Strukturprinzip der Kunst erwähnt.

Bildrahmen fungiert in diesem Essay als Figur für das Verhältnis zwischen Individuum und Gesellschaft. Der Sinn des Bildrahmens ist, das Kunstwerk als ein autonomes zu konstituieren, als ‚eine Welt für sich' in sich abzuschließen, und es zugleich gegen die übrige Welt abzugrenzen. Beides bezieht sich im und als Rahmen aufeinander und hängt voneinander ab. Der Rahmen ist für Simmel eigentlich kein ‚Ding', sondern dieser sichtbar gewordene doppelte Bezug:

> Was der Rahmen dem Kunstwerk leistet, ist, daß er diese Doppelfunktion seiner Grenze symbolisiert und verstärkt. Er schließt alle Umgebung und also auch den Betrachter vom Kunstwerk aus und hilft dadurch, es in die Distanz zu stellen, in der allein es ästhetisch genießbar wird. Distanz eines Wesens gegen uns bedeutet in allem Seelischen: Einheit dieses Wesens in sich.[183]

In seiner Doppelfunktion erinnert der Bildrahmen an das Verhältnis zwischen Individuum und Gesellschaft. Dieser Analogie gibt Simmel insbesondere im Ausklang seines Textes Ausdruck, indem er eine direkte Parallele zwischen den beiden Verhältnissen sieht:

> Es ist ersichtlich, welcher unendlich feinen Abwägung des Vor- und Zurücktretens, der Energien und der Hemmungen der Rahmen bedarf, wenn er im Anschaulichen die Aufgabe lösen soll, zwischen dem Kunstwerk und seinem Milieu, trennend und verbindend, zu vermitteln – die Aufgabe, an deren Analogie im Geschichtlichen das Individuum und die Gesellschaft sich gegenseitig zerreiben.[184]

Zu einer solchen Analogie kann es nur dann kommen, wenn sie von einer verwandten unterstützt wird: nämlich von der Analogie zwischen dem autonomen Kunstwerk und dem Individuum. Simmel spricht vom ‚Seelischen' und von ‚Individualisierung', wenn er die Geschlossenheit des Kunstwerks thematisiert. Autonomie bedeutet Abgeschlossenheit der äußeren Welt gegenüber. Das in sich geschlossene, selbstgenügsame Kunstwerk, als Bild, das aus allen unmittelbaren Kontexten des Lebens herausfällt, entspricht der Auffassung des Individuums als geschlossener Ganzheit, die sich selbst erschafft, deren Innerem organisch schöpferische Kräfte entspringen. Das Individuum wäre nach diesem

---

Die unterschiedlichsten Formen des Bildrahmens und der ersten Anfänge einer Bildumrahmung (etwa den Architekturrahmen, altägyptische Bett- und Fensterrahmen, aufhängbare Tontäfelchen) beschreibt Werner Ehlich in: Werner Ehlich: Bild und Rahmen im Altertum. Die Geschichte des Bildrahmens, Leipzig 1953.
183 Simmel: Der Bildrahmen..., a. a. O., S. 101.
184 Ebenda S. 107-108.

Bild etwas Abgespaltenes, in sich Ruhendes, was Anspruch darauf hat, ein Ganzes zu sein und sich aus diesem Grunde jedem Einschluss in andere Gebilde und andere Ganzheiten, zu verweigern.

Steht das autonome Kunstwerk für das autonome Individuum, ergibt sich aus dieser Analogie die Vorstellung eines unaufhebbaren Widerspruchs zwischen dem Individuellen und dem gesellschaftlichen Ganzen. So sieht es zumindest in Simmels Analogiendenken aus: der Vergleich, welcher sich zwischen dem Kunstwerk und dem Individuum bzw. der Individualisierung, bietet, schließt sich in dem Essay unmittelbar an eine Analogie zwischen Gesellschaft als komplexem Gebilde einerseits und der Maschine, der Fabrik, der Armee andererseits. Mit dem Fortschritt der gesellschaftlichen Organisierung und Differenzierung werden die einzelnen Individuen zu ungleichen Teilen von höher organisierten Komplexen:

> (...) wenn der Geist den Stoff des Daseins immer umfänglicher und zu immer höheren Gestaltungen organisiert, werden unzählige Gebilde, die bis dahin ein in sich geschlossenes, eine eigene Idee repräsentierendes Leben führten, zu bloß mechanisch wirksamen, partikulären Elementen größerer Zusammenhänge degradiert; nur diese sind jetzt die Träger der Idee geworden, jene aber bloße Mittel, deren Eigenexistenz sinnlos ist. So verhält sich der mittelalterliche Ritter zu dem Soldaten der modernen Armee, der selbständige Handwerker zu dem Fabrikarbeiter, die abgeschlossene Gemeinde zu dem Staat im modernen Staate, die hauswirtschaftliche Eigenproduktion zu der Arbeit innerhalb der geld- und weltwirtschaftlichen Organisation des Marktes.[185]

Ich will diese Vergewaltigung der Ganzheit und Einheit des Individuums durch komplexe Organisationen nicht von dem unmittelbaren Zusammenhang mit Simmels Überlegungen zum Bildrahmen trennen. Die oben zitierte Analogie taucht nach der Beobachtung auf, heutzutage hätten wir es immer öfter mit einer „mechanisch-gleichförmige[n], an sich bedeutungsleere[n] Gestaltung des Rahmens."[186] zu tun. Die Bildrahmen würden minimalistisch, so dass sie fast verschwinden. Dies ist aber für Simmel ein Widerspruch, denn diese „(...) scheinbar höhere Geistigkeit des an sich bedeutsamen Rahmens beweist nur die geringere Geistigkeit in der Auffassung des Ganzen, dem er angehört."[187] Der Rahmen nähert sich dem Verschwinden und seine Unauffälligkeit verweist darauf, dass das Kunstwerk – und das Individuum – gegenüber der ‚Gesellschaft' wehr-

---

185 Ebenda S. 107.
186 Ebenda.
187 Ebenda.

los werden. Das Bild soll nun jetzt als bloßer Teil der Umgebung dienen. Für Simmel hat der Bildrahmen über diese Bemerkungen hinaus auch die Funktion einer Denkfigur, auf die ich besonders hinweisen möchte.

3.1 Der Bildrahmen als Denkfigur

Die ‚Mechanisierung' des Rahmens wird bei Simmel durchaus mit dem Verlust des Sinnes für „die innere künstlerische Einheit des Bildes"[188] identifiziert. Simmel teilt hier die Ängste der Epoche, wenn er das Verhältnis von Individuum und Gesellschaft als Nivellierung, Mechanisierung und Atomisierung ausspielt.

Symptomatisch ist allerdings, dass diese Auffassung, wie auch andere Thesen, welche Simmel in seinem Essay formuliert, nicht als selbständiger, sich selbst repräsentierender Diskurs auftauchen, sondern als Anmerkungen zum Problem des Bildrahmens. Die Reflexion über diesen entwickelt sich wiederum am Faden der soziologischen Vergleiche. Beides beleuchtet sich gegenseitig. Damit entsteht die Frage, ob die Kreuzung der Diskurse in Simmels Text nicht ein Zeugnis davon ablegt, wie sich das Verständnis von Kunst mit dem Verständnis von Individuum und von Gesellschaft kreuzt. Das eine – hier die Ästhetik der autonomen Kunstgebilde – wird zur Sprache für das andere. Man könnte Simmels Analogien als eine fragmentarische Mentalitäts- und Diskursgeschichte auffassen und die Frage stellen, inwieweit autonome Kunstwerke als geschichtliches Phänomen das Bild von radikaler Selbstgenügsamkeit und Abgeschlossenheit des Individuums bestätigen, das seinerseits auch geschichtlich ist. Beide Vorstellungen – vom Kunstwerk und vom Individuum – konnten sich gegenseitig stützen und beglaubigen. Ein Projekt zur Geschichte des Diskurses über das Individuum gab Simmel 1901 in seinem Aufsatz „Die beiden Formen des Individualismus".[189] In „Der Bildrahmen. Ein ästhetischer Versuch" finden sich Stellen, die von einer solchen geschichtlichen Auffassung der von Simmel benutzten Analogien zeugen.

---

188 Ebenda S. 106.
189 Vgl. die Anmerkung 100 dieser Arbeit.

3.2 Kulturgeschichtliche Aspekte der Verwendung von Figuren des Stilisierten

Gerade an ‚ganz alten' Bildrahmen – Simmel meint hier wohl das späte Mittelalter, wie auch die Renaissancezeit – ist eine große Akzentuierung dieser dem Bild selbst gegenüber zu beobachten. Simmel erwähnt als Beispiel „(...) Seiten, [die] oft als Pilaster oder als Säulen gebildet, die ein Gesims oder einen Giebel tragen (...).“[190] Der Rahmen erhielt einst „(...) ein eigenes organisches Leben und Gewichtigkeit, die mit einer Funktion als bloßer Rahmen in herabsetzende Konkurrenz treten (...).“[191] Der Grund dafür wäre nach Simmel darin zu suchen, dass eine solche Gestaltung des Rahmens „(...) gerechtfertigt sein [mag], solange die innere künstlerische Einheit des Bildes noch nicht hinreichend empfunden wurde.“[192] Die Gründe für diese mangelnde Empfindsamkeit seien religiöser Natur gewesen; das Bild diente religiösen Zwecken und war somit selbstverständlich nicht vor allem eine selbstgenügsame Einheit, die jeden Außenbezug ablehnt.

Charakteristischerweise ist diese kulturgeschichtliche Perspektive kurz hingeworfen, ohne Präzisierung und genaues Nennen von Epochen. Sie zeigt jedoch deutlich, dass Simmel die autonome Kunst und die formelle Ästhetik als geschichtliche Phänomene sieht, nicht als überzeitliche Geltungsmuster. Der Sprung von der religiös bestimmten Kunst direkt in die Gegenwart, in das Ausgehende klassisch bürgerliche Zeitalter, wundert allerdings; es sieht danach aus, als ob Simmel in der Befreiung des Kunstwerks von der sakralen Funktion den unmittelbaren Ursprung seiner Selbstbezogenheit erblickte.

3.3 Der semiotische Blick auf das Prinzip des Rahmens: Uspenskij

Einen solchen unmittelbaren Bezug zwischen Religion und Rahmen kann man allerdings in der Semiotik finden. Die Semiotiker bestätigen Jahrzehnte nach Georg Simmel auch die konstitutive Rolle des Rahmens für das Kunstwerk. Der ‚Raum' innerhalb des Rahmens (etwa als Gemälde, der literarische Text oder eine Theateraufführung) ist ein stark semiotisierter Raum, im Gegensatz zum Alltag. Interessanterweise scheint ein solcher Rahmen bereits vor der Epoche des autonomen Kunstwerks existiert zu haben, und zwar: als Markierung der

---

190 Simmel: Der Bildrahmen..., a. a. O., S. 106.
191 Ebenda.
192 Ebenda.

Grenze zwischen dem Sakralen und dem Profanen. Simmels Sprung von der Religion in die Moderne hätte also einen tieferen Sinn. Der russische Semiotiker Boris Uspenskij beschäftigt sich mit den Problemen der Komposition und greift oft auf sakrale Werke des Mittelalters zurück. In seinem Buch „Poetik der Komposition" schreibt er:

> Bevor wir die eigentliche kompositorische Komponente des Rahmenproblems ins Auge fassen, bevor also eine Beschreibung der formalen Ausdrucksmittel des ‚Rahmens'in künstlerischen Texten in der ‚point of view'-Terminologie vorgenommen werden kann, muß die generelle semiotische Aktualität dieses Problems skizziert werden. Vorab ist darauf hinzuweisen, daß die Problematik des Anfangs und des Endes in jedem Entwurf eines Kultursystems, d.h. eines generellen Systems semiotisch konzipierter Weltauffassung (oder genauer: eines Systems semiotischer Korrelation von gesellschaftlicher und individueller Erfahrung) von größter Bedeutung ist. Neben Kulturen mit einem besonders markierten ‚Anfang' gibt es eschatologische Kulturen, die besonderes Gewicht auf das ‚Ende' legen, lassen sich zyklische u.a. Systeme unterscheiden. Nicht weniger aktuell ist dieses Problem innerhalb einzelner Texte einer Kultur. Es brauch nur an die Bedeutung dieser Frage in religiösen Kulthandlungen erinnert zu werden, die sich gewöhnlich in spezifischen Riten und Zeremonien äußert (man denke an die obligatorische Bekreuzigung beim Betreten einer Kirche). Noch auffälliger ist dies bei den russischen Altgläubigen (die von Anfang an größten Wert auf das rituelle Moment des Gottesdienstes legen): sie setzen bei beim Eintritt in eine Kirche einen besonders markierten ‚Anfang' durch eine Serie komplizierter Verbeugungen. In diesem Zusammenhang ist der ständige Vorwurf der Altgläubigen an die Adresse der Anhänger von Nikons Reformen bezeichnend, diese kultischen Anfangs- und Schlußzeremonien gleichfalls, jedoch nicht im selben Ausmaße kennen; Altgläubige sagen von den Nikon-Anhängern: „Bei denen gibt es in der Kirche weder Anfang noch Ende." Die Abgrenzung einer spezifischen Zeichenwelt von der Welt des Alltags entspricht offenbar einem elementaren menschlichen Bedürfnis.[193]

In der Malerei hat der Rahmen eine bedeutungsschaffende Funktion: er verwandelt Dinge in Zeichen, veranschaulicht also in sozusagen zweiter Potenz die Arbeit, die die Kultur an der Natur vollzieht:

> Von besonderem Gewicht ist das Problem des ‚Rahmens' in der Malerei. Gerade die ‚Rahmung' – seien es nun die die unmittelbar markierten Bildgrenzen (der Bilderrahmen) oder spezielle Kompositionsformen – strukturiert die Abbildung und vermittelt ihr die symbolische Bedeutung (mit anderen Worten, sie gibt ihr einen semiotischen Charakter, der ohnedies einem Werk der repräsentierenden Kunst eigen ist). Man erinnert sich an die hintergründigen Worte G.K. Chestertons, eine Landschaft ohne Rahmen bedeute praktisch nichts, es genügt jedoch, sie einzugrenzen (sei es mit einem Bilderrahmen oder einem Fenster, einem Torbogen usw.), und sogleich könne sie als

---

193 Boris A. Uspenskij: Poetik der Komposition. Struktur des künstlerischen Textes und Typologie der Kompositionsformen, herausgegeben und nach einer revidierten Fassung des Originals bearbeitet von Karl Eimermacher. Aus dem Russischen übersetzt von Georg Mayer, Frankfurt am Main 1975, S. 157-158.

Abbildung aufgefaßt werden. Um die Welt zeichenhaft zu sehen, ist es insbesondere notwendig (wenn auch nicht immer ausreichend), Grenzen zu markieren: denn erst die Grenzen er 160/161 zeugen ein Bild. (Bezeichnenderweise gibt es einige Sprachen, in denen ‚abbilden' etymologisch mit ‚abgrenzen' zusammenhängt.) Sogar in solchen Fällen, wo die Grenzen einer Abbildung nicht ausdrücklich markiert werden, empfindet der Künstler das Bedürfnis, bei der Abbildung Grenzen zu ziehen. Nur so läßt es sich erklären, daß der Primitive seine Zeichnung nicht auf einer unbeschriebenen Fläche anbringt, ohne diese zu löschen, so daß sei die letzte Abbildung für den Betrachter nicht mehr sichtbar. Es ist, als ob sich der Künstler überhaupt nicht darum kümmert, weil er weiß, daß sich die beiden Abbildungen stören könnten, und zwar weil er weiß, daß sie sich überhaupt nicht stören können – jede von ihnen verfügt über ihren eigenen (homogenen) künstlerischen Raum. Ebenso stießen sich in der chinesischen Malerei Bildbesitzer oder selbst Künstler nie daran, das Bild mit schriftlichen Erläuterungen zu versehen oder mitten in die Abbildung ein Siegel zu drücken (wenn man dabei berücksichtigt, daß in China die Kalligraphie ein eigener und der Zeichnung sehr nahe stehender Kunstzweig war, dann unterscheiden sich diese Beispiele kaum von vom vorhergehenden des Primitiven); schließlich ist in diesem Zusammenhang an die Unterschrift des Künstlers in der europäischen Malerei zu erinnern, die wiederum unmittelbar in die Abbildung hineingesetzt wird, vgl. aber auch die Federproben und überhaupt alle mögliche Aufschriften unterschiedlichen Inhalts auf altrussischen Handschriften, und zwar auch solchen religiösen Inhalts: all dies geht paradoxerweise eine enge Verbindung mit der sorgfältig gestalteten Aufmachung dieser Handschriften und der besonderen Verehrung des Buches im Alten Rußland.[194]

Eine sakral bedingte Vorform der Autonomie des Werkes ist besonders dort sehr deutlich zu erkennen, wo sich Uspenskij auf den russischen Gottesdienst aus der Zeit vor der Nikon-Reforn bezieht:

> Im alten russischen Gottesdienst (den wir heute aus der Praxis der Altgläubigen kennen) haben solche Bemerkungen rein technischen Charakter (sie sind sozusagen ‚meta-liturgisch'), gehörten nicht zu seinem Inhalt, sondern bezogen sich ausschließlich auf seinen Ablauf (beispielsweise: ‚umblättern!' usw.); sie brauchten nicht geflüstert zu werden, sondern konnten gerade deshalb laut ausgesprochen werden, weil sie die liturgische Handlung im Prinzip nicht stören konnten: ihrem Wesen nach besaßen sie keinen Bezug zu ihr. Aus diesem Grunde wurde auch eine inkorrekte Aussprache (und dies auch heute noch bei den Altgläubigen üblich) während des Gottesdienstes berichtigt (...) Mit anderen Worten: Die Anweisungen für den Ablauf des feierlichen Gottesdienstes drangen, allerdings nur für den oberflächlichen Beobachter, der sich nicht auf den Inhalt konzentrierte, direkt in den feierlichen Gottesdienst ein (ähnlich ist es im japanischen Puppenspiel, wo die Puppenspieler, obwohl sie für den Zuschauer unverdeckt bleiben, während der Aufführung nicht wahrgenommen werden).[195]

Simmel bemerkt eine sinnliche und auffällige Akzentuierung des Rahmens in älteren Epochen und verbindet das mit dem fehlenden Sinn für die Selbstgenüg-

---

194 Ebenda, S. 160-161.
195 Ebenda, S. 212 (in einer Fußnote).

samkeit des Werkes. Auch mit dem Fehlen der Vorstellung vom Individuellen als vom Unvergleichbaren und Unnachvollziehbaren, völlig Originellen, da er behauptet, ältere Epochen wurden von einem eigentümlichen Stil repräsentiert, der als zeitgebunden wiedererkennbar ist. Der große Künstler stellt eine besonders vollkommene Darstellung dieses Stils dar; er verkörperte den Zeitgeist und auf diese Weise habe es ein organisches Band zwischen ihm und seiner Kultur geknüpft; er sei kein ‚großer Anderer' der Gesellschaft gewesen.

4 Die Hervorhebung des Rahmens als solchen

Simmel hat ein ambivalentes Verhältnis zum Phänomen des Rahmens. Er hat ihm einen Essay gewidmet, und er ist es, der sowohl das Kunstwerk, als auch seine Autonomie, seine Geschlossenheit wie auch andererseits sein Draußen konstituiert. Deshalb hebt Simmel hervor, der Rahmen habe eine Doppelfunktion, die eigentlich eine Wechselwirkung sei. Das In-Sich-Hineingehen ist für Simmel gleichbedeutend mit der Bewegung dem Außen gegenüber:

> Distanz und Einheit, Antithese gegen uns und Synthese in sich, sind Wechselbegriffe; die beiden ersten Eigenschaften des Kunstwerks: die innere Einheit und da es in einer Sphäre sei, die von allem unmittelbaren Leben abgerückt ist – sind eine und dieselbe, nur von zwei verschiedenen Seiten gesehen.[196]

Die Entscheidung, den Rahmen ins Zentrum eines Essays zu stellen, bedeutet eine Verschiebung, welche sich unterschwellig, mehr im Bildlichen als im Diskursiven in diesem Text Simmels vollzieht. Die beiden als Wechselwirkung aufgefassten Funktionen des Bildrahmens lassen eine direkte Verbindung zu den Thesen des Essays „Exkurs über die Frage >>Wie ist Gesellschaft möglich?<<" zu dem in ihm dargestellten Verhältnis von Individualisierung und Vergesellschaftung ziehen. Es fällt auf, dass Simmel den Rahmen ‚an sich bedeutsam' nennt, womit er sich der Tradition Kants entgegensetzt, nach der sich der Rahmen als Beiwerk dem Werk zu unterwerfen hat. Simmel verknüpft das Prinzip der Geschlossenheit und Selbstgenügsamkeit des Werkes einerseits mit dem Individuum, andererseits insistiert er auf den Rahmen; dieser verkörpere nicht nur eine Trennung vom Werk und der übrigen Welt, die bereits existieren. Der

---

196 Simmel: Der Bildrahmen..., a. a. O., S. 102.

Rahmen erinnert nur an die Grenze zwischen ihnen. Er stellt für Simmel aber sowohl Trennung, wie auch Verbindung dar. Die Akzentuierung des Rahmens bedeutet die Einbeziehung von Relationen, Milieu und Hintergründen, von denen sich das Individuelle, aber auch das Gesellschaftliche abhebt.

Die Soziologie um 1900 sollte wissenschaftlich werden, ihr Gegenstand sollte also ‚umrahmt' werden, um zur Feststellung zu gelangen, was ihr eigentlicher Gegenstand sei und was anderen Disziplinen angehört. In dem „Exkurs über die Frage >>Wie ist Gesellschaft möglich?<<" muss das in den Rahmen aufgenommen werden, was als das Nicht-Vergesellschaftete, als das radikal Individuelle, sich zugleich auch außerhalb des Rahmens befindet. Was nicht zum Gegenstand gehört und wissenschaftlich nicht thematisiert werden kann oder soll, was nicht sozial ist, wird für Simmel, der dies ein ‚soziales Apriori' nennt, zur Bedingung, ohne die die Vergesellschaftung nicht möglich wäre. Rahmen zu betonen bedeutet, dieses als Prinzip einzugestehen und offen zu legen.

Simmel lässt sich von den Beobachtungen, die er am Bildrahmen macht, inspirieren. Zweifellos teilt er die Ängste der Epoche vor einer Instrumentalisierung, aber er hinterfragt gleichzeitig den Diskurs, der die Epoche, die Gesellschaft und das Individuum auf gewisse Bilder festlegt. Denn indem er das Werk oder den Rahmen zu Figuren macht, welche die Gesellschaft beschreiben, treten sie nicht bloß als persönliche Assoziationen auf, sondern gehören einem kulturgeschichtlichen Diskurs an. Jede Verschiebung von den Metaphern zieht eine andere Sicht der Gesellschaft nach sich.

Es ist bereits gezeigt worden, wie sehr die Präsenz ästhetischer Phänomene und das Aufspüren ästhetischen Erlebens in allen Lebensbereichen in Simmels und dessen Beschäftigung mit der Moderne zusammenhängen.[197] Ich

---

197 Die Position Simmels als des ersten Theoretikers der Moderne und als ersten, der auf die Prozesse der Fragmentarisierung und Ästhetisierung des Lebens verwies, scheint seit den Publikationen von David Frisby anerkannt zu sein. Insbesondere ist hier Frisbys Buch „Fragmente der Moderne" zu nennen, das auf Englisch 1985 und in deutscher Übersetzung 1989 erschien. Frisby zeigt, wie groß die Parallelen zwischen dem Werk Simmels und denen Walter Benjamins sind und wie bedeutend der Einfluß war, den Simmel auf diesen Autoren ausgeübt hat. In der deutschen Sekundärliteratur galt Georg Simmel – insofern er nicht in Vergessenheit geraten war – als negatives Gegenbeispiel. Man pflegte ihn Kracauer, Benjamin und insbesondere der Frankfurter Schule gegenüberzustellen. Gerade wegen der ästhetischen Distanzierung und ästhetischen Färbung der Perspektive, in der Simmel die Moderne wahrnahm und beschrieb, wurde er als nicht sozial radikal genug angesehen. (Als bedeutendes Beispiel kann Jürgen Habermas' Vorwort zur ersten Neuauflage von Simmels „Philosophischen Kultur" dienen. Siehe:

glaube, dass diese Präsenz die einer bestimmten Art von Ästhetischem ist: nämlich die des Stilisierten und Dekorativen, und dass dieses in Simmels Diskurs eindringt, weil die Ästhetik des klassischen autonomen Kunstwerks in Auflösung begriffen ist. Parallel zur Formulierung des Begriffs der Vergesellschaftung, die ein Prozess und nicht Gebilde ist, nimmt die Bedeutung des Stilisierten zu. Das Stilisierte wird immer noch in Bezug auf das Autonome gesehen, als dessen Rangform, die in sein Gegenteil überspringt. In den Augenblicken aber, in denen er sich ganz auf den Puls der Moderne konzentriert, mit ihren Widersprüchen, ihrem Individualismus, der Erweiterung der Sphäre flüchtiger und schwer institutionalisierbarer Vergesellschaftung, gewinnt das Stilisierte Eigenständigkeit. So ist es im Falle des Bildrahmens und der Mode.

5 Simmels Essay über den Stil

In gewissem Sinne ist der Stil ein dem Kunstwerk entgegengesetztes Phänomen. Während das Kunstwerk für das Individuum als für einen Ort spezieller, originärer Qualitäten steht, beruht der Stil darauf, das Singuläre und das Allgemeine miteinander zu verbinden. Stil ist für das Kunstgewerbe und für Möbel etwas Charakteristisches. Diese dienen einem Zweck, werden ins Leben mit einbezogen werden. Stil bedeutet, dass wir uns nicht kontemplativ auf den Gegenstand konzentrieren, sondern die größeren Zusammenhänge erblicken. Der Stil ist etwas, was die Einheit und Selbstgenügsamkeit bricht, da er auf Gemeinsamkeiten verweist. Seinen Aufsatz „Das Problem des Stiles" (April 1908) eröffnet Simmel mit der Behauptung, ‚gerade bei Werken von großen Meistern, wie Mi-

---

Jürgen Habermas: Simmel als Zeitdiagnostiker. Vorwort zu: Georg Simmel: Philosophische Kultur, Berlin 1986, S. 7-17.) Zu dieser zweideutigen Aura, die Simmel in Deutschland lange Zeit umgab, trug wohl der berühmte Essay von Theodor W. Adorno „Henkel, Krug und frühe Erfahrung" (1965) bei. Er nannte hier er Simmel „(...) [g]eistreich auf heute arg verblichene Weise". (Theodor W. Adorno: Noten zur Literatur, a. a. O., S. 556-566, insbesondere S. 558 ff.) Als positives Beispiel fungiert in Adornos Essay Ernst Bloch. Anderseits lassen sich bei Adorno viele Ähnlichkeiten mit Simmels Denken und Schreiben feststellen. Auf solche versuche ich in dieser Arbeit immer wieder hinzuweisen. Oft finden sich bei Adorno Simmelsche Denkfiguren oder auch kurze, flüchtige Bemerkungen, die eine detaillierte Lektüre von Simmel verraten; etwa wenn Adorno in „Der Essay als Form" ganz unerwartet bemerkt, „(...) [g]ewisse Fremdwörter bei Simmel – Cachet, Attitüde – verraten [...] [die] Intention [der] Befreiung vom Identitätszwang (...)." (Vgl.: Adorno: Der Essay als Form, in: ebenda, S. 9-33, Zitat S. 26.)

chelangelo, Velasquez oder Rembrandt, empfinden wir es als gleichgültig, in welchem Zeitstil diese Werke geschaffen worden sind; wir sind nur an der ‚Individualität' dieser Werke interessiert, denn

> (...) Stil ist immer diejenige Formgebung, die, soweit sie den Eindruck des Kunstwerkes trägt oder tragen hilft, dessen ganz individuelles Wesen und Wert, seine Enizigkeitsbedeutung verneint; vermöge des Stiles wird die Besonderheit des einzelnen Werkes einem allgemeinen Formgesetz untertan, das auch für andere gilt, es wird sozusagen seiner absoluten Selbstverantwortlichkeit enthoben, weil es die Art oder einen Teil seiner Gestaltung mit anderen teilt und dadurch auf eine gemeinsame Wurzel hinweist, die überhaupt jenseits des einzelnen Werkes liegt – im Gegensatz zu den Werken, die völlig aus sich selbst, d.h. aus der rätselhaften, absoluten Einheit der künstlerischen Persönlichkeit und ihrer nur für sich selbst stehenden Einzigkeit gewachsen sind.[198]

Das ‚unstilisierte', originelle Werk großen Meisters steht für ein besonderes Bild der Persönlichkeit. Simmel beschreibt es als ein Schaffen nach dem ‚individuellen Gesetz', „von innen her, nach dem Gesetze seiner Natur"[199] und spricht von einer ‚künstlerischen Substanz'. „(...) [E]in Kunstwerk für die Bedürfnisse der Praxis zu gebrauchen – [sei – M.T.](...) wie Menschenfresserei (...)"[200]

Analog dazu stellt Simmel auch das Stilisierte in Verbindung mit einem Persönlichkeitsbild. Die Persönlichkeit, die Simmel mit dem Stil in Verbindung setzt, ist zuerst unselbständig: „Es ist, als ob das Ich sich doch nicht mehr allein tragen könnte oder sich wenigstens nicht mehr zeigen wollte und so ein generelles, mehr typisches, mit einem Worte: ein stilisiertes Gewand umtut."[201] Stilisiert sind Parerga, etwa die Mode. Mit Stil verbindet sich die Idee der Partizipation an dem Allgemeinen, Simmel spricht von der Sehnsucht, sich nicht mehr allein fühlen zu müssen, von Versöhnung:

> Von den Erregungspunkten der *Individualität*, an die das Kunstwerk so oft appelliert, steigt dem stilisierten Gebilde gegenüber das Leben in die befriedeteren Schichten, in denen man sich nicht mehr allein fühlt, und wo – so wenigstens werden sich diese unbewußten Vorgänge deuten lassen – die überindividuelle Gesetzlichkeit der objektiven Gestaltung vor uns ihr Gegenbild in dem Gefühl findet, daß wir auch unsererseits mit dem Überindividuellen, dem Allgemein-Gesetzlichen in uns selbst reagieren und uns damit von der absoluten Selbstverantwortlichkeit, dem Balancieren auf

---

198 Georg Simmel: Das Problem des Stiles, in: GSG 8., a. a. O., S. 374-384, Zitat S. 375.
199 Ebenda S. 379.
200 Ebenda S. 379.
201 Ebenda S. 382.

der Schmalheit der bloßen Individualität erlösen. [Hervorhebung von Simmel –M.T.][202]

Was einerseits wie Unfähigkeit, wie Unfreiheit und Abhängigkeit aussieht, deutet Simmel gleichzeitig als Distanzierung, Neigung zur Selbstverhüllung, Annahme eines allgemeineren Formprinzips, einer Norm. Es wird von ihm wiederum historisch gesehen. Gerade der Mensch der Moderne habe einen Hang zum Stil, weil er zur Individualität gezwungen wird. Er soll Individuum sein. Aber dies belastet die meisten Menschen. Ausdruck dieser Last und zugleich Metapher für ein aufkommendes neues Bild des Individuums, ist der Stil.

Das wesentliche Merkmal des Stils, nämlich die Vermittlung zwischen dem Singulären und dem Allgemeinen, ist eine spezifisch ästhetische Leistung. Hans Georg Gadamer machte einst auf die Dynamik in der Figur des Dekorativen aufmerksam: es zieht den Blick auf sich, aber verweist zugleich auf etwas anderes, darauf, was es schmücken soll, dieses aber ist dann wieder auf das Dekorative angewiesen, das auf es verweist.[203] Dieses Verhältnis ist ein horizontales, und nicht ein vertikales (wo ein Ding ‚Natur' und das andere das ‚Zeichen' spielt, welches das erste gleichsam von oben fixiert.) Es ist unmöglich, einen Schmuck von dem zu trennen, was er schmücken soll, denn er würde seinen ganzen Sinn verlieren. Das Stilisierte kann unmöglich vereinzelt existieren. Das ist das Potential des Stils, das ihn in Simmels Essays zur privilegierten Figur bestimmt.[204]

---

202 Ebenda S. 380.
203 Vgl. hierzu das Kapitel: Der ontologische Grund des Okkasionellen und des Dekorativen, in: Hans Georg Gadamer: Wahrheit und Methode, Tübingen 1986, S. 149-165.
204 Niklas Luhmann sieht in seinem in mancherlei Hinsicht an Simmel anknüpfenden Essay über „Das Kunstwerk und die Selbstreproduktion der Kunst" (in: Hans Ulrich Gumbrecht (Hg.): Stil, Frankfurt/M 1986, S. 620-672) im Stil ein Merkmal, welches das Einzelne mit dem Allgemeinen verbindet. Es ist das, was über das einzelne Kunstwerk in Richtung anderer Kunstwerke hinausgeht und so das Entstehen neuer Kunstwerke innerhalb des autopoietischen Systems ‚Kunst' ermöglicht. Es geht um Vorbilder und Anti-Vorbilder, um Abgrenzung von den Vorgängern und um Orientierung an sie sowie um Auseinandersetzung mit ihnen, die in der modernen Kunst sehr hervorgehoben werden. Die Frage an die Selbstreproduktion der Kunst ist aber eigentlich eine, die Simmel wenig interessierte. Große Kunstwerke ziehen ihn als einzelne Gegenstände an, dagegen dient ihm die Kunst – gerade in der Kantschen Tradition als das autonomischste der autonomen Phänomene begriffen – als Sprache und Perspektive für andere Systeme. Wenn Luhmann die moderne differenzierte Gesellschaft als eine solche definiert, die „(...) es ermöglicht, funktionsbezogene autopoietische Teilsysteme zu bilden." (Luhmann, Das Kunstwerk..., a. a. O., S. 621) und dann die Systeme als streng voneinander abgegrenzt betrachtet, wo „[k]ein Funktionssystem (...) durch ein anderes ersetzt werden

[kann]; die Kunst zum Beispiel nicht durch die Politik, aber auch die Politik nicht durch Kunst" (Ebenda, S. 624), wäre bei Simmel das spezifisch, dass zwar kein Lebensbereich durch ein anderes ersetzt werden kann, sich diese aber stets durchkreuzen, sie liefern sich gegenseitig die Sprache, um die anderen bestimmen zu können. Simmel verfährt stets auf diese Weise, indem er etwa den objektiven Geist eine ‚Kapitalisierung' des Geistes nennt, indem er der „Philosophie des Geldes" das Verfahren der Kunst zur Grundlage legt. Luhmanns Theorie der autopoietischen Systeme scheint einen Zirkel zu enthalten, der von dem Autor nicht thematisiert wird: die Kunst wird als einer der autopoietischen Systeme behandelt, man fragt sich aber, ob es nicht gerade die Kunst ist, die ein ideales Modell eines solchen darstellt. Alle Eigenschaften eines solchen Systems: die Autonomie, die Selbstbezüglichkeit, die Orientierung an die eigenen Vorgänger, repräsentiert die moderne autonome Kunst am deutlichsten. Schon der Begriff der ‚Autopoiesis' knüpft an die Vorstellung von künstlerischer Praxis an. Der Begriff eines autopoietischen Systems wird dann von Luhmann auf die Gesellschaft als solche und auf ihre ausdifferenzierten Gebiete, wie Recht, Wirtschaft usw., übertragen, und paradoxerweise auch auf die Kunst. Es scheint also, dass die Kunst und die Ästhetik nicht nur bei Simmel als Sprache und Quelle heuristischer Metaphern funktionieren, und dass diese Metaphern keineswegs bloß einen schon bestehenden Diskurs schmücken, sondern einen neuen zu erfinden helfen.

E Georg Simmels Analyse der Mode und der Geselligkeit als Vergesellschaftungsformen

> Es hat sich uns ergeben, daß in der Mode sozusagen die verschiedenen Dimensionen des Lebens ein eigenartiges Zusammenfallen gewinnen (...).
> (Georg Simmel: Die Mode, in: „Philosophische Kultur", 1911.)

1 Die Form und die Vergesellschaftung

Charles Baudelaire schrieb über ‚die Moderne':

> Die Moderne ist das Vergängliche, Flüchtige, Mögliche, eine Hälfte der Kunst, deren andere das Ewige und Unwandelbare ist. Es hat eine Moderne für jeden alten Meister gegeben; die meisten der schönen Bildnisse, die aus früheren Zeiten auf uns gekommen sind, tragen das Kostüm ihrer Zeit. Sie sind vollkommen harmonisch, weil Kostüm, Kopfbedeckung und selbst die Geste, Blick und Lächeln (jede Epoche hat ihre Haltung, ihren Blick und ihr Lächeln) das Ganze einer vollständigen Lebensform bilden. Man hat nicht das Recht, das Element des Vergänglichen, Flüchtigen, dessen Veränderungen so häufig sind, zu verachten oder nicht gelten zu lassen. Unterdrückt man es, so verfällt man notwendig der Leere einer abstrakten und unbestimmbaren Schönheit (...).[205]

Es fällt auf, dass Baudelaire über die Moderne in Kategorien denkt, die üblicherweise auch auf die Mode bezogen werden: sie ist vergänglich, flüchtig, prinzipiell wandelbar, und sie ist eine Art Kostüm, das sogar den Körper, das Lächeln und die Gestik umfasst. Dass ‚Moderne' und ‚Mode' miteinander viel zu tun haben, wissen wir seit Georg Simmel, Siegfried Kracauer und Walter Benjamin, die die Einsichten des Pariser Dichters durch ihre eigenen theoretischen Entwürfe zur Moderne und Mode begründeten. Die Mode stellt sowohl ein soziales wie auch ein ästhetisches Phänomen dar. Ich möchte hier allerdings

---

205 Charles Baudelaire: Die Moderne, in: derselbe: Ausgewählte Werke, hg. von Franz Blei, München, ohne Jahr, S. 168. Zitiert nach: Silvia Bovenschen: Über die Listen der Mode, in: dieselbe: Die Listen der Mode, Frankfurt am Main 1986, S. 10-30, hier S. 23.

eine Lesart versuchen, die nicht vor allem eine Lesart des Phänomens Mode als einer Art Ästhetik der Kleidung sein soll, sondern die Lektüre von Georg Simmels Essay zur Mode.[206] Die Dimension des Ästhetischen, die wir in seinen Betrachtungen über die Mode beobachten können, ist nicht einfach die übliche, dass die Mode der Stilisierung oder Verschönerung des Menschen diene. Das Originelle an seinen Essays zur Mode besteht darin, dass er die jeweiligen konkreten Inhalte außer acht lässt, d.h. das, was zu einem gewissen Augenblick gerade ‚in Mode' ist und was die möglichen Hintergründe für die Popularität gewisser Dinge sein könnten. Er will auch nicht zeigen, welchen Bezug die Mode zum je Einzelnen und welchen Einfluss sie auf das konkrete Individuum hat. Statt dessen fragt er nach der Form der Erscheinung Mode, also nach der Art und Weise, in der diese funktioniert. Phänomene wie Mode, Schmuck und auch die Geselligkeit funktionieren nämlich nach den Prinzipien des parergonal Ästhetischen. Der Interpretation des Mode-Essays soll durch die Lektüre des Aufsatzes, den Simmel über den Schmuck verfasste, eingeleitet werden. In Simmels Perspektive gehört nämlich der Schmuck nicht zur Mode, sondern die Mode als solche ist in erweiterter Bedeutung Schmuck. Im Schmuck, und vor allem in seinem Glänzen, kommt das Wesen der Mode am reinsten zum Ausdruck.

Die Prinzipien des Dekorativen sind: Gefüge, Relation, Bezug-Nehmen auf etwas anderes, anstelle des autonomen Selbstbezugs, der traditionellerweise Kunstwerken zugeschrieben wird. Das Ziel dieses Kapitels ist zu zeigen, wie

---

206 Simmel beschäftigt sich mit dem Phänomen Mode mindestens seit 1895. Im Oktober jenes Jahres erscheint in „Die Zeit. Wiener Wochenschrift für Politik, Volkswirtschaft, Wissenschaft und Kunst" der Aufsatz „Zur Psychologie der Mode. Sociologische Studie". Im Februar 1908 veröffentlicht er den kurzen Aufsatz „Die Frau und die Mode" in „Das Magazin. Monatszeitschrift für Literatur, Musik, Kunst und Kultur". 1906 lässt er die Monographie „Philosophie der Mode" erscheinen. Die beiden früheren Aufsätze zur Mode stellen Vorarbeiten zu dieser Monographie dar. Seine Gedanken kreisen um dieselben Probleme, er sucht sie immer wieder neu und besser auszudrücken. Wie den Titeln der Texte zu entnehmen ist, verschiebt sich allerdings der Schwerpunkt von der Betonung einer ‚Psychologie der Mode' zu einer ‚Philosophie der Mode'. Simmels spätester Essay zum Thema Mode befindet sich in der Sammlung „Philosophische Kultur. Gesammelte Essais", dessen erste Ausgabe 1911 erschien. Der Text dort heißt einfach „Die Mode" und ist der reifste (wenn nicht hinsichtlich der Länge, so dass hinsichtlich der gedanklichen Tiefe) unter allen. Er bricht nicht mit den vorhergehenden, vertieft aber und präzisiert viele Aspekte, vor allem die, welche vor dem Hintergrund der zeitgenössischen Untersuchungen zur Mode neu sind, während andere bekanntere Gesichtspunkte eingeschränkt werden. Diesen letzten Essay „Die Mode" interpretiere ich in diesem Kapitel.

Simmel in seiner Interpretation der Mode und der Geselligkeit eine ganz besondere Art zwischenmenschlicher Wirklichkeit zu beschreiben versucht. Im Unterschied zu Zweckverbänden, Gemeinden, Gemeinschaften und Gesellschaften sind Mode und Geselligkeit in Simmels Sicht nicht auf Erzielen gewisser Inhalte und auf konkrete Zwecke ausgerichtet. Es geht hier um die Vergesellschaftung als solche. Eine gründliche Interpretation von Simmels Essays zur Mode und Geselligkeit kann erweisen, dass in seiner Sicht die Gesellschaft weder als Basis für die Zivilisation, ohne die die Menschen Tiere geblieben wären, dient, noch braucht sie, um zu existieren, Ideologien, Massenvorstellungen und starke Führungspersonen, welche die Menschen angeblich erst integrieren und zusammenhalten. Vielmehr ist das Geschehen der Vergesellschaftung selbst etwas Primäres.

Es ist kein Zufall, dass gerade die ästhetisch gefärbten Formen der Vergesellschaftung auch diejenigen sind, welche den Individuen selbst zu eigen sind; man erkennt an ihnen, dass die Gesellschaft in ihrem Wesen nicht einfach ein größerer Zweckverband oder eine riesige Gemeinschaft von Menschen ist, die in Hinsicht auf ihre Herkunft und Heimat miteinander emotional verbunden sind, sondern es ist ein Spiel, in dem im Wesentlichen Rollen eingegangen und verlassen werden, nicht aber um des bloßen Wechsels willen. Das Wichtigste ist der Bezug auf den Anderen, der als solcher, wie auch das Ich, eine flimmernde und unfixierbare Größe voller Spannungen ist, deren Abenteuerpotenzial sich mit nichts anderem auf der Welt vergleichen lässt. Simmel greift somit bei dem Thema Mode und Schmuck einen Gesichtspunkt Nietzsches auf: den der Anerkennung der grundlegenden Bedeutung der individuellen Unterschiede.

2 Mode und Schmuck als Phänomene der Stilisierung

Schmuck und Mode lassen Züge erkennen, die Simmel dem Stil zuschrieb. Der Schmuck, dem Simmel den Essay „Psychologie des Schmuckes" gewidmet hatte und den er später als Exkurs in das Kapitel „Das Geheimnis und die geheime Gesellschaft" der ‚großen' „Soziologie" einbaute, müsse ‚Stil haben'[207],

---

207 Der Essay „Psychologie des Schmuckes" wurde in „Morgen. Wochenschrift für deutsche Kultur" 1908 veröffentlicht. Der in die „Soziologie" aufgenommene Exkurs über den Schmuck ist mit diesem Essay bis auf einige stilistische Korrekturen identisch. Zum Schmuck

d.h. er ist nicht individuell wie ein Kunstwerk, das zum einsamen Verweilen einlädt. Gerade weil der Schmuck das Individuum schmücken und erweitern soll, dürfe er selbst keine ‚Individualität' haben, also nicht an die Eigenschaften des eigentlichen Kunstwerks appellieren. Eine allzu individuelle Gestaltung des Schmuckes würde die Relation vernichten, die er als Parergon verkörpert: die Vermittlung zwischen Individuellem und Allgemeinem, denn der Schmuck symbolisiere eine Erweiterung des Individuellen um das was „(...) zu Allen hinstrebt und von allen aufgenommen und geschätzt wird (...)."[208] Aber auch eine zweite Relation würde verloren gehen, für die diese erste nur ein Mittel ist: die Relation zwischen dem Einzelnem und den Anderen, die mittels Unterschied, Neid und Anerkennung entsteht. Das Interesse am Stilisierten ist für Simmel im tiefsten Sinne mit dem Interesse an der Vergesellschaftung verbunden.

Die Unmodifizierbarkeit des Edelsteins und des Edelmetalls, die nach Simmel der ‚wesentliche' Schmuck sind, stellt die sichtbare symbolische Verkörperung des Allgemeinen dar. Das Allgemeine befindet sich beim Schmuck in der Rolle eines Zierats, welches die Aufmerksamkeit auf sich zieht, jedoch um nicht auf sich, sondern um auf das Individuum zu verweisen. Simmel nennt das Allgemeine in Bezug auf den Schmuck auch ‚das Abstrakte':

> Daß dieses fest in sich Geschlossene, durchaus auf keine Individualität Hinweisende, hart Unmodifizierbare des Steins und des Metalls nun dennoch gezwungen wird, der Persönlichkeit zu dienen – gerade dies ist der feinste Reiz des Schmuckes. Das eigentlich Elegante vermeidet die Zuspitzung auf die besondere Individualität, es legt immer eine Sphäre von Allgemeinem, Stilisiertem, sozusagen Abstraktem um den Menschen – was selbstverständlich nicht die Raffinements verhindert, mit der dies Allgemeine der Persönlichkeit verbunden wird.[209]

Im Gegensatz zum Kunstwerk, verbirgt das Stilisierte in sich nicht das Geheimnis der hinter ihm wirkenden inneren Kräfte des Schöpfers, sondern seine Struktur erinnert eher an die der Metonymie. Der Juwel lässt sich nicht als organischer Ausdruck der Persönlichkeit, welche ihn trägt, interpretieren; vielmehr wird das Allgemeine, also Anerkannte und Wertvolle des Juwels auf recht parergonale Art dem Individuum zugeordnet. Es dient ihm, aber hat in dem Indi-

---

und Stil siehe: Georg Simmel: Exkurs über den Schmuck, in Simmel: Das Geheimnis und die geheime Gesellschaft, in: Soziologie, a. a. O., S. 414-421, Zitat S. 418.
208 Ebenda.
209 Ebenda S. 417.

viduum nicht seinen ‚organischen Ursprung' als dessen Ausdruck. Das große Paradox des Schmuckes beruht darauf, dass der Stein – das Härteste und Steife – das Individuum (also das Einzigartige und Unwiederholbare) repräsentieren soll. Man könnte gegen dieses Verhältnis einwenden, es sei nahezu absurd, denn die Unmodifizierbarkeit des Steins, der bei jedem, welcher ihn trägt, dieselbe unveränderbare Form beibehält, widerspricht ja dem individuellen Unterschied zwischen den Menschen. Das Individuelle unterscheidet sich nach Simmel jedoch vom ‚Intimen'. Das Intime ist das rein Private; es gehört dem Alltag an und bedeutet das Nicht-Öffentlichkeitsfähige, wie abgetragene Kleider:

> Daß neue Kleider besonders elegant wirken, liegt daran, daß sie noch ‚steifer' sind, d.h. sich noch nicht allen Modifikationen des individuellen Körpers so unbedingt anschmiegen, wie längere Zeit getragene [Kleider], die schon von den besonderen Bewegungen des Trägers gezogen und geknifft sind und damit dessen Sonderart vollkommener verraten. Diese ‚Neuheit', diese Unmodifiziertheit nach der Individualität ist dem Metallschmuck im höchsten Maße eigen: er ist immer neu, er steht in kühler Unberührtheit über der Singularität und über dem Schicksale seines Trägers, was von der Kleidung keineswegs gilt. Ein lange getragenes Kleidungsstück ist wie mit dem Körper verwachsen, es hat eine Intimität, die dem Wesen der Eleganz durchaus widerstreitet. Denn die Eleganz ist etwas für die ‚Andern', ist ein sozialer Begriff (...).[210]

Was durch die Unmodifizierbarkeit des Steines getilgt wird, ist das Intime, und nicht das Individuelle. Das Individuelle zeichnet sich dagegen durch das Paradox aus, zugleich absolut singulär, wie auch als Wert anerkannt zu sein. Jeder möchte ja als Individuum gelten. Während das Private und Intime sich immer auf die konkrete Person bezieht und vor der Öffentlichkeit geschützt werden darf und soll, lässt sich das Individuelle von der Vergesellschaftung nicht trennen. Im Gegenteil, das Individuelle ist der reine Bezug zu den Anderen; es wäre ja unmöglich, auf einer einsamen Insel sich für einzigartig zu halten. Das Wesen des Schmuckes und somit der Mode wird deswegen am treffendsten durch ein Phänomen verkörpert, das keine Verkörperung sein kann: durch das Glänzen des Edelsteins. Für den Soziologen Simmel ist die Relation, die im Schmuck verkörpert wird, eine äußerst komplizierte, dynamische Wechselwirkung, die uns auch Einsicht darin gewährt, wie die Gesellschaft funktioniert. Diese Wechselwirkung findet jedoch keine feste Objektivierung, es sei denn, wir greifen auf ästhetische Kategorien zurück.

---

210 Ebenda.

2.1 Schmuck und Wahrnehmbarkeit

Die wichtigste Funktion des Schmucks und der Mode ist, wahrgenommen zu werden. Simmels Essays sind durchzogen von Metaphern, die die Wahrnehmbarkeit thematisieren. In dem relativ kurzen Schmuck-Exkurs aus der „Soziologie" gibt es besonders viele derartige Metaphern. Es scheint, dass das Glänzen und Funkeln des Metalls und des Juwels wichtiger sind als ihr Träger. sagt, der Schmuck verleihe der Persönlichkeit eine ‚Ausstrahlung' oder ein ‚Strahlen',[211] er spricht von der ‚Radioaktivität' des Menschen:

> Darum sind die glänzenden Metalle und die edeln Steine von jeher seine Substanz gewesen, sind im engeren Sinne ‚Schmuck', als die Kleidung und die Haartracht, die doch auch ‚schmücken'. Man kann von einer Radioaktivität des Menschen sprechen, um jeden liegt gleichsam eine größere oder kleinere Sphäre von ihm ausstrahlender Bedeutung, in die jeder andere, der mit ihm zu tun hat, eintaucht – eine Sphäre, zu der körperliche und seelische Elemente sich unentwirrbar vermischen (...).[212]

Man denkt sofort an den Bezug auf den Anderen: denn es gibt keine Wahrnehmbarkeit ohne den Blick des Anderen. Das Glänzen des Schmuckes ist bedeutungslos, wenn es nicht in die Augen des Anderen fällt. Es ist nur für diese fremden Augen bestimmt. Das Glänzen gäbe es allerdings auch nicht, wenn es nicht den Menschen gäbe, der den Schmuck trägt. Die Bedeutung des Schmucks liegt also nicht in dem Wert des Metalls oder des Edelsteins, sondern in der Relation, die sich an ihnen entzündet. Das Glänzen interessiert Simmel nicht als physische Eigenschaft des Stoffes, sondern als Verkörperung elementarer sozialer Beziehungen:

> (...) die Erhöhung des Ich dadurch, daß man für die Andern da ist, und des Daseins für die Andern dadurch, daß man sich selbst akzentuiert und erweitert (...) [D]er Schmuck [hat] eine ihm allein eigne Synthese in der Form des Ästhetischen geschaffen; indem diese Form an und für sich über dem Gegensatz der einzelnen menschlichen Bestrebungen steht, finden sie in ihr nicht nur ein ungestörtes Nebeneinander, sondern jenen wechselseitigen Aufbau, der als die Ahnung und das Pfand ihrer tieferen metaphysischen Einheit über den Widerstreit ihrer Erscheinungen auswächst.[213]

Das Individuelle und das Allgemeine brauchen einander und beziehen sich auf-

---

211 Ebenda S. 415.
212 Ebenda S. 416.
213 Ebenda S. 421.

einander als zwei Pole derselben Wechselwirkung. Sie heben sich von dem ab, was Simmel ‚das Intime' nennt, und auch von dem, was die jeweilige Persönlichkeit in Hinsicht auf ihre Biographie ist. Die Ausstrahlung, welche der Schmuck verbreitet, fungiert als die Ausstrahlung der Persönlichkeit, obwohl sie ihr von außen her hinzugefügt ist: sie wurzelt in der allgemeinen Vorstellung von dem, was gefällt, oder was gefallen kann, sie richtet sich auf die Blicke der Umgebung. Der Schmuck ist „(...) so eine Synthese des Habens und des Seins von Subjekten, mit ihm wird der bloße Besitz zu einer sinnlichen und nachdrücklichen Fühlbarkeit des Menschen selbst."[214] Und das leistet der Schmuck gerade deswegen, weil er im Grunde überflüssig ist.

Das Allgemeine, das im Schmuck an die Person 'angehängt' wird, lässt sich von ihr und ihrem Körper nicht trennen, denn „(...) wir sind sozusagen Herr über Weiteres und Vornehmeres, wenn wir über den geschmückten Körper verfügen."[215] Das, was ‚die soziale Bedeutung des Schmuckes' ist – das ‚Fürden-Anderen-Sein' – kehrt

> (...) als Erweiterung der Bedeutungssphäre des Subjekts zu diesem zurück (...). Die Radien dieses Kreises markieren zugleich die Distanz, die der Schmuck zwischen den Menschen stiftet: ich habe etwas, was du nicht hast – anderseits aber lassen sie den andern nicht nur teilnehmen, sondern sie glänzen gerade zu ihm hin, sie bestehen nur um seinetwillen.[216]

Dass Simmel den Schmuck-Essay in das Kapitel über das Geheimnis seiner „Soziologie" einbaute, hat einen tieferen Sinn.

3 Die beiden Triebe

In den Anfangspassagen des Mode-Essays[217] kommt Simmel auf die ‚ganze Geschichte der Gesellschaft' zu sprechen. Sie werde von zwei Tendenzen getragen, die er auch ‚Triebe' nennt: von dem Dualismus zwischen dem Willen zur Nachahmung einerseits und dem Streben nach Sich-Herausheben aus der Menge andererseits. Beide Bedürfnisse oszillieren zwischen den Polen von Kampf und

---

214 Ebenda S. 416.
215 Ebenda S. 421.
216 Ebenda S. 419.
217 Georg Simmel: Die Mode, in: Georg Simmel: Philosophische Kultur. Gesammelte Essais, GSG 14., Frankfurt/M 1996, S. 186-218.

Kompromiss; Simmel setzt sie als einander widerstrebend. Während die Nachahmung für die Entlastung des Einzelnen in seinem Lebensstil, Handeln und Denken steht, weil er einfach nach dem Überlieferten greifen kann, bedeutet die differenzierende Tendenz die Projektion des Individuums in die Zukunft, da sie Sehnsucht nach neuen Lebensformen weckt. Die beiden Triebe durchziehen – so Simmel – das ganze Leben der Gesellschaft; sie wollen befriedigt werden, treten allerdings als Antagonisten auf. Von hier aus bestimmt Simmel das Besondere der Mode. Sie stelle eine eigentümliche Befriedigungsstruktur dar: während es im Leben immer wieder zu einer ‚Kooperation' der beiden Tendenzen kommen muss und auch kommt – sonst würden keine gesellschaftlichen Institutionen funktionieren können –, schafft die Mode nicht einfach einen die Triebe ordnenden oder zähmenden Vertrag und zielt auch nicht auf eine einfache Versöhnung. Sie vermag, sowohl den Nachahmungstrieb wie auch den Trieb nach individueller Auszeichnung zu befriedigen; es handelt sich allerdings um eine Befriedigung auf ‚sozialem Umwege', was heißen will, dass die beiden Bestrebungen nicht direkt durchgesetzt werden können, sondern ihre Befriedigung hängt vom Bezug auf andere Menschen ab und es vollzieht sich auf dem Wege über die Wünsche der Anderen. Wie dies möglich ist, zeigt Simmel an der Struktur des ästhetischen Neides.

4 Die Sublimierung des Neids

Der Neid des Anderen ist es, worauf sich der sich nach der Mode Orientierende richtet, was er erwecken will, wenn auch dies nicht immer direkt artikuliert wird. Deswegen kann der Sich-Schmückende oder modisch Bekleidete nicht ertragen, wenn ein Anderer dasselbe trägt:

> Aus jener Tatsache nun, daß die Mode als solche eben noch nicht allgemein verbreitet sein kann, quillt für den einzelnen die Befriedigung, daß sie an ihm immerhin noch etwas Besonderes und Auffälliges darstellt, während er doch zugleich innerlich sich nicht nur von einer Gesamtheit getragen fühlt, die das Gleiche *tut*, sondern außerdem noch von einer, die nach dem Gleichen *strebt*.[218]

Der Neid des Anderen ist konstitutiv für den Willen zur eigenen Hervorhebung,

---

218 Ebenda S. 198. [Hervorhebung von Simmel]

also für die Konstruktion des Individuellen in der Mode. Simmel bezeichnet den Neid als ein besonders gefärbtes Verhältnis: „Zu dem, was man beneidet, ist man zugleich näher und ferner als zu demjenigen Gut, dessen Nicht-Besitz uns gleichgültig lässt."[219] In dem Schmuck-Text geht Simmel noch viel direkter auf das Gefallen und auf dessen reziproke und die ursprünglichen feindlichen Gefühle sublimierende Struktur ein. Er kehrt dabei das Prinzip des Nietzscheschen ‚Willens zur Macht' um:

> In dem Wunsche des Menschen, seiner Umgebung zu gefallen, verschlingen sich die Gegentendenzen, in deren Wechselspiel sich überhaupt das Verhältnis zwischen den Individuen vollzieht: eine Güte ist darin, ein Wunsch, dem Andern eine Freude zu sein; aber auch der andere: daß diese Freude und ‚Gefälligkeit' als Anerkennung und Schätzung auf uns zurückströme, unserer Persönlichkeit als ein Wert zugerechnet werde. Und so weit steigert sich dies Bedürfnis, daß es jener ersten Selbstlosigkeit des Gefallen-Wollens ganz widerspricht: durch eben dieses Gefallen will man sich vor andern auszeichnen, will der Gegenstand einer Aufmerksamkeit sein, die Andern nicht zuteil wird –bis zum Beneidetwerden hin. Hier wird das Gefallen zum Mittel des Willens zur Macht; (...).[220]

Der Drang nach ‚unmittelbarer Machtäußerung' bleibt aus, zugunsten der Vermittlung und der Wechselwirkung, denn „[m]an schmückt sich für sich und kann das nur, indem man sich für Andre schmückt."[221] Somit ist „(...) [d]er Schmuck (...) das schlechthin Egoistische, insofern er seinen Träger **heraus**hebt (...); und zugleich das Altruistische, da seine Erfreulichkeit eben diesen Andern gilt (...)"[222]:

> Wie allenthalben in der ästhetischen Gestaltung die Lebensrichtungen, die die Wirklichkeit fremd nebeneinander, oder feindlich gegen einander stellt, sich als innig verwandte enthüllen –so zeigt in den soziologischen Wechselwirkungen, diesem Kampfplatz des Fürsichseins und des Fürandreseins der Menschen, das ästhetische Gebilde des Schmuckes einen Punkt an, an dem diese beiden Gegenrichtungen wechselseitig als Zweck und Mittel auf einander angewiesen sind.[223]

Der Neidische besitzt nicht, aber es wäre falsch zu denken, dass der Beneidete ihm gegenüber im Besitz ist, denn die Reziprozität der Relation, in der er sich befindet, erlaubt ihm, sich selbst als Wert lediglich durch über den Neid des

---

219 Ebenda S. 199.
220 Simmel: Exkurs über den Schmuck, a. a. O., S. 414.
221 Ebenda S. 415.
222 Ebenda. [Hervorhebung von Simmel]
223 Ebenda.

Anderen zu besitzen. Es sieht so aus, als ob Simmel Sätze von Nietzsche aufgreifen würde um sie in ihr Gegenteil umzukehren, so lange, bis sich ihr Sinn wieder unerwartet Nietzsche nähert. So lesen wir bei Nietzsche: „Jedes Lebendige greift so weit um sich mit seiner Kraft, als es kann, und unterwirft sich das Schwächere (...)."[224] Zuerst mag es scheinen, der Schwächere sei der sich der Mode (im welchen Sinne auch immer) unterwirft. Dies stimmt nach Simmel aber nicht ganz. Es handelt sich auch nicht um eine ‚maskierte Art des Willens zur Macht', die auf ‚Schleichwegen' zum Herzen des Anderen vorzudringen sucht, um sich dessen hinterlistig zu bemächtigen.[225] Die Art von Wechselwirkung, die im ästhetischen Neid auf das Individuelle beruht, das den Anderen schmückt und wahrnehmbar wird, schließt das Kämpferische und die Konkurrenz nicht aus, auch nicht ein Spiel von Macht und Unterwerfung, aber sie werden zu einem Tauschverhältnis, das sich nicht auf die Unterdrückung der einen Seite durch die andere zurückführen lässt. Die Mode schafft dadurch eine gewisse prinzipielle Gleichheit, dass der Neidische zugleich als der Urteilende angesprochen wird, und zwar als der ästhetisch Urteilende. Will er sich der Situation angemessen verhalten, muss er beweisen, dass er sich an der Erscheinung erfreuen kann und auf den direkten Besitz des Objekts zu verzichten imstande ist.[226] So kann die Wechselwirkung, welche die Mode verkörpert, nicht als einfaches Unterordnungsschema oder Rangordnungsschema verstanden werden. Der, der beneidet, ist zwar der auf den ersten Blick der Benachteiligte,

---

224 Friedrich Nietzsche: Der Wille zur Macht. Versuch einer Umwertung aller Werte, Stuttgart 1996, S. 512.
225 Ebenda S. 515.
226 Der Aufschub des Besitzes stellt die Genese des Wertes in Simmels „Philosophie des Geldes" dar. Charakteristischerweise wurzelt für Simmel der Ursprung des Wertes im ästhetischen Verzicht auf das Objekt. Vergleiche hierzu etwa die Äußerung: „Wir begehren die Dinge erst jenseits ihrer unbedingten Hingabe an unseren Gebrauch und Genuß, d.h. indem sie eben diesem irgendeinen Widerstand entgegensetzen; der Inhalt wird Gegenstand, sobald er uns entgegensteht, und zwar nicht nur in seiner empfundenen Undurchdringlichkeit, sondern in der Distanz des Nochnichtgenießens, deren subjektive Seite das Begehren ist. Wie Kant einmal sagt: die Möglichkeit der Erfahrung ist die Möglichkeit der Gegenstände der Erfahrung – weil Erfahrungen machen, heißt: daß unser Bewußtsein die Sinnesempfindungen zu Gegenständen bildet - so ist die Möglichkeit des Begehrens die Möglichkeit der Gegenstande des Begehrens. Das so zustande gekommene Objekt, charakterisiert durch den Abstand vom Subjekt, der dessen Begehrung ebenso feststellt wie zu überwinden sucht – heißt uns ein Wert." (Georg Simmel: Philosophie des Geldes, in: GSG 6, Frankfurt/M 1989, S. 34. Hervorhebung im Zitat von Simmel.) Die berühmteste ‚Fassung' eines solchen Aufschubskonzepts ist bei Sigmund Freud zu finden.

aber es ist gerade der Beneidete, der sich dem Urteil des anderen unterordnen muss, wenn er sich selbst aufwerten und ‚besitzen' will. Der Neid wird in eine Urteilsform verwandelt, der Beneidende hat dadurch etwas von einer ‚Teilhabe' an dem Beneideten, denn insofern er urteilt, besitzt er ihn auf gewisse Weise, allerdings nicht ohne Einwilligung des Beneideten, dessen ‚Machtabsichten' ihrerseits in dem Wunsch, zu gefallen sublimiert werden. Man könnte sagen, dass hier beide Seiten Besitz und Unterwerfung spielen, und dies auf eine Weise, dass sich beide zugleich in beide Rollen versetzen können. Natürlich müssen beide Seiten sich der Natur dieser Wechselwirkung bewusst sein. Daher ergibt sich die besondere, ästhetisch gefärbte Art des Neides. Simmel spricht von dessen ‚versöhnlichen Färbung':

> Damit kann der Neid ein leises Sich-Bemächtigen des beneideten Gegenstandes enthalten (wie ein solches das Glück der unglücklichen Liebe ist) und damit eine Art Gegengift, das manchmal die schlimmsten Ausartungen des Neidgefühles verhindert.[227]

Simmel kann somit den Neid ein ‚Gefüge' nennen. In seiner durch die ästhetische Färbung sublimierten Gestalt schafft der Neid eine besondere Art von Beziehungen zwischen den Subjekten, in der die beiden Seiten zugleich durch Nicht-Besitz gekennzeichnet sind, der sich nur dann in Besitz verwandeln lässt, wenn auf ihn freiwillig verzichtet und der Andere angesprochen wird. Das Sich-Bemächtigen des Anderen kann nicht erzwungen werden; Anerkennung finden in den Augen des Anderen ist ein Glücksfall.

5 Simmel, Nietzsche und der Unterschied

Das Thema der Differenz und der Sehnsucht nach dem Unterschied, der den Wert und die Bedeutung eines Rangunterschiedes hat, ist ein nietzscheanisches. Die herrschende Tendenz der Gesellschaft ist in Nietzsches Sicht auf Nivellierung der Rangunterschiede und somit des Individualismus ausgerichtet, die Gesellschaft konstituiert sich als individuumsfeindlich, indem sie ausnahmefeindlich ist: „‚Heerde', ‚Masse' ‚Gesellschaft' verlernt die Bescheidenheit und baut ihre Bedürfnisse zu *kosmischen und metaphysischen* Werthen auf. Dadurch wird das ganze Dasein *vulgarisiert*: insofern nämlich die *Masse* herrscht, tyran-

---

[227] Simmel: Die Mode, a. a. O., S. 199.

nisiert sie die *Ausnahmen*, so daß diese den Glauben an sich verlieren (...)."[228] Im Namen der Ausnahme plädiert Nietzsche für radikale Differenz: eine solche, die mit einem Bezug nichts mehr zu tun hätte, denn der Bezug schafft Abhängigkeit und produziert Metaphysik als Begriffe und Werte, durch die Stabilität des Bezuges erreicht wird. Der große Mensch darf beispielsweise nicht einmal Führer der Masse sein, sofort muss er zum indirekt Geführten werden. Im Herbst 1887 notiert Nietzsche: „Die Nothwendigkeit für eine *Kluftaufreißung, Distanz, Rangordnung* (...)"[229] und „*Hauptgesichtspunkt*: *Distanzen aufreißen*, aber *keine Gegensätze schaffen.*"[230] In dem Sinne ist Nietzsches Ausgangspunkt dem simmelschen entgegengesetzt. Dieser will den ursprünglichen Nicht-Bezug und die ursprüngliche absolute, nicht relativierte Rangordnung, er plädiert für das Anti-Gefüge, um auf die Ausnahmen nicht verzichten zu müssen.

Nietzsche hegte auch großes Misstrauen gegenüber der Soziologie. Im Frühjahr 1888 notierte er hierzu: „Unsere ganze Sociologie kennt gar keinen anderen Instinkt als den der Heerde, d. h. der *summierten Nullen*... wo jede Null ‚gleiche Rechte' hat, wo es tugendhaft ist, Null zu sein..."[231] Der ‚sociale Instinkt' ist ‚die Heerde'[232] Die Anmerkung in Simmels Schmuck-Essay, in der Simmel den Gefüge-Charakter des ästhetischen Wertes betont und das Gefallen doch einen ‚Willen zur Mach' nennt, kann man als indirekte Polemik mit Nietzsche lesen, die zugleich eine Fortsetzung der Nietzscheschen Aufwertung des Unterschieds sein soll. Das Ästhetische erlaubt es, den Bezug mit der Differenz zu verbinden.

6 Andere Theoretiker der Mode

6.1 Theodor Vischer: zurück zur Tracht

Simmels Zeitgenossen gehen in ihrer Reflexion über die Mode anders vor, selbst wenn es auf den ersten Blick Ähnlichkeiten zwischen ihren Texten und

---

228 Friedrich Nietzsche: Sämtliche Werke. Kritische Studienausgabe in 15 Einzelbänden, hg. von Giorgio Colli und Giacomo Montinari, Berlin 1999, Bd. 12., S. 358.
229 Ebenda S. 427.
230 Ebenda S. 494.
231 Ebenda Bd. 13., S. 238.
232 Ebenda Bd. 12., S. 355.

denen Simmels gibt. Auf die Fähigkeit der Mode, den raschen Wandel und Wechsel zu symbolisieren und damit den Zeitgeist zu verkörpern, sowie auf den kommerziellen Aspekt der Mode verweisen Ende des 19. und Anfang des 20. Jahrhunderts Theodor Vischer und Werner Sombart. Auch das Motiv der besonderen Verwandtschaft zwischen der Frau und der Mode gehört zu den common places dieser Reflexionen; meistens liegt ihr Schwerpunkt jedoch auf der Kritik. Die Übertreibungen und Narrheiten der Mode, denen die Frauen in einem viel größeren Ausmaß als die Männer zu folgen scheinen, werden verspottet. Eine Tiefenstruktur, wie sie Simmels Text verbirgt, lässt sich den Analysen von Vischer und Sombart nicht abgewinnen. Theodor Vischer, der 1879 zu diesem Thema das Buch „Mode und Zynismus" herausgibt, kommt sofort auf die Frau zu sprechen.[233] Die Mode ist in erster Linie Frauenmode. Die Männermode betrachtet er eher als marginal und von der Frauenmode abgeleitet. Was an Vischers Aufsatz sofort auffällt, ist der stete Bezug auf den Frauenkörper. Dass die Mode in erster Linie ein Frauenphänomen ist, hat nach Vischer seinen Grund in der Natur. Als die passive Seite darf die Frau nur indirekt um den Mann werben, nämlich indem sie sich modisch kleidet und so Aufmerksamkeit auf sich zieht. Die Mode erweist sich als ein Phänomen, das der natürlichen wie auch der sittlichen Ordnung, die eine männlich bestimmte ist, entspringt:

> Das Weib – will hier sagen, das Mädchen – ist in einer übeln Lage, das muß man billig bedenken. Sie will einen Mann, das ist doch wahrhaftig in Ordnung, ist Naturordnung und sittliche Ordnung. Werben darf sie nicht. Sie muß sich finden lassen. Ob einer, ob der rechte sie findet, wer kann es wissen?[234]

Die Funktion der Kleidung, insofern sie nicht nur bloß Schutz vor schlechtem Wetter sein soll, ist durch den ‚Partnerfang' bestimmt. Die Frauen konkurrieren untereinander um Erfolg, und so kommt es zu Übertreibung und zu Modenarrheiten, die nur betrieben werden um zu überbieten und mit der Schönheit nichts mehr gemeinsam haben. Eine dieser Ausartungen, die Vischer, der überraschend gut über alle Einzelheiten der modernen Männer- und Frauenkleidung informiert ist, scharf zu verspotten weiß, ist die Betonung des Körperlichen und der Ge-

---

233 Friedrich Theodor Vischer: Mode und Zynismus. Beiträge zur Kenntnis unserer Kulturformen und Sittenbegriffe, Stuttgart 1879. Jetzt auch abgedruckt als: Theodor Vischer, Mode und Zynismus, in: Silvia Bovenschen (Hg.), Die Listen der Mode, Frankfurt/M 1986, S. 33-79. Hier zitiert nach dem Sammelband von Bovenschen.
234 Ebenda S. 45.

schlechtsmerkmale, wie etwa der runden Körperformen. Meistens geschieht es ungeachtet von Mängeln:

> Das Kleid wird quer über den Leib geschnitten und spannt über – da haben's wir gleich! Wie wäre das zierlich auszudrücken? Sollen wir sagen: über die gewölbte Plastik des Mittelkörpers? (...) Es ist keine Schande, dick zu sein; wir sind keine Spartaner mehr, die einen dick gewordenen Mitbürger verbannten, aber wenn eine Dame diesen Umstand so *akzentuiert*, wie es durch den jetzigen Kleidschnitt geschieht, darf sie sich über das derbe Wort nicht beschweren.[235]

Aber auch für junge und makellos gebaute Frauen ziemt es sich nicht, den Körper nach der jüngsten Mode allzu sehr zu enthüllen oder zu betonen, denn auf diese Weise wird er fremden Männerblicken zur Schau gestellt, was bereits Konsum und symbolischen Verlust der Jungfräulichkeit bedeutet:

> Offener Busen und Rücken ist allerdings jetzt in den Ballsaal und die Festabendräume verwiesen (...). Das Weib darf sich freuen, durch den vergönnten Anblick des Naturkunstwerks ihrer Gestalt zu beglücken. Aber *wen*? Jedermann? Auf einem Ball und auch im Festsaal der ausgewähltesten Gesellschaft ist jeder Jedermann, den ich hier meine, sie sind *da*, die jungen und älteren Herren, die nicht mit reinem Bildhauerauge, sondern mit innerem (und im Hintergrund auch mit äußerem) Bocksgemecker Ihre enthüllten Reize sehen, meine holde Sylphide! (...) Sie hängen aus wie den Wecken auf dem Laden das, womit Sie doch billig nur den einen beglücken sollten, der Sie liebt und den Sie lieben; sind Sie so unschuldig, daß Ihr künftiger Bräutigam Sie nicht dauert, wenn er in der Brautnacht denken muß: o, ein gut Stück davon hat mancher Ladenschwengel und vornehme Schwenkfelder auch schon gesehen (...).[236]

Vischer erblickt also keinen Bezug zwischen Mode und Individualität. Wenn die Kleidung Aufmerksamkeit erwecken soll, verweist sie auf den Menschen (vor allem auf die Frau) als Geschlechtswesen und nicht auf das Individuum in seiner Andersheit. Einen Zusammenhang zwischen der modernen Mode und der Wirtschaft sieht Vischer nicht. Mode ist für ihn als solche eine Frau, nämlich die ‚Schwester' der Tracht:[237]

---

235 Ebenda S. 36-37.
236 Ebenda S. 39.
237 Auch von der Begriffsgeschichte her gesehen, scheint die Mode als eine Frau geboren zu sein. Das französische weibliche Substantiv ‚la mode' stammt von dem männlichen ‚le mode', welches Wort wiederum von dem lateinischen ‚modus' abstammt und die Seinsweise und Art, in der etwas existiert, bezeichnet. Im Vergleich zur essentia, zum Absoluten, war ‚modus' im Mittelalter das Relative und Vergängliche, bloß im der Zeit Existierende. Seit dem 17. Jahrhundert, bedeutete der abgeleitete Begriff ‚la mode' den wandelnden Schnitt der Kleidung. (Vgl. Elena Esposito: Die Verbindlichkeit des Vorübergehenden: Paradoxien der Mode,

> Die Mode ist nur die jüngere, ausgelassene, quecksilbrige, grenzenlos eitle, Stände und Nationen herrisch über einen Kamm scherende und doch mit allen Hunden der Neuerungssucht gehetzte Schwester der Tracht.[238]

Die Tracht stellt für Vischer die ursprünglichere, natürlichere Form von Mode dar. Sie erfüllt dieselbe Funktion, zu schmücken, wie diese, tut es aber auf bessere Weise, weil sie nicht übertreibt und den richtigen, man könnte hinzufügen: auf Schillersche Weise dem ‚naiven' Geschmack anspricht. Die Tracht ist konservativer, sie sei aber gegenwärtig aufs Land verbannt, wo sie langsam auch untergehen wird, weil die moderne Welt eine Welt ist, in der sich die Völker miteinander austauschen und vermischen. Nach Vischers Ansicht ist die Tracht individueller als die Mode, weil sie ursprünglich regional gebunden ist. In der modernen Welt guckt man sich gegenseitig alles ab, um möglichst aufzufallen. Man wird in einem immer größeren Tempo mit dem Neuen konfrontiert und lebt schnell. Was zähle, ist das Auffällige, nicht mehr das Schöne:

> Es ist ein schrecklich wahrer Satz: das Interesse der Kultur und das Interesse des Schönen, wenn man darunter das unmittelbar Schöne im Leben versteht, sie liegen im Krieg miteinander und jeder Fortschritt der Kultur ist ein tödlicher Tritt auf Blumen, die im Boden des naiv Schönen erblüht sind. (...) Die Mode ist nivellierend, Völker wie Individuen eingleichend. Sie ist allgemein, sie spricht den *Kontakt* der Völker und sie drückt, unter vielen widersprechenden Ausweichungen zwar, doch im wesentlichen aus, was den neuen Kulturvölkern gemeinsam ist. Das Gemeinsame ist vor allem: rasche Beweglichkeit, Kürze aller Bewegungen.[239]

Es gibt keine Möglichkeit, diesen Gang der Dinge zu verhindern, jedoch solle sich die Menschheit besinnen und zumindest vernünftiger in Sachen Mode vorgehen. Die Tracht, das Ungekünstelte und Unübertriebene, stellt für Vischer das Vorbild dar, nach dem sich vor allem die Frauen kleiden sollten. Er plädiert für Geschmack in der Mode und sucht dessen Muster in der schönen Kunst. Am Ende seines Büchleins schlägt Vischer halb ernst, halb scherzhaft vor, die Künstler sollten einmal den Schnitt des neuen Frauenkleides entwerfen und dann würden sich die Frauen der jeweiligen Stadt zusammentun, um sich mit ihren männlichen Beschützern zu ihren Schneiderinnen zu begeben. Die

---

Frankfurt/M 2004, S. 53. Espositos Buch basiert vor allem auf den theoretischen Befunden von Niklas Luhmann. Simmel wird nur am Rande erwähnt, obwohl in seinem Essay die Kerngedanken der heutigen Theorien der Mode bereits präsent sind.)
238 Vischer: Mode und Zynismus, a. a. O., S. 60.
239 Ebenda S. 61-62. [Hervorhebung von Vischer]

Schneiderinnen, von den bewaffneten Männern unter Lebensgefahr ausgesetzt, werden nach den ihnen vorgelegten Mustern, an ländliche Trachten anknüpfend, Kleider anfertigen, in denen sich dann die Frauen an einem Tag gleichzeitig in der Stadt zeigen sollen, um auf diese Weise die bessere Mode durchzusetzen.

6.2 Eduard Fuchs oder Frauen, Mode und Klassenbewusstsein

1906 geht Eduard Fuchs auf die Mode ein. Auch er sieht in der Mode vor allem ein Attribut der Frau. Die natürliche Grundlage des Phänomens Mode ist bei ihm noch ausgeprägter als bei Vischer; der direkte Bezug auf den Paarungsinstinkt erscheint bei Fuchs bereits am Anfang des Textes, um die Genese und das Wesen der Mode zu erklären. Die Mode bedeutet etwas mehr als einfach Körperbedeckung: sie ist nämlich da, um den Willen, den (Frauen)Körper zu zieren. Die Bedürfnis nach dieser Verzierung gründe in der Natur, nicht in der Gesellschaft:

> Der oberste oder, noch richtiger gesagt, der fast ausschließliche Zweck der dekorativen Ausgestaltung der Bekleidung der Frau ist die pointierte Herausarbeitung der erotischen Reizwirkungen des weiblichen Körpers. (...) Gewiß ist auch die Kleidung des Mannes ein erotisches Problem, aber sie ist das in wesentlich weniger pointierter Weise als bei der Frau, und zwar infolge der aktiven Rolle des Mannes im Geschlechtsleben. Aus der Tatsache, daß auch hier die aktive und die passive Rolle im Geschlechtsleben entscheidenden Einfluß haben, ergibt sich aber ein zweites, nämlich der für die allgemeine Beurteilung wichtigste Satz: daß die Entwicklung der Kleidung zu einem erotischen Problem an sich keine Verirrung darstellt, sondern das natürliche Produkt eines immanenten Naturgesetzes ist.[240]

Die Mode stellt hier direkte Verlängerung des Triebes dar, der mit der Gesellschaft nichts zu tun hat. Sie bilde den Körper ab, betone die Körpermerkmale, die nach Fuchs den jeweils typischen Rassenmerkmalen, die regional als schön gelten, entsprechen. Fuchs kommt auch auf die Tracht zu sprechen. Von der Tracht unterscheidet sich die Mode darin, dass sie steten Wechsel voraussetzt.[241] Die Standes- und Klassenordnung der Gesellschaft kurbelt diesen raschen Wan-

---

240 Eduard Fuchs: Ich bin der Herr dein Gott!, in: Eduard Fuchs: Die Frau in der Karikatur. Sozialgeschichte der Frau, München 1906, S. 263-280. Jetzt auch abgedruckt als: Eduard Fuchs: Ich bin der Herr dein Gott!, in: Bovenschen (Hg.): Die Listen der Mode, a. a. O., S. 156-178. Zitat nach dem Bovenschen-Sammelband, S. 156
241 Ebenda S. 166.

del an, denn die niedriger Gestellten wollen die höher Gestellten und Reicheren nachahmen, was sie sich auch immer öfter leisten können. Die ‚Eliten' trachten ihrerseits danach, sich von den Massen zu unterscheiden. Die Mode scheint den Zwecken der Frau zu dienen, aber in Wirklichkeit wird die Frau immer stärker von der Mode abhängig. Die kapitalistische Gesellschaftsordnung unterhält die Verwickelung der Frau in die sie versklavende Mode, weil sie ihre Existenz vom Erfolg auf dem Heiratsmarkt abhängig macht. Auf diese Weise unterstützt die Klassengesellschaft die angeblich in der Natur gründende Passivität der Frau:

> Weil die Mode das wichtigste und erfolgreichste Hilfsmittel in dem weiblichen Existenzkampfe ist, darum mußte sie zum untertänigsten Sklaven der Interessen der Frau werden und selbst der geringsten Regung folgen. Freilich aber zu einem Sklaven, der sich nach echter Sklavenart rächen darf, indem er sich gleichzeitig zum barbarischen Gebieter über alle Frauen emporschwingt, diktatorisch seine Gesetze erläßt (...).[242]

6.3 Werner Sombart: Mode und die moderne Wirtschaft

Werner Sombart hat sich in „Wirtschaft und Mode. Ein Beitrag zur Theorie der modernen Bedarfsgestaltung"[243] als einer der ersten Theoretiker mit der Mode als einem Wirtschaftsphänomen auseinandergesetzt. Er verweist in seinem Aufsatz auf Vischers Buch und auf Simmels Mode-Essay (auf die Fassung von 1895). Es handelt sich um einen Gegenentwurf zu diesen beiden. Simmel psychologisiere allzu sehr, um den wirtschaftlichen Aspekt der Mode zu würdigen, wenngleich seine Analysen hervorragend seien. Vischer behaupte, die moderne Mode sei auf die Zuspitzung der Reflexion zurückzuführen (um die Formulierung aus dem Titel von Vischers Buch aufzugreifen: auf den Zynismus – M.T.). Keiner analysiere allerdings die Mode als modernes Konsumphänomen. Die hoch entwickelte Wirtschaft kennt die neuen Kundenmassen, die sich Gegenstände leisten können, die einst nur den Oberschichten der Gesellschaft zugänglich waren. Der erhöhte Bedarf an vielen Artikeln verursacht deren massenhafte Produktion. Wir haben es mit einer steigenden Kollektivierung des Konsums und einer Urbanisierung des Bedarfs zu tun. Die Mode antwortet zugleich auf

---

242 Ebenda S. 178.
243 Erschienen 1902 in Wiesbaden.

den erhöhten Konsumbedarf, denn sie wird von den großen Schneidereien der Modeunternehmen kreiert und massenweise verkauft, sie verbreitet gleiche Muster für den Massenkonsum, andererseits antwortet sie auf den Bedarf, indem sie stets Neues auf den Markt bringt, um Kundschaft zu gewinnen. Sie führt ein Element der Differenzierung in die große Vereinheitlichung der Warenproduktion ein, zugleich lässt sie sich aber von individueller Phantasie kaum beeinflussen, obwohl sie sich als individuellen Geschmack ausgibt. Auch die berühmten Pariser Schneider benutzen Stoffe und Artikel, die ihnen der Markt bietet: die von ihnen entworfenen Muster werden in vielen Exemplaren vervielfacht und verkauft. Man könnte Sombarts Betrachtungen zusammenfassen: obwohl der Kunde eine Wahl zu haben scheint, passt er sich mit jeder Wahl an den Markt an:

> Was nämlich als entscheidende Tatsache aus dem Studium des Modebildungsprozesses sich ergibt, ist die Wahrnehmung, daß die Mitwirkung des Konsumenten dabei auf ein Minimum beschränkt bleibt, daß vielmehr durchaus die treibende Kraft bei der Schaffung der modernen Mode der kapitalistische Unternehmer ist.[244]

6.4 Die Mode zwischen Sittengeschichte und Ethnographie

Weder Theodor Vischer, noch Eduard Fuchs und Werner Sombart interessieren sich für die Mode als Vergesellschaftungsphänomen im Simmelschen Sinne. In ihrer Kritik der Modenarrheiten verbleiben sie, insbesondere Vischer, einer langen Tradition verhaftet, die bereits im 16. Und 17. Jahrhundert, der Epoche der Entstehung und Verbreitung der modernen, rasch wechselnden Mode, einsetzt. Wie die Mode selbst, entwickelte sich eine scharfe Kritik an ihrer Oberflächlichkeit zuerst besonders in Frankreich. Im 17. Jahrhundert beschreibt Jean de La Bruyère die billige Abhängigkeit von der Mode und deren Unbeständigkeit. Man kritisierte die ‚Modenarrheiten', denen die Menschen ungeachtet ihrer Natur als Vernunftwesen blind folgen, um der Mode Willen. Kritik an der Mode, die alles beliebig regelt, so dass alles erlaubt sei, übten auch Blaise Pascal und Baltasar Gracián. In der deutschen Literatur kann etwa die bissige Satire

---

244 Werner Sombart: Wirtschaft und Mode. Ein Beitrag zur Theorie der modernen Bedarfsgestaltung, Wiesbaden 1902, inzwischen in: Bovenschen (Hg.): Die Listen der Mode, a. a. O., S. 80-105, Zitat nach Bovenschen, S. 99. [Hervorhebungen im Zitat von Sombart]

von Jean Paul „Einfältige aber gutgemeinte Biographie einer neuen angenehmen Frau von bloßem Holz, die ich längst erfunden und geheirathet"[245] als Beispiel der Verspottung der (französischen) Mode und der sich nach ihr besinnungslos richtenden Frauen dienen.[246]

Im 19. Jahrhundert werden die Wechsel der Mode von der Kontinuität der Kritik an ihr begleitet. Zugleich werden die Kleidung und der Schmuck Gegenstand der wissenschaftlichen Betrachtung in der Völkerkunde, Ethnologie und entstehenden Kulturgeschichte. Hier taucht sie bei der Beschreibung der Sitten exotischer Völker auf. Dergleichen wird in den Regionalstudien der einheimischen Tradition beobachtet, in Werken wie etwa das zweibändige „Die deutsche Trachten- und Modenwelt. Ein Beitrag zur deutschen Kulturgeschichte" von Jacob von Falke, das 1858 in Leipzig erschien. Eduard Fuchs hat in seinem Buch viele Karikaturen zusammengestellt, welche die lange Tradition der Kritik an den ‚Modenarrheiten' und dem ‚Modeteufel', wie auch von deren Zusammenhang mit der Kritik an der Modeabhängigkeit der Frauen einen Begriff geben. Der Barock mit seiner Vorliebe für die Maske, das Theatralische und Vergängliche hat die Attribute der Mode bereits aufgewertet; eine gewisse Anknüpfung an diese Symbolik findet sich in Simmels Essay in der „Philosophischen Kultur". In ähnlichen Sinne ist das „Lob der Schminke" von Charles Baudelaire gehalten und später die Ausführungen zur Mode in dem Passagen-Werk Walter Benjamins.

7 Die Mode und die sozialen Zwänge bei Simmel

Simmel ist dem den konformen Aspekt der Mode gegenüber keineswegs blind. Im Gegenteil, er versteht, dass sie oft als indirektes Mittel zur Erzwingung sozialen Gehorsams dient, indem sie den Wunsch nach Individuation auf harmlosen Wege zu kompensieren imstande ist. Die Mode,

---

245 Jean Paul: Einfältige aber gutgemeinte Biographie einer neuen angenehmen Frau von bloßem Holz, die ich längst erfunden und geheirathet, in: Jean Paul: Auswahl aus des Teufels Papieren (Jean Paul's Sämmtliche Werke, Bd. XVI.), Berlin 1826, S. 187-224. Die Satire erschien erstmals 1789 unter dem Pseudonym J.P.F. Hasus.
246 Vgl. hierzu das an Sekundärliteratur reiche Buch von Elena Esposito (Esposito: Die Verbindlichkeit des Vorübergehenden..., a. a. O., insbesondere die Kapitel 4. 5. und 6.)

(...) ergänzt die Unbedeutendheit der Person, ihre Unfähigkeit, rein aus sich heraus die Existenz zu individualisieren, durch die Zugehörigkeit zu einem durch eben die Mode charakterisierten, herausgehobenen, für das öffentliche Bewußtsein irgendwie zusammengehörigen Kreis. Auch hier wird freilich die Persönlichkeit als solche in ein allgemeines Schema eingefügt, allein dieses Schema hat selbst in sozialer Hinsicht eine individuelle Färbung und ersetzt so auf dem sozialen Umwege gerade das, was der Persönlichkeit auf rein individuellem Wege zu erreichen versagt ist.[247]

Dies erinnert an die Gründe, die Simmel auch zur Kritik am Phänomen der Stilisierung veranlassten. Die Nachahmung kann als Entlastung interpretiert werden, was besonders für schwache Persönlichkeiten attraktiv ist:

Der Reiz ist zunächst der, daß sie [die Mode – M.T.] uns ein zweckmäßiges und sinnvolles Tun auch da ermöglicht, wo nichts Persönliches und Schöpferisches auf den Plan tritt. (...) Sie gibt dem Individuum die Sicherheit, bei seinem Handeln nicht allein zu sein, sondern erhebt sich über den bisherigen Ausübungen derselben Tätigkeit wie auf einem festen Unterbau, der die jetzige von der Schwierigkeit, sich selbst zu tragen, entlastet.[248]

Simmel vergleicht den ‚festen Unterbau‘, den die Mode bietet, damit: wie bekommen wir einen solchen entlastenden ‚Unterbau‘, wenn wir imstande sind, unsere Einzelleistung einem Allgemeinbegriff einzuordnen. Einen besonderen Platz widmet Simmel den Frauen, die aufgrund ihrer langen sozialen und kulturellen Unterdrückung der Mode wegen ihrer kompensatorischen Leistung anhänglicher als Männer sein sollen:

Das Bedürfnis, sich auf diesem Gebiete individuell zu bewähren und eine Art von Ausgezeichnetheit zu gewinnen, bleibt [bei Männern – M.T.] aus, weil der hierin sich äußernde Trieb auf anderen Gebieten seine hinreichende Befriedigung gefunden hat.[249]

Die Hervorhebung der Kompensation in der Mode, die gegen Verzicht auf tatsächlich wirksames Handeln erkauft wird, bildet allerdings – und ein aufmerksamer Leser, welcher den Aufbau des Textes und seine Bildhaftigkeit nicht aus dem Auge verliert, wird es gleich bemerken – nicht den wesentlichen Rahmen, in dem Simmel die Mode interpretiert. Auch das besondere Auftauchen der Frauen (die im Schmuck-Essay noch präsenter sind) kann zumindest auf zwei Ebenen gelesen werden: zum ersten als treffender Hinweis auf den Zusammenhang zwischen den historisch eingeschränkten Freiheiten der Frauen und den

---

247 Simmel: Die Mode, a. a. O., S. 205.
248 Ebenda S. 187.
249 Ebenda S. 204.

Scheinfreiheiten der (kontrollierten) Mode, zum anderen aber kann man in der Frau die Figur sehen, die aufgrund ihrer geschichtlich bedingten tieferen Verwicklung in die sozialen Zweckreihen als Gefüge funktioniert. Das heißt, sie bezieht sich (oder besser: es wird von ihr gefordert) mehr als der Mann auf andere Menschen, um sich selbst zu akzentuieren; ihr Bereich ist die Vermittlung. Den Schmuck verbindet Simmel ursprünglich mit Frauen, zu deren Stellung in der Gesellschaft, besonders in einer frühen Gesellschaft, es gehöre, dass sie sich nicht mit physischer Gewalt Anerkennung erzwingen können, sondern dass sie auf die Anerkennung der Anderen warten müssen. Deswegen griffen die Frauen zum Ästhetischen und Dekorativen. Das erste Eigentum der Männer sei die Waffe, das der Frauen der Schmuck gewesen. Es wird hier vielleicht die Meinung Friedrich Schillers aufgenommen, der dem Sich-Schmücken eine kultivierende und sozialisierende Rolle zugeschrieben hatte. „Das Bedürfniß zu gefallen unterwirft den Mächtigen des Geschmackes zartem Gericht; die Lust kann er rauben, aber die Liebe muß eine Gabe seyn."[250] Norbert Elias begründet diese Meinung in dem zweiten Teil des Buches über den Prozess der Zivilisation, in dem er die zunehmende Rolle der Frau und das Ideal der Liebe an dem mittelalterlichen Hofe mit der Entstehung eines ästhetisierten Bereiches verbindet. Die Mitglieder der Kriegergesellschaft wurden durch dieses Ideal und diesen Bereich zur Verzicht auf Gewalt und zur Selbstbeherrschung gezwungen.[251]

Dass das traditionelle Frauenbild, wie es Simmel am Ende des 19. Jahrhunderts vorgefunden hatte, eine Erzählung vom vermittelten und auf Andere bezogenen Subjekt war, wird ihn als Denker der Moderne dazu veranlasst haben, sich für dieses Bild zu interessieren. Die Moderne –und unter diesem Aspekt ist sie keineswegs zu Ende – ist nämlich eine Gesellschaft von wachsenden Zweckreihen; eine ‚Kreditgesellschaft' um mit Simmel zu sprechen:

> In viel weiterem Umfange, als man es sich klar zu machen pflegt, ruht unsere moderne Existenz – von der Wirtschaft, die immer mehr Kreditwirtschaft wird, bis zum Wissenschaftsbetrieb, in dem die Mehrheit der Forscher unzählige, ihnen gar nicht nachprüfbare Resultate anderer verwenden muß – auf dem Glauben an die Ehrlichkeit des andern. Wir bauen unsere wichtigsten Entschlüsse auf ein kompliziertes System von Vorstellungen, deren Mehrzahl das Vertrauen, daß wir

---

250 Friedrich Schiller: Über die ästhetische Erziehung des Menschen in einer Reihe von Briefen, in: Friedrich Schiller: Werke in zwanzig Bänden, hg. von Otto Güntter, Weimar1962, Bd. XX, S. 309-412, Zitat S. 409.
251 Vgl. Norbert Elias: Über den Prozeß der Zivilisation, Bern 1969.

nicht betrogen sind, voraussetzt.[252]

Und dieses bedeutet lange Ketten von Vermittlungen und Bezügen, von Tausch und Abhängigkeit, die wir immer öfter eingehen. Von einer Freiheit als unbezogener, die anderen Menschen und die nahen und weiteren Folgen nicht berücksichtigenden Handlung kann immer weniger die Rede sein. Sich auf andere verlassen müssen, ist so allgegenwärtig, dass es kaum mehr wahrgenommen wird. Kaum einen Ausschnitt der ‚Wirklichkeit' kann ein Einzelner selbständig erkennen; in jeder Hinsicht wird er Informationen, Erfahrungen und Werkzeuge brauchen, die andere gesammelt und entwickelt haben. Kaum ein einziges Handeln kann bestehen, sich bewähren und auch durchgeführt werden, wenn es nicht die möglichen Reaktionen Anderer voraussetzt und vorauszusehen versucht, es die Anderen nicht berücksichtigt. Auch dies ist ein Aspekt der Wechselwirkung und es nimmt nicht Wunder, dass hier die Frau, als das auf Andere gerichtetes Wesen für Simmel mehr Perspektiven eröffnen musste als das traditionell anders besetzte Männerbild, das im Schmuck-Essay für die direkte Durchsetzung eigener Wünsche ohne Rücksicht auf die Umgebung, also für den symbolischen Waffengebrauch steht.

In der bisherigen Lektüre versuchte ich zu zeigen, dass Simmel als Philosoph der Moderne vor allem zum Dekorativen als einer Denkfigur zurückgreift und den das Dekorative diffamierenden Ruf des bloßen Beiwerks überwindet. Es ist mit der Frau nicht anders sein – insbesondere dass diese und ihr Schmuckbezug für Simmel eine Umdefinierung des Nietzscheschen ‚Willens zur Macht' erlauben; eine Umdefinierung, durch die das Prinzip des individuellen Unterschiedes vergesellschaftungsfähig wird.

Wie weit Simmel von der Interpretation der Mode als Verlängerung des biologischen Triebes entfernt ist, kann eine Passage bezeugen, in der mit dem Begriff des ‚Natürlichen' gespielt wird. Die Mode ist dem Menschen natürlich,

---

252 Simmel: Das Geheimnis..., a. a. O., S. 389. Aus dem genannten Grunde hält Simmel den Betrug und die Lüge nicht nur für moralisch schlecht, sondern unter den Bedingungen der modernen Gesellschaft für destruktiv. Wir lesen weiter in derselben Passage: „Dadurch wird die Lüge in modernen Verhältnissen zu etwas viel verheerenderem, die Grundlagen des Lebens viel mehr in Frage stellendem, als es früher der Fall war. Wenn die Lüge noch heute bei uns als eine so läßliche Sünde erschiene, wie bei den griechischen Göttern, den jüdischen Erzvätern oder den Südseeinsulanern, wenn nicht die äußerste Strenge es Moralgebotes davon abschreckte, so wäre der Aufbau des modernen Lebens schlechthin unmöglich, das in einem viel weiteren als dem ökonomischen Sinne ‚Kreditwirtschaft' ist." (Ebenda S. 389.)

weil ihm die Gesellschaft natürlich ist. Und deshalb kann die Mode der Natur gerade widersprechen. Und doch ist sie dem Menschen ‚natürlich':

> So kam durch eine Schwägerin Ludwigs des Vierzehnten, Elisabeth Charlotte von der Pfalz, die eine völlig maskuline Persönlichkeit war, an dem französischen Höfe die Mode auf, daß Frauen sich wie Männer benahmen und anreden ließen und Männer umgekehrt wie Frauen. (...) So wenig man sagen kann, daß alle Mode etwas Unnatürliches ist — schon deshalb nicht, weil die Lebensform der Mode selbst dem Menschen als gesellschaftlichem Wesen natürlich ist — so wird man umgekehrt doch von dem schlechthin Unnatürlichen sagen können, daß es wenigstens in der Form der Mode bestehen kann.[253]

Entstehen aber nicht selbst die beiden Triebe, von denen Simmel in Bezug auf die Mode spricht, der Trieb zur Nachahmung und der zum Unterschied, schon als solche auf sozialem Umwege? Es sind keine ‚wahren' Triebe, in der Art, in der vom Esstrieb oder Geschlechtstrieb gesprochen wird. Sie können keineswegs als in der animalischen Existenz des Menschen verwurzelt gelten, aus der sie in die gesellige Welt hereinbrächten. Das Tier hat keine Mode, es hat keinen Trieb, sich durch Gegenstände zu unterscheiden, folglich auch keinen, nachzuahmen, in dem Sinne, den Simmel meint. Die ‚Triebe' im Mode-Essay sind daher ein Paradox: etwas Unnatürliches, was dem Menschen als einem Sozialwesen doch natürlich ist.

8 Die Vernichtung des Sachlichen

Der ästhetische Neid ist eine Wechselwirkung, und die Besonderheit der Mode beruht darauf, dass er sich auf den Anderen nicht in erster Linie als Neid auf bestimmte Eigenschaften und Qualitäten, Besitz oder Charakterzüge desselben richtet, sondern beneidet wird die gesteigerte ‚Wahrnehmbarkeit' der Person. Was sie wahrnehmbar macht, kann sehr unterschiedlicher Art sein und von Fall zu Fall auch wechseln. Angestrebt wird der Besitz des schmückenden Wertes der Dinge oder Eigenschaften, weil sie die Person uns als etwas Besonderes sehen lassen: sie wird in den Augen Anderer zum Individuum: zum Unwiederholbaren, Singulären. Dass sich diese Attraktivität nicht mit der Substanz der Dinge, die den Beneideten schmücken, verbindet, wird durch die Erfahrung bestätigt. Wenn ein Mensch ungeachtet eigener Potenzen den Anderen nach-

---

253 Simmel: Die Mode, a. a. O., S. 217.

ahmt, hat das meistens (z. B. bei der Kleidung, aber auch bei Ideen oder Meinungen) den umgekehrten Effekt. Das Individuelle, das als Reiz der Mode entsteht, ist so unfassbar wie das Glänzen des Schmuckes und braucht des besonderen Augenblicks des Anderen: seiner Aufmerksamkeit, die erst dem Einzelnen bewusst macht, dass er sich unterscheidet.

Es ist natürlich möglich, dass eine Person durch die Kleidung, die sie trägt, sich als Mitglied einer gewissen Gruppe ausgeben möchte, sich mit der sozialen Anerkennung (oder im Gegenteil, mit der fehlenden Anerkennung, wie einige Jugendgruppen) schmückt. Die Quelle der Anerkennung ist immer allgemeiner Natur, wie Simmel bemerkt, und so folgt die Mode dem Stilprinzip: ohne die Umhüllung durch das Allgemeine wäre die Betonung der eigenen Einzigartigkeit gar nicht möglich, weil sie für die Umgebung nicht zu verstehen ist; denn einerseits werden Werte äußerst selten durch absolut individuelle Leistung hervorgebracht und andererseits, weil Einzigartigkeit im zwischenmenschlichen Gefüge ohne den Bezug auf das Allgemeine nicht möglich ist. Das Allgemeine bekommt jedoch in der charakteristischen Geste, mit der die Mode mit ihm umgeht, den Charakter des Zitats. Begriffe, Ideen und Stile, die sonst das menschliche Handeln strukturieren, es vorhersehbarer machen und es auf Zwecke und Ursachen festlegen und rationalisieren, verwandelt die Mode in Requisiten, die der Akzentuierung der Person dienen sollen.

Zur Mode kann etwas erst werden, so Simmel, wenn das jeweilige Ding, das modisch wird, seinen ‚sachlichen' Bezug verliert und eine „Gleichgültigkeit gegen die sachlichen Normen des Lebens" zeigt.[254] Wenn etwas Mode wird, vermuten wir, dass es die Gemüter nicht (mehr) völlig beherrscht, sondern entspannter gesehen wird. Dabei kann mit dem Ding experimentiert werden; es wird oft durch die Mode in andere Zusammenhänge gebracht als es bisher ‚die sachlichen Normen des Lebens' zuließen. Die eigentümliche und flüchtige, aber nicht leidenschaftslose Relation, die zwischen den Subjekten gestiftet wird und in der es um den Reiz des Individuellen geht, rückt gerade dadurch in den Vordergrund, dass der direkte Bezug der Verzierung auf die sachlichen Normen des Lebens im Ästhetischen aufgehoben wird.

---

254 Ebenda S. 190.

8.1 Das Prinzip des Wechsels

Es ist nicht diese oder jene besondere Kleidung, die für die individuelle Färbung des ‚Schemas Mode' verantwortlich ist. Diese liegt sowohl im Unterschied zu den Anderen, der erzeugt und aufrechterhalten werden soll, wie auch im Unterschied zu sich selbst. Das Gesetz der Mode ist der Wechsel, der für die Aufrechterhaltung der Differenz sorgt, wenngleich sie nur auf Kosten der jeweiligen Formen und Inhalte, die ‚in Mode' sind, aufrechterhalten werden kann. Das Prinzip des unaufhaltbaren Wandels lässt an den in die Form der Mode einkalkulierten Tod der geschichtlich verbundenen Formen denken:

> Irgendetwas sonst in gleicher Weise Neues und plötzlich Verbreitetes in der Praxis des Lebens wird man nicht als Mode bezeichnen, wenn man an seinen Weiterbestand und seine *sachliche* Begründetheit glaubt; nur der wird es so nennen, der von einem ebenso schnellen Verschwinden jener Erscheinung, wie ihr Kommen war, überzeugt ist.[255]

Die Individualität, die für den Blick des Anderen gestaltet und in einen Reiz verwandelt werden soll, darf sich nicht mit einem bestimmten Gehalt oder Begriff identifizieren. wären sie auch so vielseitig und klug wie nur möglich. Sie kommt in dem ewigen Mehr-als-das-Jeweilige zum Ausdruck. Sie schimmert hervor in dem Reiz der Grenze, des Kommens und Gehens, der zwar auf Kosten von den jeweiligen Lebensformen erreicht wird, dafür aber offenbart, dass sich das Individuelle durch keinen Begriff und durch keine etablierte Lebensform umfassen lässt.

Simmel versucht, den Wechsel der Mode, den er mit dem Tempo des modernen Lebens in Verbindung bringt, als Folge der Wahrnehmungsstruktur des Menschen zu erklären. Um wahrzunehmen, brauchen wir die Differenz der Reize, nicht den einen oder anderen Reiz als solchen. dem Mode-Essay heißt es: „Das spezifisch ‚ungeduldige' Tempo des modernen Lebens besagt nicht nur die Sehnsucht nach raschem Wechsel der qualitativen Inhalte des Lebens, sondern die Stärke des formalen Reizes der Grenze, des Anfang und Endes, Kommens und Gehens."[256] Die Mode hinterfragt die Grenzen, weil sie „auf der Wasserscheide zwischen Sein und Nichtsein" steht.[257] Die ‚Wasserscheide' zwischen

---

255 Ebenda S. 197. [Hervorhebung von Simmel]
256 Ebenda.
257 Ebenda.

Sein und Nichtsein lässt sich darin erkennen, dass die Gegensätze ihre Deutlichkeit verlieren; konkret, dass die ‚Vernichtung' des Vorhergehenden und das Platz-Machen für das Kommende sich gegenseitig zu einer Positivität ergänzen können:

> Die Lebensform gemäß der Mode gewinnt ihren Charakter in dem Vernichten je eines früheren Inhaltes und besitzt eine eigentümliche Einheitlichkeit, in der die Befriedigung des Zerstörungstriebes und des Triebes zu positiven Inhalten nicht mehr voneinander zu trennen sind.

Der Einzelne ist nicht einfach der Ort, an dem sich der Reiz des Allgemeinen, auch nicht in einem kurzen Aufblitzen eines Allgemeinen manifestiert. Die These Simmels, dass Mode immer Klassenmode ist, die meistens so verstanden wird, dass sich der Einzelne mit der Anerkennung, welche einer hochgestellten Gruppe entgegengebracht wird, schmückt, erscheint im Lichte des gesamten Essays viel komplizierter; am Ende scheint es sogar auf ein Hinterfragen von sozial Etabliertem hinauszugehen. Alles Etablierte, wenn es sich in den ästhetischen Bereich der Mode verirrt, tritt unter das Gesetz der Vergänglichkeit. Damit könnte man einen gewissen Widerspruch in Simmels Essay verbinden. Der Text beginnt mit der Behauptung, die Mode gehöre im eigentlichen den höheren Schichten der Gesellschaft an, später stellt Simmel jedoch fest, sie könne am besten in der Mittelschicht gedeihen, um plötzlich die Ansicht zu äußern, sehr oft bringen die ‚Demi-Monde' und das Paria-Milieu etwas in Mode, weil diese Form den ihnen eigenen Zug besitze, das Etablierte zu destruieren.

9 Die Gesellschaft ohne Totem

9.1 Emilè Durkheim: die Macht des Kollektiven

Emilè Durkheim, des wissenschaftlichen Kollegen und Briefpartners Simmels, wäre eine Beschäftigung mit der Mode abwegig. In „Werturteile und Wirklichkeitsurteile"[258] begründet er die sui generis gesellschaftliche Natur der Werte und erwähnt nur am Rande in einem Beispiel die Launen der Mode. „Offensichtlich liegt es nicht an der inneren Natur der Perle oder des Diamanten, der

---

258 Vortrag vor dem Congrès International de Philosophie in Bologna 1911, in demselben Jahr veröffentlicht in der Zeitschrift „Revue de Métaphysique et de Morale".

Pelze oder der Spitzen, daß der Wert dieser verschiedenen Schmuckstücke mit den Launen der Mode sich wandelt."[259] Die Launen der Mode respektieren die Werte nicht. Die Mode kann ihrer Launen wegen, nicht an dem Hauch des Heiligen partizipieren, den bei Durkheim alle kollektiven Ideale haben, weil sie die Gesellschaft konstituieren.

In Durkheims Soziologie kann der Mensch dem Menschen nur in der Gesellschaft begegnen, die etwas mehr und etwas anderes als eine bloße Ansammlung von Menschen und auch mehr als die Ansammlung von Individuen ist, die einen Vertrag geschlossen haben, der ihr Miteinander konstituiert. Die Gesellschaft stellt Systeme von Werten verschiedener Art, die Moral, die Religion, die Ökonomie, die Ästhetik, kollektive Vorstellungen (zu denen auch die Begriffe gehören), dar, die keineswegs auf individuelle oder auch gruppenhafte Konstrukte zurückzuführen sind. Sie verbinden die Individuen auf ursprüngliche und auf symbolische Weise zur Gesellschaft:

> Die Gesellschaft ist aber etwas anderes [als eine Gruppe von Menschen – M.T.]; sie ist vor allem eine Gesamtheit von Ideen, Überzeugungen und Gefühlen aller Art, die durch die Individuen Wirklichkeit werden; und den ersten Rang unter diesen Ideen nimmt das moralische Ideal ein, ihr hauptsächlicher Daseinsgrund.[260]

Die Ideen erfüllen eine verbindende Rolle, in einem Ideal sind ‚alle Menschen einer Gruppe' verbunden. Die Moral meint bei Durkheim nicht einen bestimmten moralischen Kodex, sondern ist das Verbundensein selbst. Dies räumt der Religion mit ihren Symbolen des Heiligen in Gestalt von Totems und Idolen und mit ihrem Gefühl der Ehrfurcht, den das Heilige dem Gläubigen einflößt, einen besonderen Platz als Modell und Metapher ein.[261] Deswegen wecken kollektive Symbole, die vor allem emotional besetzt sind, Durkheims besonderes Interesse, etwa die nationale Fahne, die rein materiell gesehen nur ein Stück

---

259 Siehe: Emilé Durkheim: Soziologie und Philosophie, Frankfurt/M 1970.
260 Emilé Durkheim: Soziologie und Philosophie, a. a. O., S. 113.
261 Dies erinnert an die Definition des Heiligen in Hegels Ästhetik. Für Hegel ist das Heilige nicht primär die Epiphanie oder eine Religion, sondern heilig ist, „(...) was viele Seelen zusammen bindet (...)." Deswegen steht für Hegel die Architektur am Anfang der Kunst, und am Anfang der Architektur der Tempel als Kunst, weil er den ‚Vereinigungspunkt' und das Vereinigt-Sein symbolisch verkörpert. Vgl. hierzu: Georg Wilhelm Friedrich Hegel: Vorlesungen über die Philosophie der Kunst, Hamburg 2003, S. 210-211.

Stoff ist, für die sich der Soldat aber sogar töten lässt.[262] Solche Symbole veran-

---

262 Adorno sieht daher in Durkheim den Soziologen, der die „Phänomene gesellschaftlicher Institutionalisierung und Verdinglichung" deutlich thematisierte. Adorno fand, dass „(...) [d]ie gewordenen, übermächtigen Verhältnisse, Hegels zweite Natur, werden ihm [Durkheim – M.T.] zur ersten (...)" (Theodor W. Adorno: Vorwort zu: Durkheim: Soziologie und Philosophie, a. a. O., S. 139.) Durkheim schreibe nach Adorno eine ‚Naturgeschichte des Geistes'. Er wirft Durkheim vor, das Individuum, das er mit Recht als verstellt erkannt habe, dann doch ganz ‚weggedacht', ohne jegliche „Dialektik von Kollektiv-Allgemeinem und Individuell-Besonderem" entwickelt zu haben. (Ebenda S. 141). Herman Coenen, der nach einem „Diesseits von subjektivem Sinn und kollektivem Zwang" sucht, will bei Durkheim eine unüberwundene Kluft zwischen dem Individuum und der sozialen Welt sehen. Vor allem, und hier würde Coenen mit Adorno überein stimmen, „(...) spielt bei ihm [bei Durkheim – M.T.] die Theorie der kausalen Priorität des Sozialen vor dem Individuellen eine Hauptrolle." (Herman Coenen: Diesseits von subjektivem Sinn und kollektivem Zwang. Schutz – Durkheim – Merleau-Ponty. Phänomenologische Soziologie im Feld des zwischenleiblichen Verhaltens, München 1985, S. 66.) Dabei versuche Durkheim allerdings die Individuen nicht zu übersehen und in ihnen die Akteure der Gesellschaft anzuerkennen: „An manchen Stellen in Durkheims Werk findet man jedoch auch gegenteilige Äußerungen, wonach die Priorität bei den einzelnen Individuen und ihren Interaktionen liegt." (Ebd. S. 67.) Durkheim entwickle eine Idee der ‚kreativen Synthese', in der er es schafft, sowohl das Leben der einzelnen Individuen als auch die autonome, von individuellen Vorstellungen und Erlebnissen nicht ableitbare kollektive Vorstellungswelt anzuerkennen. Coenen zitiert aus Durkheims Aufsatz „Représentations Individuelles et Représentations Collectives" die folgende Passage: „Das Ganze bildet sich nur durch die Gruppierung der Teile, und diese Gruppierung geht nicht auf einen Schlag vor sich, wie durch ein plötzliches Wunder; zwischen dem Zustand der reinen Isoliertheit und dem Zustand der ausgeprägten Assoziation gibt es eine unendliche Reihe von Zwischenstufen. Doch in dem Maße, wie die Assoziation sich konstituiert, erzeugt sie Phänomene, de nicht unmittelbar von der Natur der assoziierten Elemente herrühren; und diese partielle Unabhängigkeit ist um so deutlicher, je zahlreicher und je kraftvoller synthetisiert jene Elemente sind." (Emilé Durkheim: Individuelle und kollektive Vorstellungen, in: Emilé Durkheim: Soziologie und Philosophie, a. a. O., S. 77-78.) Durkheim nimmt hier das hermeneutische Problem des Teiles und des Ganzen gefangen. Er entwickle also doch eine Dialektik des Individuellen und Allgemeinen, allerdings scheint das Individuelle in diesem Paar viel schwächer zu sein, weil es letzten Endes sich selbst der Zivilisation verdankt, und wir können nicht „(...) aus der Gesellschaft austreten wollen, ohne unser Menschsein aufgeben zu wollen." (Emilé Durkheim: Bestimmung der moralischen Tatsache, in: Ebenda, S. 109.). Wenn man dieses Zivilisatorische in Betracht zieht, ist der Vorwurf Coenens Durkheim gegenüber, nämlich, dass bei Durkheim „(...) [d]er Versuch, die soziale Sphäre und die dort herrschenden kollektiven Vorstellungen zu fundieren, (...) also auf die Annahme eines Anfangszustandes mit isolierten Individuen hinaus[läuft]" (Coenen: Diesseits von subjektivem Sinn..., a. a. O., S. 67.) nicht aufrecht zu halten. Durkheims Orientierung an Phänomen des religiösen Lebens, welche die Religion nicht als ‚Projektion' der Menschen abtut, sondern als Phänomen sui generis ansieht, verweist darauf, dass auch der Eintritt in die Zivilisation nicht bloß als ‚Anfang' zu lesen ist, sondern als Menschwerdung schlechthin. Der Streit wird wahrscheinlich auf das von Coenen vermerkte

schaulichen am besten, was für die Menschen die Partizipation an der Gesellschaft bedeutet. In dieser Partizipation liegen unser Menschsein und Zivilisiertsein, nicht bloß das Miteinandersein. Die Gesellschaft ist es, was uns

> (...) [z]u einem wahrhaft menschlichen Wesen macht und allein das, was wir von jener Gesamtheit der Ideen, Gefühle, Glaubensinhalte und Verhaltensvorschriften, die man Zivilisation nennt, uns anzueignen vermögen. Schon vor langem hat Rousseau es bewiesen: entzieht man dem Menschen, was ihm von der Gesellschaft kommt, so bleibt nur ein auf die Wahrnehmung reduziertes Wesen übrig, das sich kaum vom Tier unterscheidet. Ohne die Sprache, dieses in höchstem Grade gesellschaftliche Faktum, wären allgemeine und abstrakte Gedanken praktisch unmöglich, und um alle höheren geistigen Funktionen wäre es folglich geschehen. Sich selbst überlassen, würde das Individuum in die Abhängigkeit von physischen Kräften geraten. Daß es ihnen entrinnen, daß es sich befreien und eine Person werden konnte, rührt daher, daß es sich in den Schutz einer Kraft sui generis begeben konnte, einer Kraft, die stark ist, da sie aus der Vereinigung aller individuellen Kräfte resultiert, die zugleich aber eine geistige und moralische Kraft ist, die die ungeistigen und amoralischen Energien der Natur zu neutralisieren vermag: nämlich die kollektive Kraft.[263]

So kann Durkheim behaupten, dass sich der Einzelne der Gesellschaft beugt, dies aber zugleich die Befreiung des Einzelnen bedeutet. Die Frage nach der individuellen Freiheit ist eine Frage, die nur innerhalb der Gesellschaft gestellt werden kann. Es gibt keinen primären Widerspruch zwischen der Gesellschaft und dem Individuum; ein solcher, der ‚moralische Individualismus', ist bereits gesellschaftlich vermittelt. Man kann daher nach seinen Ursachen und Formen fragen und forschen. Die Individuen besitzen prinzipiell keine außergesellschaftliche Seite. Sie treten nicht anders in Beziehung zueinander, als durch die Partizipation an gemeinsamen Vorstellungen, wenn sie sich beispielsweise um einen ‚Totem' versammeln, wie es in den Naturvölkern der Fall ist. Der Totem oder auch die Fahne, sind im wesentlichen nichts anderes, als die Gesellschaft selbst, die den Menschen erst zum Menschen macht. Die Individuen partizipieren an kollektiven Ideen, die ihr Miteinander ermöglichen. Simmels Mode-Essay erscheint von diesem Gesichtspunkt aus wie ein Gegenmodell zu Durkheim. Vergleicht man dessen Betrachtungen mit denen von Simmel, könnte man zu dem Schluss kommen: bei Durkheim fesselt eine kollektive Vorstellung, ein

---

Problem des ‚Leib-Seele'-Dualismus hinauslaufen, bei dem der Leib das Nicht-Sozialisierte darstellt. „Der Leib-Seele-Dualismus wirkt hier nämlich auch in der Hinsicht, daß das individuelle Bewußtsein mit den im Organismus wurzelnden Sinnesempfindungen und egoistischen Antrieben identifiziert wird. Das Kollektivbewußtsein dagegen besteht aus begrifflichem Denken und Altruismus (oder, was für Durkheim dasselbe ist, Moralität)." (Ebenda S. 69.)
263 Durkheim: Soziologie und Philosophie, a. a. O., S. 108-109.

,Totem' die Blicke der um ihn versammelten Menschen, welche einander treffen, indem sie auf dasselbe schauen, bei Simmel nutzen die Individuen die kollektiven Embleme dafür, um den Blick der anderen unmittelbar auf sich zu lenken, um mit den anderen zu kommunizieren. Dagegen kann kein kollektives ,Totem' den Bezug auf den anderen völlig repräsentieren.

10 Die Spielform der Vergesellschaftung: Simmels Interpretation der Geselligkeit

Die Geselligkeit, die Simmel ,ein besonderes soziologisches Gebilde' nennt, kehrt das gewöhnliche Verhältnis von Form und Inhalt um. Die Interessen, die gewöhnlich den Inhalt eines Sich-Zusammentuns bilden, werden im geselligen Beisammensein zur Form. Das, was in den meisten Gebilden allerdings die Form ist – das Sich-Vergesellschaften – wird hier zum Inhalt. Dies liegt an dem ,ästhetischen Cachet' der Geselligkeit. Simmel hebt die ästhetischen Züge der Geselligkeit mehrmals hervor. Das wichtige Wort des Essays ist ,Spiel', das in zwei Bedeutungen vorkommt: in der auf Schiller zurückgehenden Tradition, das Ästhetische mit dem ,Spiel' zu verbinden, und auch in dem Sinne, in welchem man von ,Gesellschaftsspielen' spricht: sie haben ihre Regeln und ihre Spieler, sind in ihrer Art gemeinsames Tun miteinander verbunden. Was – so Simmel – in oder als Geselligkeit gespielt wird, ist die Gesellschaft, konkreter; die Vergesellschaftung. Es bedeutet aber nicht, dass diese Art Spiel als bloße unverbindliche Randerscheinung des Lebens zu sehen wäre. Vielmehr stellt für Simmel das Interessante an dem Phänomen der Geselligkeit dar, dass sie „(...) die mit dem Charakter der Kunst oder des Spieles vollzogene Abstraktion der Vergesellschaftung ist (...). Die Geselligkeit (...) [vollzieht] so die Abstraktion der sonst durch ihren Inhalt bedeutsamen soziologischen Wechselwirkungsformen (...)."[264] „Die *Form* des gemeinsamen Suchens des Richtigen, die *Form* des Streites mag bestehen; aber sie darf den Ernst ihres jeweiligen Inhaltes (...) wenig zu ihrer Substanz werden lassen (...)"[265] Auch das Gespräch entwickle sich um seines selbst Willen. Die Geselligkeit

---

264 Simmel: Soziologie der Geselligkeit, in: GSG 12. (Aufsätze und Abhandlungen 1909-1918), hg. von Klaus Latzel, Frankfurt/M 2001, S. 177-193, Zitat S. 187.
265 Ebenda S. 188. [Hervorhebungen von Simmel]

> (...) wird (...) zur adäquatesten Erfüllung einer Relation, die sozusagen nichts als Relation sein will, in der also das, was sonst bloße Form der Wechselwirkung ist, zu deren selbstgenügsamem Inhalt wird.[266]

Die Geselligkeit dient Simmel somit als ein ungetrübtes Schema, an dem beobachtet werden kann, wie sich die zwischenmenschlichen Fäden knüpfen. Die Geselligkeit kann sich selbst tragen, ähnlich wie bei der Mode greift Simmel zum Begriff ‚Trieb‘, um die Geselligkeit zu begründen; es handelt sich um den ‚Geselligkeitstrieb‘ des Menschen. Die von dem sonst gar nicht durch Naturalistisches geprägten Vokabular der beiden Essays abweichende Wortwahl bedeutet nicht, dass Simmel auf ‚angeborene‘ Qualitäten des Menschen zurückgreifen will. Es ist eine Wortwahl, die auf das Immanente dieser ‚Triebe‘ der Form gegenüber verweisen soll.

10.1 Das Ich als Kraftquelle

> Der Mensch als ganzer ist sozusagen ein noch ungeformter Komplex von Inhalten, Kräften, Möglichkeiten und je nach den Motivierungen und Beziehungen des wechselnden Daseins gestaltet er sich daraus zu einem differenzierten, grenzbestimmten Gebilde. Als wirtschaftender und als politischer Mensch, als Familienmitglied und als Repräsentant eines Berufes ist er sozusagen je ein ad hoc konstruiertes Elaborat, sein Lebensmaterial ist jedesmal, von einer besonderen Idee bestimmt, in eine besondere Form gegossen, deren relativ selbständiges Leben freilich von der gemeinsamen, unmittelbar aber nicht zu bezeichnenden Kraftquelle des Ich gespeist wird.[267]

– lesen wir im Geselligkeit-Essay. Das Ich ist eine ‚Kraftquelle‘, die ‚unmittelbar‘ nicht bestimmbar ist. Simmel betrachtet weder das Ich noch die Gesellschaft als unabhängig und ursprünglich gegeben. Eine ‚Kraftquelle‘, die sich jeweils in der Wechselwirkung neu bestimmen muss, ist kein substantielles, beharrliches Draußen der Vergesellschaftung. Der Kern des Problems ist für Simmel, dass wir ein ad hoc konstruiertes Elaborat‘ darstellen, bei dem das Ich eher in der ‚nicht zu bezeichnenden Kraftquelle‘ liegt und nicht in den gefestigten Inhalten. Die Vergesellschaftungsformen, die direkt auf sich selbst auf ästhetische Weise bezogen sind, haben zwar keinen materiellen Zweck, sie errichten nichts, schaffen keine Muster, bringen keinen Gewinn, aber sie müssen bestehen und sie tun es, weil sie wie die Kunst an die Freiheit erinnern, die in

---

266 Ebenda S. 189.
267 Ebenda S. 183.

das Ich und die Vergesellschaftung eingeschrieben ist. Das Ich ist nicht diese oder jene Idee, nicht eine Mischung von Ideen, sondern eine ‚Kraftquelle'.
Simmels Geselligkeit trägt als ästhetisch geprägte Form einen Zug des Utopischen, der jedoch keine Vision eines ‚anderen Zustandes' darstellt. Das Utopische ist der Geselligkeit immanent. Es schimmert aus jeder Vergesellschaftung hervor, insofern die Menschen jeweils imstande sind, von der Instrumentalisierung durch die Gesellschaft zu abstrahieren und an ihr den immer vorhandenen Zug von Geselligkeit zu erblicken. „(...) Typischer Weise (...) verwebt sich in alle realen Veranlassungen zur Gesellschaftsbildung ein Gefühl für den Wert der Gesellschaftsbildung als solcher (...)"[268] In der Geselligkeit sind die individuellen Qualitäten der Teilnehmer das Entscheidende, sie geben der Form ihren Reiz und ihre Färbung, und doch „(...) gerade darum, weil hier alles auf die Persönlichkeiten gestellt ist, dürfen die Persönlichkeiten sich nicht gar zu individuell betonen (...)."[269] Daher kennt die Geselligkeit Diskretion und der Distanz. Diese entspringen aber nicht einem äußeren Zwang, sondern werden als frei empfunden, gerade, weil die Form das Intime nicht zu ergreifen und nicht den ganzen Menschen in Anspruch zu nehmen sucht. Das spezifische Verhalten in der Gesellschaft soll ‚die Courtoisie' sein, „[..] mit der der Starke, Hervorragende, nicht nur den Schwächeren sich gleichstellt, sondern sogar die Attitüde annimmt, als sei jener der Wertvollere und Überlegene."[270] Das tut der Stärkere allerdings nicht in der Art, die Nietzsche anklagte, sie werde gerade die Wertvollsten unterdrücken: nämlich indem sich der Stärkere Geboten unterwirft, welche die Prinzipien der ‚Schwachen' verallgemeinern und als allgemeingültig erklären, sondern er handelt aus Freiheit. So hält Simmel in seiner Analyse die Geselligkeit, diese ‚Spielform der Vergesellschaftung' für „(...) ein Miniaturbild des Gesellschaftsideales, das man die Freiheit der Bindung nennen könnte."[271]

10.2 Geselligkeit und Mode

Während die Geselligkeit Gesellschaft spielt, indem sie deren Form zum Inhalt macht und erscheinen lässt, spielt die Mode das Individuum, indem sie das, was

---

268 Ebenda S. 178.
269 Ebenda S. 180.
270 Ebenda S. 184.
271 Ebenda S. 190.

dessen Form in den jeweiligen Konkretisierungen ist, zum Inhalt macht. Die Geselligkeit tendiert in Richtung einer ‚Freiheit der Bindung'; die Mode, deren Bedingungen nicht ein ‚Gesellschaftstrieb' ist, sondern zugleich zwei entgegengesetzte Triebe, der ‚Nachahmungstrieb' und der ‚Differenztrieb', kommt zu einem ähnlichen Standpunkt, indem sie ‚Einzelne' produziert, die alle originell sein sollen, aber auf diese Weise zugleich eine Relation eingehen. Das Interessante bei der Mode in Simmelscher Sicht ist, dass sie die beiden ‚Triebe' als aufeinander verwiesen zeigt: Individualisierung ist nicht der Fall des Eingeschlossenseins in der einsamen Stube außerhalb jeder Gesellschaft. Von Zwang werden beide Formen stets bedroht: die Geselligkeit, weil sie stets in Banalität abzugleiten droht, und die Mode, weil sie in ihrer konkreten Situation in bloßer Nachahmung ersticken kann.

11 Mode als ‚Nicht-ganz-darin-Sein'

Simmel beginnt seinen Mode-Essay mit einer ziemlich abstrakt anmutenden kurzen Passage über Kräfte und Wirkungen, die an den Phänomenen des Lebens zu spüren seien. Die Passage scheint ganz lose mit dem eigentlichen Gegenstand des Essays zusammenzuhängen. Zunächst erwähnt Simmel die phänomenale Seite des Lebens: das Dasein, mit dem wir als mit dem ‚Wirklichen' konfrontiert werden. Dann spricht er von einem ‚Reichtum unausgeschöpfter Möglichkeiten', den das Leben gewinnen kann und in Bezug auf welchen die phänomenale Wirklichkeit uns fragmentarisch zu erscheinen beginnt:

> Die Art, wie es uns gegeben ist, die Erscheinungen des Lebens aufzufassen, läßt uns an jedem Punkte des Daseins eine Mehrheit von Kräften fühlen; und zwar so, daß eine jede von diesen eigentlich über die wirkliche Erscheinung hinausstrebt, ihre Unendlichkeit an der andern bricht und in bloße Spannkraft und Sehnsucht umsetzt.[272]

Die verschiedenen Aspekte des Lebens werden als ‚Kräfte' interpretiert, die nach Verwirklichung streben. Diese inneren Kräfte werden jedoch dadurch, dass ‚in jedem Tun' eine Mehrheit von Kräften zusammenspielen, von widersprechenden Tendenzen gebrochen. An den Erscheinungen des Lebens fühlen wir daher stets etwas, was über die jeweilige Erscheinung hinausgeht:

---

272 Simmel: Die Mode, a. a. O., S. 186.

Und erst insofern jede innere Energie über das Maß ihrer sichtbaren Äußerung hinausdrängt, gewinnt das Leben jenen Reichtum unausgeschöpfter Möglichkeiten, der seine fragmentarische Wirklichkeit ergänzt; erst dann lassen seine Erscheinungen tiefere Kräfte, ungelöstere Spannungen, Kampf und Frieden umfänglicherer Art ahnen, als ihre unmittelbare Gegebenheit verrät.[273]

Das Ergebnis seien ‚Spannkraft und Sehnsucht', die das Gefühl hervorrufen, in ‚jedem Tun' bleibe ‚etwas, was noch nicht ganz zum Ausdruck gekommen ist'. Das Gefühl des ‚Unbehagens' am eigenen Handeln, dem die Ansicht der Phänomene des Lebens als grundsätzlich fragmentarisch, also ergänzungsfähig und ergänzungsbedürftig, entspringt, ergibt sich nicht daraus, dass der jeweiligen ‚Kraft' freier Lauf gewährt wird, sondern aus der ‚Brechung' ihrer am Gegensatz und infolgedessen an einer ‚Einschränkung'. Die ursprüngliche Energie wird in Spannung umgesetzt.

Diese ‚Ouvertüre' findet keine direkte Fortsetzung in dem Essay. Bezieht man jedoch diesen Gedanken auf das Muster, in dem die Mode sich vollzieht, kommt man zu dem Schluss, dass aus dem Bezug auf die anderen, in welchem ich mich gleichzeitig von ihnen abheben will, und der Unterwerfung unter das Allgemeine, die gleichzeitig ein Sich-Bemächtigen ihrer ist, das Gefühl entspringt, in keiner Relation ganz repräsentiert zu sein: dass wir noch eine Seite, viele Seiten haben, die durch das, in das wir eingehen, nicht erschöpft werden. Aber gerade bei der Mode haben wir es mit einem individuell gefärbten ‚Schema' zu tun, nicht mit einer Fabrikhalle oder einer uniformierten Armee-Einheit. Von diesen Formen unterscheidet sich die Mode dadurch, dass man sie selbst nicht allzu ernst nehmen darf: wenn eine Person in dem, was die Mode bietet, völlig aufgeht, keine Distanz zu ihr hat, verliert sie ihre eigene Freiheit.

Man könnte sich, wenn man sich des ‚Schemas' Mode bedient, eine Diskussionskultur vorstellen, in der die Personen eine bestimmte Meinung oder Haltung vertreten (das Kollektive wäre hier die Anerkanntheit, Verbreitheit, Akzeptierbarkeit, oder auch traditioneller Wert, Etablierbarkeit dieser Haltung) und sich zu behaupten versuchen, indem sie ihre Auffassungen verteidigen, sie allerdings nicht mit sich selbst verwechseln und die anderen nicht gewaltsam zu ihrer Auffassungen zwingen. (Letzteres erinnert daran, was Simmel in der Bildlichkeit seiner Sprache für das ‚männliche' Prinzip hält: das Prinzip der Waffe, indem man sich durchsetzt, ohne auf das Urteil des anderen zu warten.) Bei einer solchen Relation darf der Fragmentcharakter des Lebens und des Ich zum

---

273 Ebenda.

Ausdruck kommen, denn der Gewinn hängt nicht von der möglichst völligen Identifizierung mit dem ab, was man zu sein glaubt. Die allgemeinen Dinge geschehen zwischen den Akteuren, die sie in ihre Dienste nehmen, um Ich zu sein.

Der Schluss, man würde sich des Allgemeinen einfach skrupellos bedienen, stimmt hierbei nicht, denn man nimmt das Allgemeine, den Begriff, in seinem Anspruch auf Ewigkeit ernst. Der ‚Neid' der anderen, der in seiner sublimierten Form nichts anderes ist, als eine Anerkennung, die nicht erzwungen werden kann, ist der Beweis dafür, dass der andere gerade meine Meinung für ‚nachahmungstauglich' und auch ‚nachahmungswert' erachtet. Wäre sie nicht potentiell absolut verbreitbar, appellierte sie nicht an den ‚Neid'; sie könnte nicht einmal ausgesprochen werden. Die nicht ‚nachahmungstaugliche' Andersheit gehört in die Irrenanstalt. Andererseits ist es mit der Mode zu Ende, wenn der Anspruch auf Allgemeingültigkeit zum Gültigkeitsgebot wird. Dann ist sie nicht mehr Mode, sondern Uniform. Trotz aller Gefahren und Banalitäten, die sie in sich birgt, ist die Mode als ästhetisch geprägte Form der Vergesellschaftung die einzige Lebensform, die es um den Preis ihrer Existenz nicht erträgt, dass alle gleich zu sein haben.

F Das Geheimnis-Kapitel aus der „Soziologie" als Beispiel der Textmontage in Simmels wissenschaftlichen Schriften

> Die gewöhnliche Vorstellung ist: Hier ist die natürliche Welt, dort die transzendente, einer von beiden gehören wir an.
> Nein wir gehören einem dritten Unsagbaren an, von dem sowohl die natürlichen wie die transzendenten Spiegelungen, Ausladungen, Fälschungen, Deutungen sind.
> (Georg Simmel: Aus dem nachgelassenen Tagebuche, zu Lebenszeiten ungedruckt (GSG 20., S. 261.)

1 Das Motiv des Geheimnisses, die geheimnisvolle ‚Definition' und der Aufbau des Geheimnis-Kapitels

Das Phänomen des Geheimnisses zog Simmel schon früh an. Meiner Meinung nach wurzelt die Faszination für das Geheimnis in seiner literarischen Arbeit, in seinen „Momentbildern", und zwar vor allem in dem Bild des ‚Du', das dort entworfen wird. Das Mädchen aus dem zweiten „Märchen von erfüllten Wünschen" ist ja nichts anderes, als eine Verkörperung des Geheimnisses. Aber unter den „Momentbildern" befindet sich eine noch eindeutigere Spur für die Anziehungskraft dieses Phänomens. Am 8.1.1900 erschien in der „Jugend" Simmels Gedicht „Eine Sehnsucht".[274] Es ist formal korrekt, im Ganzen jedoch nicht besonders originell. Wenn man von ihm ausgeht, ist es verwunderlich, was Simmel als Essayist aus der Idee des Geheimnisses machte. In dem reimlosen, den antiken Hexameter nachahmenden Gedicht spielt der Wechsel von Tag und Nacht eine zentrale Rolle. Der Tag und die Sonne symbolisieren die Erkenntnis, welche die Rätsel der Welt enthüllt. Die Nacht und die Finsternis stellen demgegenüber eine der Natur entlehnte Metapher dar, die „ein Tiefstes der Seele,

---

274 Georg Simmel: Eine Sehnsucht, in: Simmel: Beiträge aus der „Jugend" ..., a. a. O., S. 391.

ein Dunkelstes" ausspricht.[275] Wir lesen in dem Gedicht die in etwas gehobenem Ton gehaltene rhetorische Bitte:

> (...) Vieles erkannten wir wohl; nun glaubten wir alles zu kennen –
> Scheu aber barg sich dem Blick nur des Geheimnisses Recht.
> Die wir so vieles gesehn, wir sahen nicht alles das Viele,
> Das uns unsichtbar umgibt, hören nicht, was für uns schweigt
>
> So viel Licht erst mußte der Geist durch die Welten ergießen
> Eh' er das Dunkel entdeckt, das unsre Helligkeit trägt.
> Nein, nicht zeigt uns die Sonne allein, wohin wir gehören:
> Tief in das Dunkel hinein schickt seine Wurzel das Sein!
> Lehre Du strahlender Tag, uns neu des Geheimnisses Rechte!
> Gib uns, o kommende Zeit, gib uns die Ehrfurcht zurück –[276]

Das Geheimnis wird in dem Gedicht nicht näher präzisiert; der Leser kann vermuten, das es sich eher auf die Psyche als auf die Natur und die Welt bezieht. Ein wichtiger Satz fällt jedoch bereits hier: es heißt, erst das Geheimnis trage ‚die Helligkeit'. Dass das Dunkle und Rätselhafte ein Pol des Gegensatzpaares ist, dessen anderer Pol die Klarheit und das Wissen bilden, bleibt in Simmels späteren Überlegungen erhalten. Und auch der Gedanke, daß sich die beiden ergänzen und ohne einander nicht existieren können.

In dem dem Geheimnis und der geheimen Gesellschaft gewidmeten Kapitel seiner „Soziologie" charakterisiert Simmel das Phänomen des Geheimnisses auf folgende Weise:

> Das Geheimnis in diesem Sinne, das durch negative oder positive Mittel getragene Verbergen von Wirklichkeiten, ist eine der größten Errungenschaften der Menschheit; gegenüber dem kindischen Zustand, in dem jede Vorstellung sofort ausgesprochen wird, jedes Unternehmen allen Blicken zugänglich ist, wird durch das Geheimnis eine ungeheure Erweiterung des Lebens erreicht, weil vielerlei Inhalte desselben bei völliger Publizität überhaupt nicht auftauchen können. Das Geheimnis bietet sozusagen die Möglichkeit einer zweiten Welt neben der offenbaren, und diese wird von jener auf das stärkste beeinflußt.[277]

Simmels Charakteristik des Geheimnisses hat selbst etwas Geheimnisvolles an sich. Es wird von einem besonderen Verhältnis des Geheimnisses zum Leben

---

275 Ebenda.
276 Ebenda S. 391.
277 Georg Simmel: Das Geheimnis und die Geheime Gesellschaft, a. a. O., S. 405-406.

gesprochen, von einer Verdopplung der Welt in eine ‚offenbare' und eine verborgene, überhaupt von ‚Wirklichkeiten' in Pluralform. Es hat aber wenig Sinn, dies zum Ausgangspunkt für die Auslegung des Textes zu nehmen. Dem Essay Simmels und seinem Aufbau entspricht eher der umgekehrte Weg, nämlich der Versuch, diese ‚Definition' aus dem Text selber zu verstehen. Denn sie stellt nicht den Beginn der Reflexion dar, sondern eher den Schluss. Sie findet keine direkte Erweiterung im Text, klingt aber wie eine Zusammenfassung.

Die „Soziologie" Simmels ist nicht als ein einheitliches Werk entstanden. Friedrich H. Tenbruck schreibt zu seiner Entstehungsgeschichte: „Wer Simmels Beitrag zur Soziologie realistisch abschätzen will, muß zuerst bedenken, daß sein Hauptwerk, die Soziologie von 1908, eine Sammlung von Aufsätzen zum Umkreis des Gegenstandes, erst erschien, nachdem die soziologische Arbeit bereits weit hinter ihm lag (...)."[278] Die lange und komplizierte Entstehungsgeschichte des soziologischen Hauptwerks stellt detailliert Otthein Rammstedt dar. Die Arbeit an der „Soziologie" nahm insgesamt fünfzehn Jahre in Anspruch, sie geht zurück auf den 1894 auf Französisch und Deutsch erschienen Aufsatz „Das Problem der Sociologie" und verläuft in einigen Phasen. Ende 1896 finden sich erste Hinweise zu dem geplanten Buch. In der Zwischenzeit verfasste Simmel seine „Philosophie des Geldes"; die dort angenommene Methode, in Einzelerscheinungen des Lebens einen Gesamtsinn zu suchen, sowie auch die Konzeption der Wechselwirkung, beeinflusste auch den Plan für die Soziologie. Das Kapitel V. gehört zu den spätesten Teilen der Arbeit. Es ist über zwei Jahre schichtenweise entstanden.

‚Das Geheimnis und die geheime Gesellschaft' als fünftes Kapitel der ‚Soziologie' entspricht einem Manuskript, das nur in der amerikanischen Übersetzung von Albion W. Small überliefert ist: ‚The sociology of secrecy and secret societies' im Januar 1906 im „American Journal of Sociology" erschienen. Dieser Text war unabhängig von den „Soziologie"-Plänen entstanden und wurde von Simmel für die deutschsprachige Veröffentlichung in „Psychologie der Diskretion" und „Das Geheimnis" geteilt. Die hierbei vorgenommenen Veränderungen und Ausweitungen wurden jedoch dann für die Übernahme in die „Soziologie" wieder weitgehend getilgt.[279]

Die „Psychologie der Diskretion" erschien 1906, „Das Geheimnis. Eine sozial-

---

278 Friedrich H. Tenbruck: Georg Simmel, in; „Kölner Zeitschrift für Soziologie und Sozialpsychologie" 19/1958, S. 587-614, Zitat S. 592.
279 Siehe hierzu: Otthein Rammstedt: Editorischer Bericht, in: GSG 11, a. a. O., S. 877-905, Zitat S. 897.

psychologische Skizze" 1907. In der letzten Phase der Arbeit an der „Soziologie" entstanden die ‚Exkurse', darunter auch die beiden, die Simmel in das Kapitel V. einmontierte: über den Schmuck und über den Brief. In diese Phase fällt ebenfalls der „Exkurs über die Frage >>Wie ist Gesellschaft möglich?<<.[280]

In das Geheimnis-Kapitel der „Soziologie" gehören, was bezüglich des Aufbaus des Textes interessant ist, zwei Exkurse. Der „Exkurs über den Schmuck" folgt auf die Passagen, die das Geheimnis als individuelles Phänomen behandeln. Dem Teil, welcher die geheime Gesellschaft zum Thema hat, folgt der „Exkurs über den schriftlichen Verkehr". Die beiden Exkurse können als selbständige Texte funktionieren, was auch der Fall war.[281]

Simmel hat sich mit einem Wort in der „Soziologie" zu einer Art Montage entschlossen. Das Geheimnis bekommt durch die Platzierung neben dem Schmuck und dem Brief etwas von den beiden. Es wird mit dem Schmuck, also mit dem Ästhetischen, und mit dem Phänomen der Schrift verknüpft. Ich nehme an, dass die beiden Texte nicht nur als Beispiele funktionieren sollen, sondern dass ihre Verbindung mit dem Phänomen des Geheimnisses eine tiefere Bedeutung hat.

In der angeführten ‚Definition' des Geheimnisses fällt seine Verknüpfung mit der räumlichen Vorstellung von einer ‚Welt' und die Beziehung zum anderen Individuum auf. Im Aufbau dieses Kapitels sind neue Dimensionen zur Sicht des Geheimnisses im Vergleich zu den Essays „Psychologie der Diskretion" und „Das Geheimnis. Eine soziopsychologische Studie" zu erkennen. Stünde jeder der beiden Exkurse für sich stehen, würden diese Dimensionen verschwinden. Durch den Schmuck-Exkurs bekommt die Geheimnis-Analyse eine ästhetische Dimension, die der Ästhetik des Dekorativen. Simmel zeigt viele Analogien zwischen Geheimnis und Schmuck auf. Der Schmuck oder auch der Brief, der vom Leser her, nicht aus dem Prozess seiner Entstehung betrachtet wird, fügen das Ganze eng in den Kontext der Vergesellschaftung, in den sich für Simmel das Geheimnis als soziales Phänomen bereits befindet, denn dieses ist nicht anders möglich als in Form einer spezifisch gefärbten Art der Wechselwirkung. Niemand hat oder schafft Geheimnisse in der Einsamkeit. Durch die Präsenz ästhetischer Motive und den Aufbau des Kapitels über „Das Geheimnis

---

280 Ebenda S. 897 ff.
281 Zum Essay „Psychologie des Schmuckes" siehe Anmerkung 207 im Kapitel IV dieser Arbeit. „Der Brief. Aus einer Soziologie des Geheimnisses" wurde 1908 in der „Österreichischen Rundschau" veröffentlicht (vgl. Simmel: GSG 8., a. a. O., S. 442-443.)

und die geheime Gesellschaft" zeigt Simmel einen unmittelbaren Zusammenhang zwischen Ästhetik, Individuum und Vergesellschaftung auf.

In der „Soziologie" wird das Geheimnis als eine Technik des Sich-Verbergens in der Gesellschaft beschrieben, aber es wird auch ab und zu mit der Persönlichkeit selbst identifiziert. In dem „Exkurs über den schriftlichen Verkehr" spricht Simmel von dem ‚Geheimnis des Andern', womit er die ‚Seinsqualitäten' des Anderen meint. In dem Artikel „Psychologie der Diskretion" fehlt die Passage über die Unmöglichkeit, den anderen Menschen vollkommen zu erkennen, denn dessen innere Leben beruhe in ‚tiefgründigen Zirkeln', „in denen ein Element ein zweites, dieses aber jenes voraussetzt"[282] verweist darauf, dass es sich sowohl im Alltag als auch bei dem Versuch, den Anderen zu erkennen, um einen Bereich handelt, der derartige Wechselwirkungen von Widersprüchen möglichst meidet. Die Seelenvorgänge werden, im Gegensatz zum Geheimnis im Alltag meist nach den Regeln der Logik „(...) mit einem Instinkt, der das Gegenteil automatisch ausschließt."[283] geordnet.

2 Der Exkurs über den ‚schriftlichen Verkehr'

Die Schrift bedeutet nach Simmel eine Differenzierung von Inhalten, die in der Rede eine Einheit bilden. Der logische Sinn der Worte und der ‚persönliche Sinn', also ‚das Geheimnis des Anderen', seine „logisch nicht ausdrückbaren Stimmungen und Seinsqualitäten, auf die wir doch unzählige Male zurückgreifen, selbst um die eigentliche Bedeutung ganz konkreter Äußerungen zu verstehen"[284] gehen in der Schrift auseinander.

Simmel meint allerdings nicht die Schrift in jeder Situation, sondern deren Anwendung im Bereich des ‚schriftlichen Verkehrs', vor allem des Briefes. Der Text (mit seinen physischen Grenzen, dem Anfang und dem Ende) und der Sinn sind auf eine Persönlichkeit bezogen. Simmel meint nicht die Technik der Schrift im allgemeinen, sondern den ‚schriftlichen Verkehr', also die Vergesellschaftung, die sich mittels dieser Differenzierungstechnik vollzieht. Das Interesse gilt auch nicht den Möglichkeiten, Verschiedenes schriftlich zu fixieren, nicht

---

282 Georg Simmel: Das Geheimnis und die Geheime Gesellschaft, a. a. O., S. 385.
283 Ebenda, S. 388.
284 Georg Simmel: Exkurs über den schriftlichen Verkehr, in: Simmel: Das Geheimnis..., a. a. O., S. 429-433, Zitat S. 432.

den Möglichkeiten und unterschiedlicher Interpretationen. Es geht nicht darum, ob der Briefautor verstanden oder nicht verstanden werden kann; was am Brief frappiert, ist, dass er das Bild des Anderen so gestaltet, dass der Andere nicht fixierbar ist. Gerade dadurch kann sich in dem Lesenden eine Aktivität entfalten, die auf das Operieren innerhalb des Geheimnisses, innerhalb der Sphäre der Möglichkeiten abzielt.

Die mit dem Phänomen der Schrift verbundene Figur der Differenzierung kann auf das Motiv der vom Geheimnis gebotenen „Möglichkeit einer zweiten Welt neben der offenbaren"[285] werden. Die Schrift ist, durch ihre Entfernung von der Rede, Träger nur des objektiven Sinnes der Worte. Das Geheimnis des Anderen tritt zurück, denn die Gestik und der ganze sinnliche Ausdruck des Anderen, auf den wir beim Gegenüber der Rede zurückgreifen, bleibt aus. Dieser Mangel der Schrift ermöglicht aber gerade die Eröffnung der divinatorischen Dimension von Deutungen und Andeutungen, die das Gegebene beeinflussen und es in einem immer wieder anderen Licht erscheinen lassen, was die gewöhnlichen Regeln des gesellschaftlichen Verkehrs nicht vorsehen. Dort soll das Vieldeutige und das Nebeneinander von Gegensätzen sofort korrigiert werden. Um im Alltag funktionieren zu können, stellt Simmel fest, brauchen wir Eindeutigkeit, die wir bestenfalls durch ein Über-die-Widersprüche-Hinweg-Sehen gewinnen. Zumeist bemüht man sich um eine Klärung der jeweiligen Situation, indem man etwa die Widersprüche bespricht, auf einen Kompromiss hinsteuert oder darauf, dass die Anderen ihre Positionen zumindest darlegen.

Das Ineinandergreifen von Gegensätzen ist aber dem Individuum nichts Fremdes; im Gegenteil, es ist ein sogar Prinzip des inneren Lebens des Individuums. Gerade die Schrift legt diese Dimension des Lebens frei. Man muss dabei an eine Gegenüberstellung denken, die Simmel in seinem Essay macht: zwischen dem Erkennen einerseits, das sich zwischen den Polen von Wahrheit und Täuschung bewegt und für das Überleben der Gattung notwendig ist, und der Phantasie andererseits, die auf den Bereich von Bestimmtheit und Vieldeutigkeit gerichtet ist, was bedeutet, dass sie sich der Persönlichkeit des Anderen zuwendet.

In der Darstellung des Phänomens Brief, so wie sie Simmel in seinem Exkurs entwirft, spielt das Problem der „Seele" des Schreibenden, dessen Psychologie und dessen Verstehens keine Rolle. Wenn von einer Seele gesprochen

---

285 Simmel: Das Geheimnis..., a. a. O., S. 406.

werden kann, dann ist es etwas, was zwischen den Menschen. Diese Form des Persönlichen und Intimen, die in dem Brief ein Geheimnis des Anderen erblicken lässt, verbindet sich für Simmel eng mit einer ästhetisch geprägten Technik, und diese wiederum mit der ‚soziologischen Idee' der Persönlichkeit, die durch diese Technik zustande kommt, und sich gleichzeitig in ihr äußert:

> Diese Objektivierung des Subjektiven, diese Entkleidung des letzteren von allem, was man gerade jetzt von der Sache und von sich selbst nicht offenbaren will, ist nur in Zeiten hoher Kultur möglich, wo man die psychologische Technik hinreichend beherrscht, um den momentanen Stimmungen und Gedanken, die auch nur als momentane, der aktuellen Anforderung und Situation entsprechende, gedacht und aufgenommen werden, dennoch Dauerform zu verleihen.[286]

Mit dem Brief wird der Reiz der fremden Persönlichkeit dank der Ästhetik der Schrift wahrnehmbar und in gewissem Sinne auch dauerhaft fixierbar gemacht. Indem der Brief dieses leistet, eröffnet er eine Dimension der Wirklichkeit, die Simmel für spezifisch menschlich hält:

> Wir sind einmal so eingerichtet, daß wir nicht nur (...) einer bestimmten Proportion von Wahrheit und Irrtum als Basis unseres Lebens bedürfen, sondern auch einer solchen von Deutlichkeit und Undeutlichkeit im Bilde unsrer Lebenselemente. Was wir bis auf den letzten Grund deutlich durchschauen, zeigt uns eben damit die Grenze seines Reizes, und verbietet der Phantasie ihre Möglichkeiten darein zu weben, für deren Verlust keine Wirklichkeit uns entschädigen kann, weil jenes eben *Selbsttätigkeit* ist. [Hervorhebung von Simmel – M.T.][287]

‚Deutlichkeit' kann sowohl auf das ‚Deuten' wie auch auf das ‚Sehen' bezogen werden. Die Metapher der optischen Wahrnehmung durchzieht den ganzen Text und drückt den Paradox aus, dass Unverborgenes und Selbstverständliches als solches gewöhnlich nicht wahrgenommen wird, und erst wenn es dem Blick nicht zugänglich ist, fällt es auf. In diesem Sinne ist das Geheimnis mit dem Schmuck verwandt, der durch sein Glänzen auffallen soll. Das Verborgene fällt dagegen auf, weil es uns anzieht und die Phantasie spielen lässt.

Im gewissen Sinne erinnert das Verfahren des schriftlichen Verkehrs an das der Hemmung der ‚Triebe' in der Mode: weil ein Teil der ‚Qualitäten' des Briefschreibers durch die Technik der Schrift ausgeschlossen wird (die Geste, die Stimme usw., vor allem das, was wir als seine Nähe bezeichnen), entspringt dieser Brechung einer Kraft das Bild eines Nicht-Ganz-Darin-Seins, eines

---

286 Ebenda S. 431.
287 Ebenda S. 404. [Hervorhebung von Simmel]

Nicht-Deckens der Persönlichkeit durch die verwirklichten Inhalte.

Daher ist die Funktion der Diskretion, von der Simmel am Anfang des Geheimnis-Kapitels spricht, anders als die des Geheimnisses. Die Diskretion schafft eine Grenze, die dem jeweiligen Menschen bei aller Engagiertheit und konkreter Vergesellschaftung dafür Freiraum lässt, was nicht zur Sache gehört. Das Recht auf Diskretion ist ein Bürgerrecht und über seine Grenzen kann in der jeweiligen Situation diskutiert werden. Das aber, was unter Diskretionsrecht des anderen steht, ist uns nicht einmal geheimnisvoll, um eine Äußerung Simmels aus dem „Exkurs über den Fremden" aufzugreifen, wo es heißt, dass Fremdsein ein positives Verhältnis ist und die ‚Marsbewohner sind uns nicht einmal fremd'[288]. Zum Geheimnis kommt es, wenn das ‚Verheimlichen' die Relation von den jeweiligen Personen bestimmt oder auch ausmacht: wenn es auffällt, das etwas verheimlicht wird.

Die klare Opposition ‚Entfremdung-nicht Entfremdung' oder auch ‚Sachliches-Intimes', vielleicht auch ‚Objektives-Subjektives', ‚Verstehen-nicht Verstehen' funktioniert bei Simmel nicht. Wenn etwas funktioniert, so wie Simmel von einer Logik im Funktionieren des Alltags spricht, so nicht darum, dass wir uns als Personen verstehen oder weil wir uns auf Gemeinsames, quasi auf einen gemeinsamen Hintergrund beziehen, was immer dieser konkret sein möchte, auch nicht deswegen, weil wir abgerichtet werden, auf Befehle zu reagieren. Wir schließen immer etwas aus, was ein Zuviel bedeuten würde in der jeweiligen Situation.

In der Gesellschaft kann es also prinzipiell nicht um ein Messen des ‚Täuschungs-, bzw. des ‚Wahrheitsgrades' fester Tatsachen gehen, sondern es geht um ein weiteres Verfahren im Umgang mit der Deutlichkeit und Undeutlichkeit, und um deren Reglementierung in unterschiedlichen Formen, um Diskretionsrecht und dessen Aufheben, um Öffentliches und Nicht-Öffentliches, um die steten Probleme, die nach Simmel in der Moderne das Individuum und die Gesellschaft darstellen.[289]

---

288 Georg Simmel: Exkurs über den Fremden, in: Simmel: Soziologie, a. a. O., S. 764-771.
289 In seinem Exkurs macht Simmel einen Unterschied zwischen der Ebene der Diskretion und des Verstoßes gegen sie einerseits und des eigentlichen Geheimnisses andererseits. Er betrachtet sie als Pole, zwischen denen sich das Leben abspielt: „Diese Synthese [die der Brief ist - M.T.] findet ihre weitere Analogie in der Mischung von Bestimmtheit und Vieldeutigkeit, die der schriftlichen Äußerung, zuhöchst dem Brief, eigen ist. Dies sind überhaupt, auf die Äußerungen von Mensch zu Mensch angewandt, soziologische Kategorien ersten Ranges, in deren allgemeinen Bezirk ersichtlich die ganzen Erörterungen dieses Kapitels gehören. Es handelt sich

3 Die beiden Welten: ein literarisch-philosophisches Motiv in Simmels Geheimnis-Kapitel

Als ‚Möglichkeit einer zweiten Welt' bedeutet das Geheimnis eine Verdopplung der Wirklichkeit. Simmel erklärt diese Verdopplung mit dem menschlichen ‚Idealisierungstrieb' und gibt ihr damit eine Art natürliche Begründung. Aber eigentlich handelt sich hier um keine wirkliche Entzweiung. Die beiden Wirklichkeiten heben sich gegenseitig nicht auf, sondern ergänzen einander. Simmel spricht von der ‚ungeheuren Erweiterung des Lebens' und davon, dass die beiden Welten aneinander haften. „Diese [die offenbare Welt] wird von jener [der geheimen] auf das stärkste beeinflusst."[290] Er fasst diese Verknüpfung wieder in die Figur des hermeneutischen Zirkels, die sein Essay wie ein Leitmotiv durchzieht. Das ‚Sein und Vorstellen' sind zu einer Einheit verwoben. Das Ziel der Tätigkeit der Phantasie ist, nicht die Aufmerksamkeit von der Wirklichkeit auf die andere ihr widersprechende Welt zu lenken, sondern umgekehrt: die Phantasie ‚webt ihre Möglichkeiten' um das Wirkliche und verleiht ihm eine Intensität, „die die offenbarte Wirklichkeit meistens nicht gewonnen hätte."[291] Sich auf die Raummetapher des Textes beziehend, könnte man von einer ‚Erweiterung' der Wirklichkeit sprechen, nicht von einer Verdopplung.

Simmel spricht von der Erneuerung, die das Geheimnis solchen Phänomenen wie Freundschaft und Liebesbeziehungen verleiht. Man kann in dem Geheimnis, das eine ‚Technik' darstellt, ein Verfahren erblicken, das sehr stark der Idee von Novalis ähnelt. Unter den „Anekdoten" befindet sich eine Notiz, die wie eine Fassung des bekannten Gedankens vom Romantisieren der Welt aussieht: „In Geheimniß Stand erheben. Das *Unbekannte* ist der *Reiz* des Erkenntnisvermögens. Das Bekannte reizt nicht mehr.(...)"[292] Eine andere kurze Aufzeichnung lautet: „Von der *geheimen* Welt, vid. 95 2tes Stück des Athe-

---

indeß hier nicht einfach um das Mehr oder Weniger, das der Eine von sich dem Anderen zu erkennen gibt, sondern darum, daß das Gegebene für den Empfänger mehr oder weniger deutlich ist und daß einem Mangel an Deutlichkeit, wie zum Ausgleich, eine proportionale Mehrheit möglicher Deutungen entspricht." (Simmel: Exkurs über den schriftlichen Verkehr, a. a. O., S. 431.)
290 Simmel: Das Geheimnis..., a. a. O., S. 406.
291 Ebenda S. 409.
292 Novalis (Friedrich von Hardenberg): Schriften, hg. von Richard Samuel, Stuttgart 1960, Bd. II, S. 590.

naeums".[293] In der Erklärung des Herausgebers heißt es, es geht um ein von Schleiermacher stammendes Athenaeum-Fragment, das besagt:

> Wenn Welt der Inbegriff desjenigen ist, was sich dynamisch afficirt, so wird es der gebildete Mensch wohl nie dahin bringen, nur in einer Welt zu leben. Die eine müßte die beste seyn, die man nur suchen soll, nicht finden kann. Aber der Glaube an sie ist etwas so heiliges, wie der Glaube an die Einzigkeit der Freundschaft und Liebe.[294]

In „Schopenhauer und Nietzsche"[295] schreibt Simmel, dass der Mensch zwischen zwei Welten ragt, die sich in ihm zwar nicht versöhnen, sich aber treffen, und bemerkt, dass ein solches Bild den meisten großen Weltanschauungen zugrunde liegt. Beispielsweise in der Christenheit hat der Mensch sowohl an dem Reich des Bösen als auch des Guten teil. Simmels Vorstellung des Geheimnisses als einer verborgenen Welt ist aber eher eine Technik, den Dingen einen rätselhaften Sinn zu verleihen, als einer ethischen Idee von der besten Welt.[296]

Traditionell hängt die Idee der Weltverdopplung mit der Spaltung in eine sinnliche Welt des Körpers und eine intelligible Welt des Geistes oder der Seele zusammen.[297] Eine andere Version der Entzweiung der Welt, die mit der ersten verwandt ist, ist die Idee einer hinter dem Sinnlichen und Wahrnehmbaren stehenden Bedeutung, die sich in dem Sinnlichen äußert, ausdrückt oder von ihm symbolisiert wird. Die Figuren des Okkasionellen wie das des Briefes und des Schmückenden, die Simmel in sein Essay zum Geheimnis aufnimmt, verschieben diese einfache Struktur. Er verzichtet, indem er zur ästhetischem Prinzip des

---

293 Ebenda S. 593. [Hervorhebung von Novalis]
294 Ebenda S. 775.
295 Georg Simmel: Schopenhauer und Nietzsche, in: GSG 10., hg. von Michael Behr, Volkhard Krech und Gert Schmidt, Frankfurt/M 1995, S. 167-408.
296 Die Simmelsche Einteilung in Erkenntnis und Phantasie nimmt Musils Gedanken von dem Wirklichkeitssinn und dem Möglichkeitssinn vorweg. (Vgl. Robert Musil: „Wenn es Wirklichkeitssinn gibt, muß es auch Möglichkeitssinn geben", in: Robert Musil: Der Mann ohne Eigenschaften, a. a. O., Bd. I, S. 16-18.) Simmel ist auch an dem Möglichen interessiert, wenn er sagt: „Gerade die Vielheit dessen, was das Gesicht offenbaren kann, macht es oft rätselhaft." [Hervorhebung von Simmel – M.T.] (Simmel: Exkurs über die Soziologie der Sinne, a. a. O., S. 727.) Er nennt das menschliche Gesicht auch eine ‚Symbolik' für das Auge, für das es ‚erzählt'. (Ebenda S. 725. Vgl. hierzu auch das Kapitel II. dieser Arbeit.)
297 Vgl. hierzu: Karol Sauerland: Theorie der materialistischen Literaturbetrachtung, in: Zoran Konstantinović/Albert M. Reh/Karol Sauerland (Hg.): Literaturwissenschaftliche Betrachtungsweisen I, Langs Germanistische Lehrbuchsammlung 65/I, Bern, Frankfurt/M. New York, Paris 1990, Kapitel 1.

Zirkels greift, auf eine Hierarchie der ‚Wirklichkeiten'. An ihre Stelle tritt ein ergänzendes Nebeneinander.

4 Der Schmuck: der zweite Exkurs

Wie sich die offenbare Welt der geheimen gegenüber verhält, könnte ein Bild aus dem „Exkurs über den Schmuck" erklären. Simmel spricht dort, wie bereits erwähnt, von der natürlichen ‚Radioaktivität' des menschlichen Körpers, die sich aus der Verknüpfung des Seelischen mit dem Sinnlichen ergibt. Das Seelische, auf das sich der Blick des Beobachters richtet, ist verborgen. Da das Seelische nicht anders als an dem Sinnlichen, das auf sie verweist, und nicht anders als physiognomisch wahrgenommen werden kann, verweilt der Blick an dem Körperlichen, das dadurch eine Intensität bekommt, die an den sinnlichen Stoff von Kunstwerken erinnert. Hans-Georg Gadamer fasst die Wirkung der Oberfläche des Kunstwerks in der paradoxen Wendung zusammen: „Das Bild ist verweisend, indem es verweilen läßt."[298] Er hat dabei das ‚Zur-Darstellung-Kommen des Seins' im Sinne, wobei er vor allem vom Schmuck und Porträt ausgeht. Dass sich eine solche Verknüpfung von zwei Welten schließlich auch als Wiedergewinnung der durch ihre Selbstverständlichkeit nicht wahrgenommenen Oberfläche der Dinge erweisen kann, zeigt ein Fragment aus dem nachgelassenen Tagebuch Simmels:

> Nicht das, was hinter dem wissenschaftlichen Bild der Dinge liegt, das Dunkle, das Ansich, das Ungreifbare ist jenseits der Erkenntnis – sondern gerade das Unmittelbare, das vollsinnliche Bild, die uns zugewandte Oberfläche der Dinge. Nicht jenseits der Wissenschaft, sondern diesseits ihrer hört das Erkennen auf. Das wir das, was wir sehen, tasten, erleben, nicht in Begriffen ausdrücken, nicht tale quale in Erkenntnisformen hineingestalten können –das deuten wir ganz irrig so aus, als ob hinter den Inhalten ebendieser Formen etwas Geheimnisvolles und Unerkennbares steckte.[299]

Das bei Interpretation der Mode bereits erwähnte Bild einer glänzenden, das Licht widerspiegelnden Oberfläche eines Edelsteins, die in die Augen fällt und den Blick auf sich zieht, kann als eines der zentralen Motive in Simmels Essay angesehen werden. Es verwebt sich jedoch eng mit dem Faden des Nicht-Gesehen-Werdens, des Versteckens, Verschwindens und Verschweigens, die

---

298 Gadamer: Der ontologische Grund des Okkasionellen und des Dekorativen, a. a. O., S. 158.
299 Georg Simmel: Aus dem nachgelassenen Tagebuche, a. a. O., S. 263.

eher an Dunkelheit denken lassen. Das Glänzen des Schmuckes, das auf die verborgenen seelischen Qualitäten des Individuums verweist, findet seine Entsprechung in der dunklen Vieldeutigkeit der Schrift.

5 Die ‚geheime Gesellschaft' als Gemeinschaft

Schleiermacher spricht dem Sinn für eine mögliche Welt dem ‚gebildeten Menschen' zu; Simmel dem modernen Menschen. Den „Exkurs über den schriftlichen Verkehr" schiebt Simmel zwischen die Reflexionen zur geheimen Gesellschaft in dem Augenblick ein, in dem er über die Tradition spricht. Die geheime Gesellschaft fordert den ganzen Menschen und bindet ihn an sich emotionell, vor allem indem sie jeglichen schriftlichen Verkehr verbietet; alle Inhalte sollen mündlich weitergegeben werden. Es geht um die Geheimhaltung bestimmter Inhalte und der Gesellschaft selbst. Neulinge werden auf ihre Fähigkeit, zu schweigen, geprüft. Sie sollen alles im Gedächtnis bewahren, und sich beherrschen können. Simmel verwendet nicht selten Beispiele, bei denen sich das Bild der geheimen Gesellschaft mit einem Bild der primitiven, ‚frühen' Gesellschaft verknüpfen lässt. Man stößt auf Beschreibungen von der Rolle der Autorität und der Rituale, von Masken und Maskieren:

> Durch die rituelle Form erweitert sich der Sonderzweck der geheimen Gesellschaft zu einer geschlossenen (...) Einheit und Ganzheit. (...) Nur ein Gebilde, das irgendwie als ein Ganzes gelten kann, ist imstande, seine Elemente stark an sich zu halten.[300]

Die geheime Gesellschaft kennzeichnet eine ‚Art der organischen Geschlossenheit'. Dagegen tritt der Verbindung von Sprechen und Verschweigen der Brief entgegen, mit seinem Schweigen der Schrift und seinem Freilegen von Inhalten, die in der Rede nicht ausgesprochen werden. Das ‚Verschweigen' der Schrift ist ein anderes Schweigen als das, welches vom Mitglied einer geheimen Gesellschaft erwartet wird. Der Brief stellt den Leser vor ein Rätsel und bietet ihm Stoff zur selbsttätigen Reflexion. Rede und Schrift entsprechen jeweils der unmittelbaren und mittelbaren Tradition:

> Das Angewiesensein auf den Unterricht von Person zu Person (...) dies knüpft den einzel-

---

300 Simmel: Das Geheimnis, a. a. O., S. 438.

nen Teilnehmer mit unvergleichlicher Enge an die Gemeinschaft, läßt ihn dauernd fühlen, daß er, von dieser Substanz gelöst, seine eigene verlieren und sie nirgends wiederfinden würde. (...) Sobald aber die Gattungsarbeit ihre Erträge in der Form der Schriftlichkeit (...) kapitalisiert hat, ist jene unmittelbare organische Saftströmung (...) unterbrochen.[301]

In dem Titel des Essays „Das Geheimnis und die geheime Gesellschaft" verbindet das ‚und' nicht, sondern trennt beide voneinander. Das Geheimnis wird wie das Begehren, das Geheimnis des Individuums zu durchschauen, einer späten Phase der Kultur zugeschrieben. Für Simmel bedeutet gerade die Mittelbarkeit, Mangelhaftigkeit und Entfernung der Schrift von der Rede etwas Positives, das aber nicht etwas Eindeutiges und Leichtes darstellt. Jemand, der mit der mittelbaren Tradition zu tun hat, erscheint stets als Fremder. Er teilt die Vorteile und Nachteile dieser Lage, die Simmel in seinem „Exkurs über den Fremden" als paradoxe Verknüpfung von Nähe und Ferne zum Ausdruck gebracht hatte. Er ist der ‚potentiell Wandernde'[302], gelöst von der organischen Strömung der Gemeinschaft, aber zugleich beweglich und nicht festgelegt, was ihm eine Art von Objektivität verleiht. Er verfügt über einen Raum; kann die eine Quelle und Tradition verlassen und zu einer anderen übergehen, ohne dass er dabei den Verlust seiner ‚Substanz' fürchten muss.[303]

---

301 Ebenda S. 428. Jack Goody schreibt folgendes über die Wende und die räumlich-zeitliche Erweiterung, welche die traditionelle Kultur mit der Erfindung der Schrift erfährt: „Die Bedeutung der Schrift liegt darin, daß sie ein neues Kommunikationsmedium darstellt. Ihre wesentliche Funktion besteht in der Objektivierung der Sprache, d.h. darin, der Sprache mit einem System sichtbarer Zeichen ein materielles Korrelat zu geben. In dieser materiellen Form kann Sprache über räumliche Entfernungen übermittelt und durch die Zeit hindurch bewahrt werden; was Menschen sagen und denken, kann vor der Vergänglichkeit mündlicher Kommunikation gerettet werden. Dank der Schrift kann der Bereich menschlichen Verkehrs – zeitlich wie räumlich – erheblich erweitert werden." (Jack Goody: Funktionen der Schrift in traditionalen Gesellschaften, in: Jack Goody/Ian Watt: Entstehung und Folgen der Schriftkultur, Frankfurt/M 1997, S. 29-61, Zitat S. 26.)
302 Simmel: Exkurs über den Fremden, a. a. O., S. 746.
303 David Frisby erklärt, sich auf andere Autoren berufend, dass dieser Text Simmels eine zentrale Erfahrung seiner Soziologie darstellt. Er bringt die Figur des Fremden mit der des Abenteurers zusammen. (Vgl. David Frisby: Georg Simmels Theorie der Moderne, a. a. O., S. 31.) Zygmunt Bauman bemerkt, dass sich aus der besonderen Verknüpfung von Nähe und Ferne in der Gestalt des Fremden etwas ergibt, was eine klare Kategorisierung der Welt ständig in Frage stellen muss. „Würden wir auf ihn die der Unterscheidung von Freund und Feind dienenden Kriterien anwenden, käme er aus dieser Probe in offenbar absurder Gestalt heraus: gleichzeitig zu eng und zu weit bestimmt. Mittelbar würde er also die Untauglichkeit des Gegensatzes selbst bloßlegen, auf dem sich die Durchschaubarkeit der Welt stützt. Der Simmelsche Fremde

6 Geheimnis als Form und Technik

Das Geheimnis hat, wie der Schmuck, eine raumbildende Potenz. Es verweist auf etwas Weiteres, es ‚räumt ein' und erweitert so das Bruchstück: das aus einem größeren Zusammenhang gerissene Individuum. Simmel kann auf diese Weise den Konflikt zwischen dem Individuellen und dem Allgemeinen mindestens für einen Augenblick auflösen. Er kann den Widerspruch, der in der Metapher des Lebens als Flüssigkeit, die sich in starre Formen gießt, meiden, indem er es als Zirkel fasst. Dabei taucht etwas auf, was sonst nicht auftauchen kann, das Mögliche und Gegensätzliche. Es handelt sich aber eigentlich um eine Eigenschaft des Individuums. In der Schrift „Der Begriff und die Tragödie der Kultur" bemerkt Simmel, der Mensch sei ein Bündel von Möglichkeiten, die auch eine in dem Gegenwärtigen enthaltene Zukunft sind:

> [D]ie Persönlichkeit als Ganzes und als Einheit trägt ein wie mit unsichtbaren Linien vorgezeichnetes Bild in sich, mit dessen Realisierung sie sozusagen statt ihrer Möglichkeit erst ihre volle Wirklichkeit wäre.[304]

Die Funktion des Geheimnisses als Technik ist, den durchbohrenden Blick des Anderen auf das Geheimnis der Persönlichkeit zu lenken. Mit einem jeden Blick dieser Art bekommt sie, sonst brüchig in der ‚differenzierten' modernen Gegenwart, einen Seinszuwachs, wie der Brief mit jeder neuen Interpretation etwas mehr wird und imstande ist, selbst widersprüchliche Deutungen zu ertragen. Das bedeutet nicht, dass dem Individuum etwas ihm Fremdes zugeschrieben wird; es handelt sich darum, ihm seine Selbständigkeit und die Dimension des Möglichen wiederzugeben.

---

ist eine stete Bedrohung der Ordnung der Schöpfung." [Übersetzung des Zitats von der Autorin] (vgl. Zygmunt Bauman: Wieloznaczność nowoczesna, nowoczesność wieloznaczna [Die moderne Vieldeutigkeit, die vieldeutige Moderne], Warszawa 1995, S. 88.)

304 Simmel: Der Begriff und die Tragödie der Kultur, in: Simmel: Philosophische Kultur, in: GSG 14., hg. von Rüdiger Kramme und Otthein Rammstedt, Frankfurt/M 1996, S. 385-416, hier S. 386.

G   Der Essay: das Abenteuer des Geistes

> Der Abenteurer nun, um es mit einem Worte zu sagen,
> behandelt das Unberechenbare des Lebens so,
> wie wir uns sonst nur dem sicher Berechenbaren gegenüber verhalten.
> (...) Darum ist der Philosoph der Abenteurer des Geistes.
> (Georg Simmel: Das Abenteuer, in: Philosophische Kultur. Gesammelte Essais, Leipzig 1911.)

1   Der Essay als ‚Versuch'

‚Essay' heißt auf Französisch ‚der Versuch'. Simmel, der vergessen worden war, gilt nach einer langen Periode fast völligen Vergessenseins als einer der hervorragendsten Essayisten der deutschen Sprache und als bedeutendster Impulsgeber für das essayistische œuvre Kracauers, Walter Benjamins und Theodor W. Adornos. Simmel verwendete selten den Begriff ‚Essay'. Wie Otthein Rammstedt, Verfasser der bisher einzigen Abhandlung über Georg Simmel als Essayisten, bemerkt, findet sich die Bezeichnung ‚Essay' nur in dem Untertitel des 1911 erschienen Bandes „Philosophische Kultur".[305] Simmel war sich allerdings des essayistischen Charakters seines Schaffens bewusst. Die Bezeichnung ‚Versuch' scheint ihm dabei näher gewesen zu sein.[306] Etwas versuchen, bedeutet, etwas wagen, dessen Erfolg man nicht sicher ist; einen neuen Weg betreten. In den Tagebuchnotizen, die uns erst nach Simmels Tod bekannt geworden sind, charakterisierte Simmel den Menschen als das ‚suchende Wesen', wobei das ‚Suchen' sprachliche und inhaltliche Verwandtschaft zum ‚Versuchen' aufweist:

> Der Mensch ist das suchende Wesen schlechthin. Das ist mehr als ‚Wille'. Auch wo wir

---

[305] Otthein Rammstedt: Georg Simmels ‚Henkel-Literatur'. Eine Annäherung n den Essayisten, unveröffentlichtes Manuskript, S. 1-21, hierzu S. 3. Der Artikel enthält auch wertvolle Hinweise auf Sekundärliteratur zum Thema Essay, insbesondere zum Essay in den Gesellschaftswissenschaften.
[306] Ebenda S. 4. Rammstedt nennt auch Begriffe wie ‚Silhouette', ‚Exkurs' und ‚Studie'.

vorstellen, suchen wir, auch wo wir fragen, auch wo wir antworten. Unter den praktischen Lebensformen, von denen die Lebensweisheit redet, kommt der ‚Versuch' kaum vor. Man pflegt sich dessen ungeheure Rolle im Leben, vom höchsten bis zum niedrigsten, nicht klar zu machen. Wieviel ‚Versuch' ist in all unserem Tun, noch unterschieden von der ‚Chance', der ‚Wahrscheinlichkeit' usw.[307]

So gesehen, stellt der Essay als ‚Versuch' nicht bloß eine der paraliterarischen Gattungen dar, über deren Nützlichkeit auf dem Gebiet der Wissenschaft sich diskutieren lässt, sondern entspricht auch der Natur des Menschen als des ‚versuchenden Wesens' und bedeutet zugleich, ein Risiko einzugehen.

Simmels Hinwendung zu der Form des Essays in der Wissenschaft erwächst in gewisser Weise aus seiner literarischer Praxis. Bereits in den „Jugend"-Beiträgen zeichnet sich in den frühen Jahren kurz vor und um 1900 eine Darstellungsform ab, welche Züge des Essays trägt. Es sind die langen Aussagen mancher Protagonisten, in denen sie ihre Gedankenwelt in Worte kleiden. Oft scheinen diese Figuren, Amateurphilosophen und Weltverbesserer, komisch zu sein, und ebenso ihre Reden, die meistens voller Ironie sind. Formell erinnern sie an kleine Essays. Gleichzeitig entstehen in den 90er Jahren Simmels erste essayistische Aufsätze zu soziologischen, ästhetischen und kulturphilosophischen Themen.[308] Die Thematik deckt sich oft mit der in den „Jugend"-Beiträgen. Es geht um Ästhetik und ästhetische Betrachtung, Religion, Geld, und Liebe.[309] 1900 erscheint Simmels „Philosophie des Geldes", die zweifellos essayistische Züge hat, und in deren Vorwort Simmel sich methodologisch zum Verfahren der Kunst bekennt. Um 1900 entstehen zunehmend Texte, die später unmittelbar oder mittelbar –als die in ihnen entwickelten Ideen – in die „Soziologie" aus dem Jahre 1908 aufgenommen werden. Obwohl sie von ihrem Autor nie so signiert wurden, erinnern sie den heutigen Leser wegen ihres bildhaften

---

307 Georg Simmel: Aus dem nachgelassenen Tagebuche, a. a. O., S. 270.
308 Otthein Rammstedt schreibt hierzu: „Der Essay wird für Simmel in dieser Phase seines Lebens umso wichtiger, da die mit Infragestellung-des-Festen angesprochene Problematik keine ist, zu der Simmel sich in Distanz halten kann, sondern sie spielt sich in ihm ab. Seine theoretischen Grundannahmen in Soziologie, Philosophie und Ästhetik stehen ihm zur Disposition, was hier mit Andeutungen gerufen werden kann: In der Soziologie löst sich Simmel vom Positivismus, erst von der Geschichtsphilosophie eines Herbert Spencers, dann von der erfahrungswissenschaftlichen Zugriffsverheißung auf die Wirklichkeit à la Auguste Comte [...]. In der Philosophie bekennt er sich zu einem Relativismus, den er mit dem Wechselwirkungsbegriff verknüpft [...] und in der Ästhetik löst er sich von den naturalistischen Vorgaben [...]" (Rammstedt: Georg Simmels ‚Henkel-Literatur'..., a. a. O., S. 7-8.)
309 Vgl. Rammstedt: Zur Ästhetik Simmels..., a. a. O., S. 4.

Stils und der oft überraschenden Kehren im Gedankengang an Essays. Eindeutig als Essays können die Exkurse aus der „Soziologie" qualifiziert werden. Sie bewegen sich jedes Mal um ein Ding oder ein Phänomen, das aus unterschiedlichsten Perspektiven beleuchtet werden. Simmel scheut nicht die Verwendung von Metaphern.

Nicht nur thematisch sind die „Jugend"-Beiträge den wissenschaftlichen Essays verwandt, und nicht nur das literarische Medium trägt durch seine Lockerheit zur Ausarbeitung der Essayform bei. In den 90-er Jahren, und noch stärker in deren zweiten Hälfte setzt die überreiche Produktion von Essays ein, die für uns gerade ‚den' Simmel darstellen: die Essays über Frauen, Geld, Lüge, Mahlzeit, die Ästhetik der wunderlichsten Dinge, von den italienischen Landschaften bis hin zur ‚soziologischen Ästhetik' und Ästhetik des Henkels am Krug. Die Fähigkeit, das Alltägliche wie auch das scheinbar Banalste zu beobachten, einen Sinn für Absonderlichstes zu entwickeln, hat Simmel in den „Jugend"-Miniaturen gewonnen. Sie stellen sich eine solche Aufgabe zum Ziel: das Unscheinbare und das mehr oder weniger Zufällige soll einer Reflexion unterzogen werden.

Simmel wird Soziologe des Flüchtigen und Unscheinbaren, der Alltagsdinge und des Lebensstils der Moderne genannt. Ich würde hinzufügen, dass er vor allem ein Theoretiker der Nicht-Selbstverständlichkeit der Dinge ist, welche wir normalerweise als rational und selbstverständlich hinnehmen. Durch die Hinwendung zum Essay in seinen wissenschaftlichen Werken vermag er, sich solchen Phänomenen zu nähern, für die die etablierte Wissenschaftssprache keinen Apparat hat, weil sie traditionell auf dem Prinzip, Widersprüche zu vermeiden, aufgebaut ist.

Der Essay erwächst aber nicht aus der Leere; die Beiträge in der „Jugend" unterscheiden sich in vielerlei Hinsicht vom Essay, doch eines ist ihnen gemeinsam: sie dienen dem Auffangen von kleinen, zufälligen Phänomenen, damit über sie reflektiert werden kann. Bei näherem Hinsehen erweisen sich diese Phänomene nicht so sehr als ‚Dinge', sondern als Paradoxien, die in den Dingen, Gesprächen und Situationen enthalten sind. In diesen Paradoxien steckt das Wesentliche, das der von Simmel porträtierten Wirklichkeit eine unverwechselbare Färbung verleiht. Er betrachtet die flüchtigen Dinge und die Phänomene der Moderne aus der Perspektive der zunehmenden Individuation und der psychologischen Sensibilisierung heraus, die einen enormen Einfluss auf die zwischenmenschlichen Beziehungen haben. Erst dies und der Blick für das Paradoxe, die charakteristische Geste Simmels, an einem und demselben Ding widersprüchliche Tendenzen und Aspekte aufzuzeigen, machen das wissenschaftliche Profil Simmels aus. Über die Mode ist vor Simmel bereits viel geschrieben worden, über das Geld ebenso, für den Schmuck hat sich, wenngleich mit Abneigung, bereits Kant interessiert. Doch keiner weist den originellen Blick auf, mit dem Simmel auf diese Phänomene schaut. Nach der Phase der „Jugend"-Beiträge zieht Simmel im Anfangskapitel der „Soziologie" von 1908 einen strengen Strich zwischen Natur(Erkenntnis) und Gesellschaft(Erkenntnis). Er tut es, weil die zwischenmenschliche Wirklichkeit nicht nach den Gesetzen des ausgeschlossenen Dritten funktioniert und sich auch mit ihrer Tiefe nicht beschreiben lässt. Der Unterschied, die Aufeinander-Bezogenheit der Phänomene der menschlichen Welt, die Dunkelheit des Ich und des Du, die Geselligkeit und das gesellige Gespräch, die Vielzahl von Schattierungen, die das zwischenmenschliche Verhältnis verbirgt: all das, samt einer Sprache, die den Paradoxien und den Schattierungen gerecht zu sein versucht, ist später in Simmels Blick auf die Gesellschaft, in der „Philosophie des Geldes", der „Soziologie" und den zahlreichen Essays präsent.

1.1 Georg Lukács und Theodor Adornos Essaytheorien

Hier müssen zwei wesentliche Texte erwähnt werden, die in dem deutschsprachigen Diskurs als Kontext in der Diskussion über die Form des Essays gelten. Beide diese Texte gehen in gewisser Weise auf Simmel zurück. In demselben Jahr, in dem die „Philosophische Kultur" erschien, erschien auch Georg Lukács' Buch „Die Seele und die Formen". Lukács nennt als Kontexte für den Essay die Kritik und das Kunstwerk. Er knüpft damit an die frühromantische Tradition an. Doch zugleich stellt er den Essay eindeutig der Wissenschaft gegenüber, was Simmel nie tut. „In der Wissenschaft wirken auf uns die Inhalte, in der Kunst die Formen; die Wissenschaft bietet uns Tatsachen und Zusammenhänge, die Kunst aber Seelen und Schicksale"[310], notiert Lukács. Leben und Erlebnis stellen

---

310 Georg Lukács: Über Wesen und Form des Essays. Ein Brief an Leo Popper, in: Georg Lukács: Die Seele und die Formen. Essays, Berlin 1911, S. 3-39, Zitat S. 6-7. Wie bekannt, war Lukács von 1909 bis 1912 in Berlin, um Simmels Vorträge zu hören. Ein Ergebnis dieser Studien war der Band „Die Seele und die Formen" und das Interesse an der Form des Essays (Vgl. Rammstedt: Georg Simmels ‚Henkel-Literatur'..., a. a. O., S. 10.) Zum Verhältnis zwischen

für ihn die Wirklichkeit dar, deshalb plädiert er gegen die Trennung von Bild und Bedeutung, die in der Wissenschaft herrscht. Er betont allerdings, dass sich der Essayist – den er auch ‚Kritiker' nennt – dadurch vom Künstler unterscheidet, dass er zwar an Formen arbeitet:

> Der Kritiker ist der, der das Schicksalhafte in Formen erblickt, dessen stärkstes Erlebnis jener Seelengehalt ist, den die Formen indirekt und unbewußt in sich bergen. Die Form ist sein großes Erlebnis, sie ist als unmittelbare Wirklichkeit das Bildhafte, das wirklich Lebendige in seinen Schriften.[311]

– doch keine neuen ‚Dinge' hervorbringt. Der Essay spricht nämlich

> (...) immer von etwas bereits Geformtem, oder bestenfalls von etwas schon einmal Dagewesenem; es gehört also zu seinem Wesen, daß er nicht neue Dinge aus einem leeren Nichts heraushebt, sondern bloß solche, die schon irgendwann lebendig waren, aufs neue ordnet. Und weil er sie nur aufs neue ordnet, nicht aus dem Formlosen etwas Neues formt ist er auch an sie gebunden, muß er immer ‚die Wahrheit' über sie aussprechen, Ausdruck für ihr Wesen finden.'[312]

Zwischen 1954-1958 schrieb Theodor W. Adorno seinen „Essay als Form". Der Text blieb zu seinen Lebzeiten unveröffentlicht. In den ersten Zeilen beruft sich Adorno auf Lukács' „Über Wesen und Form des Essays", erwähnt werden auch Simmel und Benjamin.[313] Nach Adorno vermag der Essay die Alternative zwischen ‚Tatsachenmensch und Luftmensch' zu hinterfragen,[314] d.h. zwischen dem Tatsachenideal der Wissenschaft und dem ‚bloßen Schein' für den die Kunst in der verwalteten Welt gilt. Der Essay habe deshalb einen schlechten Ruf; er gilt als Mischform, als unwissenschaftlich. Er stellt dies in Frage. Lukács habe verkannt, indem er den Essay der Kunst näherte, dass der Essay auch mit Begriffen arbeitet. Weil Adorno den Essay deutlicher in der Zone eines ‚Dazwischen' situiert, scheint er mir, trotz seiner steten Vorbehalte Simmel gegenüber, dieser näher zu stehen als Lukács:

> Im Verhältnis zur wissenschaftlichen Prozedur und ihrer philosophischen Grundlegung als

---

Simmel und Lukács siehe das interessante Buch: Ute Luckhardt: „Aus dem Tempel der Sehnsucht": Georg Simmel und Georg Lukács – Wege in und aus der Moderne, Butzbach 1994.
311 Lukács: Über Wesen und Form..., a. a. O., S. 17.
312 Ebenda S. 23.
313 Zu dem komplizierten Verhältnis Adornos gegenüber Simmel siehe: Rammstedt: Georg Simmels ‚Henkel-Literatur'..., a. a. O., S. 12 ff. Vgl. auch die Anmerkung 197 dieser Arbeit.
314 Theodor W. Adorno: Der Essay als Form, a. a. O., S. 10.

Methode zieht der Essay, der Idee nach, die volle Konsequenz aus der Kritik am System. (...) Der Zweifel an deren unbedingtem Recht ward in der Verfahrensweise des Denkens selber fast nur vom Essay realisiert. Er trägt dem Bewußtsein der Nichtidentität Rechnung, ohne es auch nur auszusprechen (...).[315]

Der Essay erlaube es, die Wissenschaft neu zu erblicken:

> Der Essay pariert nicht der Spielregel organisierter Wissenschaft und Theorie, es sei, nach dem Satz des Spinoza, die Ordnung der Dinge die gleiche wie die der Ideen. Weil die lückenlose Ordnung der Begriffe nicht eins ist mit dem Seienden, zielt er nicht auf geschlossenen, deduktiven oder induktiven Aufbau. Er revoltiert zumal gegen die seit Platon eingewurzelte Doktrin, das Wechselnde, Ephemere sei der Philosophie unwürdig; gegen jenes alte Unrecht am Vergänglichen, wodurch es im Begriff nochmals verdammt wird. Er schreckt zurück vor dem Gewaltsamen des Dogmas (...).[316]

Nach Adorno verweigere der Essay so alle ‚Urgegebenheiten'[317] und bedeute eine Suche nach Freiheit.

2 Die Nähe (und die Ferne) des Essays zur Kunst: der methodologische Ansatz des Essayisten Simmel

Simmels Verfahren in seinen Essays erinnert an das Prinzip des Bildrahmens. Die Semiotiker behaupten, dass der Rahmen für das Kunstwerk konstitutiv sei.[318] Das Ding als Kunstwerk betrachtet, wird aus dem alltäglichen Kontext, aus dem Strom des Lebens herausgerissen und kann phänomenologisch gesehen werden. Es beginnt, zu bedeuten, seiner Gestalt sind Sinne abzugewinnen.

Den Band „Philosophische Kultur" eröffnet eine Einleitung, in der Simmel über die ‚Bewegung des Geistes' schreibt. Er unterscheidet die Wissenschaften (wie Soziologie und Psychologie) und die Philosophie nicht je nach ihrem Gegenstand, sondern spricht von der ‚Attitüde', also von der Perspektive, unter der die jeweilige Disziplin die Dinge betrachtet. Der Unterschied zwischen den Wissenschaften ist einer der ‚Attitüde'. Auch der Alltag oder die Philosophie beinhalten eine besondere Perspektive, aus welcher die Welt gesehen wird.

---

315 Ebenda S. 16-17.
316 Ebenda S. 17.
317 Ebenda S. 19.
318 Siehe hierzu das Kapitel III. dieser Arbeit.

Der Geist ist stets in Bewegung, er ist biegsam und ändert seine Perspektiven, während die strenge Abgrenzung der Wissenschaften nach ihrem jeweiligen Gegenstand den Geist zur Erstarrung bringt.

Bereits in der Vorrede zur „Philosophie des Geldes" bekannte sich Simmel zur Orientierung des philosophischen Verfahrens an dem der Kunst als einem methodischen Ansatz. Simmel will nicht ein System entwickeln, sondern vereinzelte Phänomene auf die ‚Gesamtheit des Daseins' beziehen. Den Weg dahin sucht er in der Methode der Kunst:

> Der ungeheure Vorteil der Kunst gegenüber der Philosophie ist, daß sie sich jedesmal ein einzelnes, eng umschriebenes Problem setzt: einen Menschen, eine Landschaft, eine Stimmung – und nun jede Erweiterung desselben zum Allgemeinen, jene Hinzufügung großer Züge des Weltfühlens, wie eine Bereicherung, Geschenk, gleichsam wie eine unverdiente Beglückung empfinden läßt. Dagegen pflegt die Philosophie, deren Problem sogleich die Gesamtheit des Daseins ist, der Größe dieses gegenüber sich zu verengen und weniger zu geben, als sie verpflichtet scheint. Hier ist nun umgekehrt versucht, das Problem begrenzt und klein zu nehmen, um ihm durch seine Erweiterung und Hinausführung zur Totalität und zum Allgemeinsten gerecht zu werden.[319]

Die Kunst strebt nicht danach, ein Systemgebäude zu errichten. Das System hat den ‚Hang' zur Totalität, wobei Dinge, die in das System nicht hineinpassen, ausgegrenzt werden. Der Philosophie kommen die Dinge abhanden, weil sie außerhalb des Rahmens bleiben müssen. Infolge des Systembaus, der „(...)sich in Distanz vor den Einzelerscheinungen hält."[320], bleiben die Dinge geistlos, der Geist läßt sie als bedeutungslos draußen. Sie verbleiben in „Isolierung und Ungeistigkeit"[321]. Die ‚Erweiterung', welche demgegenüber auch das unscheinbarste Ding erfährt, wenn es Kunst wird, ist unerwartet, überrascht und man braucht Glück, wie bei einem Spiel, sie zu erfassen.

Wie geschieht es, dass die in die ‚Attitüde' der philosophischen Betrachtung gerückten Dinge, wie die ‚Ruine', der ‚Henkel' oder die ‚Alpen', einen Sinn bekommen, und was bedeutet der Bezug auf das ‚Allgemeinste', die Erweiterung um eine ‚Totalität'?[322] Dies scheint wiederum ganz allgemein zu klingen: wenn sich alle Dinge auf das Absolute beziehen, dann ist ihnen kein kon-

---

319 Georg Simmel: Philosophie des Geldes, GSG 6., Frankfurt/M 1989, S. 12-13. Vgl. hierzu auch: Rammstedt: Georg Simmels ‚Henkel-Literatur'..., A. a. O., S.
320 Simmel: Philosophie des Geldes, a. a. O., S. 12.
321 Ebenda S. 12.
322 Zum Problem vom Ganzen und Teil in Bezug auf den Essay bei Simmel, vgl. Rammstedt: Georg Simmels ‚Henkel-Literatur', a. a. O., S. 14 ff.

kreter Sinn abzugewinnen. Mich erinnert Simmels Gedanke, das eigene Verfahren an dem der Kunst zu orientieren, wobei unter ‚Kunst' eine bestimmte ‚Attitüde' verstanden wird, an seine frühe Absicht in den „Jugend"-Beiträgen, die Dinge ‚sub specie aeternitatis' zu betrachten. Wenn er 1900 in der Vorrede zur „Philosophie des Geldes" und in 1911 in dem Vorwort zu „Philosophische Kultur" über den Bezug auf ‚das Ganze des Daseins spricht', den die Kunst als Perspektive der Betrachtung den Dingen verleiht, zeugt das von einer bedeutenden Kontinuität in seinem Denken. Im Vorwort zur „Philosophischen Kultur" nennt Simmel den Bezug des Dinges auf den Begriff ‚Sinngebung'.[323] Was dabei entsteht, erinnert an das ‚Momentbild', an das Emblem, das aus Bild und Wort, also aus Bild und Sinn besteht. Simmel spricht von einer archäologischen Arbeit, vom ‚Aufgraben', Aufdecken verborgener Sinne. Es können ‚unterirdische' Bezüge zwischen einzelnen Elementen entdeckt werden, die auf der Oberfläche nichts miteinander zu tun haben scheinen. Es bedeutet jedoch nicht, dass die Dinge, die sozusagen ‚unterwegs' in Richtung, Totalität des Daseins' unerwartete Sinne enthüllen, indem sie auf verschiedene Begriffe bezogen werden, letztendlich unterschiedslos in einem Allgemeinen aufgehen müssen. Denn „(...) [d]ieser Bewegung sollte sich doch keine auch der flüchtigsten und isoliertesten Oberflächenerscheinungen des Lebens entziehen dürfen; aber zu keinem einzelnen metaphysischen Grundbegriff scheint eine Richtlinie von jedem derartigen Phänomen herabzuführen."[324] Das Verfahren ist der Haltung des Abenteurers ähnlich. Der allerallgemeinste Bezug auf das ‚Dasein' macht nicht unbedingt das Ziel des Verfahrens. Vielleicht gibt es ihn auch nicht, er fordert aber den Philosophen wie den Abenteurer zu einer Geste des ‚als ob', also zum Risiko eines ‚Versuchs'. Sicher ist es kein Zufall, dass sich der Essay „Das Abenteuer" gerade die Sammlung „Philosophische Kultur" eröffnet, die den Untertitel „Gesammelte Essais" trägt. In diesem Essay steht die folgende Passage:

> Der Abenteurer nun, um es mit einem Worte zu sagen, behandelt das Unberechenbare des Lebens so, wie wir uns sonst nur dem sicher Berechenbaren gegenüber verhalten. (Darum ist der Philosoph der Abenteurer des Geistes. Er macht den aussichtslosen, aber darum noch nicht sinnlosen Versuch, ein Lebensverhalten der Seele, ihre Stimmung gegen sich, die Welt, Gott, in begriffsmäßi-

---

323 Georg Simmel: Einleitung, zu: Georg Simmel: Philosophische Kultur, a. a. O, S. 162-167, Zitat S. 166.
324 Ebenda S. 163.

ge Erkenntnis zu formen. Er behandelt dies Unlösbare, als wäre es lösbar.)[325]

Am Ende des Vorworts zur „Philosophischen Kultur" steht eine Parabel, ein spätes ‚Momentbild'. Die Parabel erzählt von den Bauernkindern, die nach einem Schatz suchen. Sie haben ihn nicht gefunden, aber dennoch war ihre Mühe sinnvoll:

> In einer Fabel sagt ein Bauer im Sterben seinen Kindern; in seinem Acker läge ein Schatz vergraben. Sie graben daraufhin den Acker überall ganz tief auf und um, ohne den Schatz zu finden. Im nächsten Jahre aber trägt das so bearbeitete Land dreifache Frucht. Dies symbolisiert die hier gewiesene Linie der Metaphysik. Den Schatz werden wir nicht finden, aber die Welt, die wir nach ihm durchgraben haben, wird dem Geist dreifache Frucht bringen – selbst wenn es sich in Wirklichkeit etwa überhaupt nicht um den Schatz gehandelt hätte, sondern darum, daß dieses Graben die Notwendigkeit und innere Bestimmtheit unseres Geistes ist.[326]

3 Drei Essays zur Ästhetik aus der „Philosophischen Kultur"

3.1 Der Henkel: die Brücke zwischen Kunst und Welt

Der erste Essay „Der Henkel" in Simmels „Philosophischen Kultur", beginnt mit der Frage nach der Geschlossenheit des Kunstwerks und nach seinem Verhältnis zur Welt.[327] Dass der Henkel und der Essay etwas Wesentliches gemeinsam haben, bemerkte schon einer der frühen scharfsinnigen Leser Simmels.

Unter den vielen Würdigungen Georg Simmels fällt die im „Berliner Tageblatt" vom September 1928 ins Auge; denn in ihr wird er erstmals als Essayist, ja, als ‚Schöpfer des philosophischen Essays' gepriesen, was weniger euphorisch 55 Jahre später auch von Jürgen Habermas hervorgehoben wird. Und der Autor dieses Artikels, Leo Matthias, zielt damit nicht auf den Stilisten,

---

325 Simmel: Das Abenteuer, a. a. O., S. 175.
326 Georg Simmel: Einleitung zu: Simmel: Philosophische Kultur..., a. a. O., S. 166-167. Interessant ist, dass auch Lukács in seinem „Brief an Leo Popper" eine dem Prinzip nach identische Geschichte anbringt, um den Weg des Essayisten zu beschreiben: „Es ist richtig, nach der Wahrheit strebt der Essay: doch wie Saul, der da ausging, die Eselinnen seines Vaters zu suchen und ein Königreich fand, so wird der Essayist, der die Wahrheit wirklich zu suchen imstande ist, am Ende seines Weges das nicht gesuchte Ziel erreichen, das Leben." (Georg Lukács: Über Wesen und Form..., a. a. O., S. 26.)
327 Georg Simmel: Der Henkel, in: Simmel: Philosophische Kultur..., a. a. O., S. 278-286.

versteht er doch unter philosophischem Essay weniger nur eine Ausdrucksform, als vielmehr eine Art von Schnittstelle zwischen Theorie und Welt. Die ‚gesamte neuere Literatur' zeichne entsprechend aus, daß in ihr das ‚Abstrakte so angefaßt' werde, ‚daß man zuerst einmal etwas zu fassen versucht (also gleichsam von einer Kanne, von der nichts sichtbar ist als der Griff)'. Damit besitze sie ‚in Simmel ihren Ahnherrn', und man könne, unter ‚Erweiterung eines Titels, den Simmel für einen seiner schönsten Essays benutzt hat, diese Literatur sogar als ‚Henkel-Literatur' bezeichnen; denn ‚mit dem Henkel reicht die Welt an das Gefäß heran, mit dem Ausguß reicht das Gefäß in die Welt hinein'.[328]

Das Kunstwerk begreift Simmel erstmals ganz in der Tradition des autonomen und interesselosen Gefallens; er hält sich an die Kantschen Prinzipien der Anschauung und der Wahrnehmung der Form. So kann auch ein Alltagsgegenstand, ein Krug zum Beispiel, wie ein Kunstwerk betrachtet werden: um seiner Form Willen. Es ist jedoch nicht der Krug, der Simmels Aufmerksamkeit auf sich zieht. Es ist der Henkel am Krug; ein Ding, das nicht einmal Selbständigkeit besitzt, sondern an etwas anderem haftet. Der Henkel stellt ein Übergangsphänomen dar. Er ist einerseits der Griff, welcher zur Handhabung des Gefäßes dient; andererseits fügt er sich in die anschauliche ästhetische Form dieses Gefäßes. „Das Prinzip des Henkels: [ist – M.T.] der Vermittler des Kunstwerks zur Welt hin zu sein, der doch selbst in die Kunstform völlig einbezogen ist (...)"[329]

Der Henkel ist, im Gegensatz zum Gefäß, das zwar direkt zur Aufbewahrung da ist, die Verkörperung einer Funktion. könnte die Vase substantiell sehen, als einen Raum, der mit einer Flüssigkeit erfüllt werden kann. Demgegenüber ist der Henkel, wie viele Phänomene in Simmels Essays, für sich nichts, er hat einen Sinn nur in Beziehung zur Hand und zur Vase; er ist der Vermittler: die ‚Brücke' zwischen zwei sonst einander fremden Welten, wie Simmel ihn nennt. Diese Funktion der Vermittlung von zwei gegensätzlichen Prinzipien wird von Simmel auf das Seelische und das Körperliche erweitert. An sich isoliert genommen, ist er aber sinnlos.

Dem Exemplifizieren sozialer Phänomene am Henkel geht eine Feststellung voran, die den Henkel als Verweis auf eine Transzendierung der klassischen Ästhetik darstellt:

Es ist von prinzipiellstem Interesse, daß die rein formalen *ästhetischen* Anforderungen an

---

328 Rammstedt: Georg Simmels ‚Henkel-Literatur'..., a. a. O., S. 1. Rammstedt erwähnt das Vorwort von Habermas zu Simmels „Philosophischen Kultur" (a. a. O., Berlin 1984) und zitiert Leo Matthias' Artikel aus dem „Berliner Tageblatt" vom 4. September 1928.
329 Simmel: Der Henkel, a. a. O., S. 283.

den Henkel dann erfüllt sind, wenn seine symbolischen Bedeutungen: der geschlossenen Einheit der Vase zuzugehören und zugleich der Angriffspunkt einer, dieser Form ganz äußerlichen Teleologie zu sein – zu Harmonie oder Gleichgewicht gekommen sind. Dies fällt nicht etwas unter das wunderliche Dogma, daß die Nützlichkeit und die Schönheit als zwei einander *fremde* Forderungen an den Henkel herantreten (...) und daß nun gleichsam eine Schönheit höherer Ordnung beide übergreift und ihren Dualismus in letzter Instanz als eine nicht weiter beschreibliche Einheit offenbart. Durch die Spannweite seiner beiden Zugehörigkeiten wird der Henkel zu einem höchst bezeichnenden Hinweis auf diese, von der Kunstlehre noch kaum berührte höhere Schönheit, für die alle Schönheit im engeren Sinne nur ein Element ist; (...).[330]

Indem sich die traditionelle Autonomie-Ästhetik selbst transzendiert, erreicht sie einen Bereich, welcher die tatsächliche Lebenswelt der Menschen ist: das Dritte, das aus Kontemplation und Praxis besteht.

3.2 Die Ruine: Versöhnung zwischen Geist und Natur?

Eines der berühmtesten Essays von Simmel, „Die Ruine", eignet sich besonders, um an ihm das Verfahren, Ding und Begriff aufeinander zu beziehen, aufzuzeigen.[331] Die Ruine war eines der wichtigsten Embleme der Barockzeit.[332] Die Rezeption von Walters Benjamin Buch „Ursprung des deutschen Trauerspiels" führte zu großer Popularität und Reinterpretation der Allegorie in der gegenwär-

---

330 Ebenda S. 285
331 Georg Simmel: Die Ruine, in: Simmel: Philosophische Kultur..., a. a. O., S. 287-295.
332 Gérard Raulet verfolgt in seinem Artikel „Die Ruinen im ästhetischen Diskurs der Moderne" die Wiederkehr barocker Ruinenmotive seit der Aufklärungszeit bis ins späte 19. Jahrhundert. Er bezieht sich u.a. auf Diderot, auf die Gemälde des Malers Hubert Robert, auf Hölderlins „Hyperion" und Jacob Burkhardts Renaissance-Buch. (Vgl.: Gérard Raulet: Die Ruinen im ästhetischen Diskurs der Moderne, in: Norbert Bolz/Willem van Reijen (Hg.): Ruinen des Denkens. Denken in Ruinen, Frankfurt/M 1996, S. 179-214.) Im Kontext der Moderne nennt er Benjamin und auch Simmel: „Warum nun sind Ruinen schön? Wenn man etwa in Georg Simmels berühmtem Aufsatz Aufklärung sucht, stößt man auf die Formel von der Gerechtigkeit der Zerstörung. (...) Die Ruine ist eine Gestalt zwischen Artefakt und Entropie. Die Natur hat ihr Zerstörungswerk noch nicht vollendet, aber die Totalität des Menschenwerks ist zerschlagen. Wir können nun sehr einfach vermuten, daß die Sympathie für die Ruine aus einem Unbehagen an von Menschen gestifteten Totalitäten rührt. Man zieht das Bruchstück dem Ganzen, das Fragment dem System und den Torso der vollendeten Skulptur vor. Statt zu planen und Theorien zu strukturieren, nimmt unsere Arbeit lieber die Formen des patchworks oder der bricolage an." (Norbert Bolz: Einleitung. Die Moderne als Ruine, in: Norbert Bolz/Willem van Reijen (Hg.): Ruinen des Denkens..., a. a. O., S. 7-23, Zitat S. 8-9.)

tigen Literatur- und Kulturwissenschaft.³³³ Benjamin verband die Allegorie mit der reflexiven Wahrnehmung der Welt und mit der Fragmentarisierung, im Gegensatz zum Symbol, in dem er einen Drang nach Totalität erblickt. Die Allegorie hängt mit dem Begriff zusammen, sie entzieht sich nicht dem Begriff und der Reflexion, wie das Symbol es tut.³³⁴ Benjamin schätzte die Texte Simmels, dessen Einfluss gehört mittlerweile zu den Selbstverständlichkeiten der Benjamin-Forschung.³³⁵ In Simmels Essay taucht der Begriff der Allegorie nicht auf, sein Verfahren bewegt sich aber zwischen sinnlicher Anschauung und Reflexion, so dass er die Ruine wie eine Schrift liest. Benjamin schreibt, „der allegorische Tiefblick verwandelt Dinge und Werke in erregende Schrift"³³⁶ Er nennt die Allegorien die ‚Ruinen des Denkens':

> Wenn mit dem Trauerspiel die Geschichte in den Schauplatz hineinwandert, so tut sie es als Schrift. Auf dem Antlitz der Natur steht ‚Geschichte' in der Zeichenschrift der Vergängnis. Die allegorische Physiognomie der Natur-Geschichte, die auf der Bühne durch das Trauerspiel gestellt wird, ist wirklich gegenwärtig als Ruine. (...) Allegorien sind im Reiche der Gedanken was Ruinen im Reiche der Dinge. Daher denn der barocke Kultus der Ruine (...) Was da in Trümmern abge-

---

333 Walter Benjamins gescheiterte Habilitationsschrift „Ursprung des deutschen Trauerspiels" erschien als Buch 1928.
334 Mit der romantischen Wende gegen das Nachahmungsprinzip kam die Idee auf, das Schöne könne nicht übersetzt werden. Karl Philipp Moritz schrieb in den 80er Jahre des 18. Jahrhunderts: „Das Schöne kann wohl erreicht, nicht aber übersetzt werden. Die Poesie, die Malerei, die Musik sind gemäß Moritz ‚höhere Sprachen', die das zum Ausdruck bringen, was über das Denkvermögen und das mit Worten Sagbare hinausgeht. (...) Man könnte nun sagen, daß alle Merkmale des Kunstwerks sich in einem einzigen Begriff konzentrieren, dem die Romantiker später den Namen Symbol geben werden. Doch Moritz verwendet dieses Wort noch in seiner alten Bedeutung (im Sinn eines willkürlichen Zeichens), und er verfügt im Grunde genommen über kein Wort, um diese für die Kunst charakteristische Art des Bedeutens zu bezeichnen. Er begnügt sich damit zu sagen: das Schöne, die Kunst, die Mythologie. Allerdings hat er einen Begriff, der das Gegenteil des Symbols bezeichnet (die anderen Romantiker werden ihm darin folgen), nämlich den Begriff der Allegorie. Das darin enthaltene Morphem allos mag allein den Unwillen erklären, den Moritz diesem Wort gegenüber empfindet: Die Allegorie setzt etwas voraus, im Gegensatz zum Schönen, das in sich selber vollendet ist." (Tzvetan Todorov: Symboltheorien. Tübingen 1995, S.156-157.) [Hervorhebung im Zitat von Todorov] Benjamin hat die Romantiker anders gesehen.
335 Zu Benjamin, Simmel, den Ruinen und den Allegorien siehe auch: Bryan S. Turner: Ruine und Fragment. Anmerkungen zum Barockstil, in: Willem van Reijen (Hg.): Allegorie und Melancholie, Frankfurt\M 1992, S. 202-219, und: Gérard Raulet: Die Ruinen im ästhetischen Diskurs der Moderne, in: Bolz/van Reijen: Ruinen des Denkens.., a. a. O., S. 179-214.
336 Walter Benjamin: Ursprung des deutschen Trauerspiels, in: Walter Benjamin: Gesammelte Schriften. Band I.1 Abhandlungen, Frankfurt/M 1991, S. 203-430, Zitat S. 352.

schlagen liegt, das hochbedeutende Fragment, das Bruchstück: es ist die edelste Materie der barocken Schöpfung.[337]

Zwei Hauptbegriffe, von denen Simmels Interpretation des Phänomens Ruine ausgeht, sind Geist und Natur. Sie stellen den Gegensatz dar, der den Kontext bestimmt, in dem die Ruine gesehen wird. Zwischen dem „Willen des Geistes und der Notwendigkeit der Natur",[338] lesen wir am Anfang des Textes, gibt es einen ewigen Konflikt. Die Architektur veranschaulicht sehr deutlich den Sieg des Geistes über die Natur, da die Eigengesetzlichkeit des Steines, seine Schwere, in der Baukunst dem Streben des Geistes nach oben dient, dem Gesetz der Schwere entgegen. Während in den übrigen Künsten der Stoff durch den Geist völlig verdeckt werde, stellt das Gebäude den Stein und die Überwindung dieses Materials durch den Geist gerade zur Schau.[339]

Der Leser hat keine bestimmte Ruine vor Augen, erwähnt werden manche Beispiele, sie meinen jedoch auch keine bestimmten Orte. Er fragt auch nicht nach der ursprünglichen Bestimmung des Gebäudes; ihn interessiert nicht, ob es ein Palast, ein Mietshaus oder eine Kirche war, ob es zum Wohnen dient oder zu Repräsentationszwecken. Es bedeutet aber nicht, dass Simmel bloß im Geist, im Begriff verbleibt. Er sucht nach anschaulichen Merkmalen der Ruine und nach Bedeutungen, die mit deren anschaulichen Gestalt verbunden sind. Es sind halb bewusste, halb intuitive Assoziationen, die mit dem Vertikalen, dem Horizontalen, der Schwere und der Schwerkraft verbunden werden.

Simmels Aufsatz lässt sich wie ein Kommentar zu Hegels „Phänomenologie des Geistes" lesen, obwohl auf das Buch in dem Text nicht verwiesen wird. Die Interpretation der Baukunst als Bild des die Natur überwindenden Geistes ruft jedoch Hegels Namen in Erinnerung. Simmel nennt den Stein, aus dem das Gebäude errichtet worden ist, die ‚Materie' und versieht ihn mit dem Adjektiv ‚mechanisch'. Die den mechanischen Kräften unterliegende Materie ist das Bild der Natur, den die Naturwissenschaft produziert. Die Naturwissenschaft, also der Geist, der in den Werken des Menschen seinen Sieg über die Natur feiert, produziert auch Abfall und Rand seiner Wirklichkeit: nämlich die

---

337 Ebenda S. 354.
338 Simmel: Die Ruine, a. a. O., S. 287.
339 Diese Einsicht lässt sich wahrscheinlich von Simmels zeitgenössischer Kunst und seiner Kunstvorlieben nicht trennen. Er spricht vom Aufgehen des Stofflichen von Marmor in der Skulptur. Hier orientiert sich Simmel vor allem an Rodin, der die Haut und den Körper darstellen wollte.

in die tote Mechanik verwandelte Natur. Simmel verleiht ihr auf metaphorische Weise ein lebendiges Gesicht, indem er die Materie in der Baukunst mit einem Menschen vergleicht, der eigene Ziele zu verfolgen glaubt, sich aber in Wirklichkeit in Sklaverei befindet:

> Die Baukunst (...) benutzt und verteilt (...) die Schwere und die Tragkraft der Materie nach einem nur in der Seele möglichen Plane, allein innerhalb dieses wirkt der Stoff mit seinem unvermittelbaren Wesen, er führt gleichsam jenen Plan mit seinen eigenen Kräften aus. Es ist der sublimste Sieg des Geistes über die Natur – wie wenn man einen Menschen so zu leiten versucht, daß unser Wollen von ihm nicht unter Überwältigung seines eigenen Willens, sondern durch diesen selbst realisiert wird (...).[340]

Was Simmel an der Ruine anzieht, ist der Augenblick des Verfalls. In dem Moment, in dem das Gebäude zur Ruine wird, kehrt sich das Verhältnis der Kräfte um. Jetzt sieht es so aus, als ob die Schwere der toten Materie aktiven Widerstand dem Emporsteigen des Geistes setzt. Die Materie scheint die Aktivität eines Wesens zu besitzen, die an dem Geist Rache nehmen möchten. Die Rache ist eine schweigende, sie zieht das Werk des Geistes in den Abgrund, die Materie verschließt sich und kehrt in sich selbst zurück:

> In dem Augenblick aber, wo der Verfall des Gebäudes die Geschlossenheit der Form zerstört, treten die Parteien wieder auseinander und offenbaren ihre weltdurchziehende ursprüngliche Feindschaft: als sei die künstlerische Formung nur eine Gewalttat des Geistes gewesen, der sich der Stein widerwillig unterworfen hat, als schüttle er dieses Joch nun allmählich ab und kehre wieder in die selbständige Gesetzlichkeit seiner Kräfte zurück.[341]

Simmel ändert die Perspektive, indem er von der Ruine als einem Kunstwerk spricht. Aber er tut es anders, als er dies am Anfang des Essays tat, wo er die Architektur ein Kunstwerk nannte. Das architektonische Kunstwerk beruht auf dem Prinzip des Gleichgewichts: die emporsteigende Kraft des Geistes ist so groß, dass sie die Materie ordnet und sich nicht eigenwillig dem Gesetz der Schwerkraft fügen lässt. Die Ruine ist aber ein viel geheimnisvolleres Kunstwerk. Sie stellt die Beschädigung zur Schau. Sie ist eine Ausnahme im Reiche der Kunst. Ein beschädigtes Gemälde, eine abgebrochene Statue oder ein Gedicht, aus dem stellenweise Wörter getilgt worden sind, seien nicht imstande, diese ‚Löcher' in ihr Wirken zu integrieren. Um ein solches beschädigtes

---

340 Simmel: Die Ruine, a. a. O., S. 287.
341 Ebenda S. 288.

Kunstwerk zu interpretieren, sehen wir von den ‚Löchern' ab; wir versuchen zu erraten, welche Wörter im Gedicht fehlen, wir rekonstruieren beschädigte Gemälde. Die leeren Stellen sind dem Kunstwerk äußerlich; sie betreffen den materiellen Gegenstand, der das Kunstwerk trägt. Die Ruine stellt dagegen eine Ausnahme dar. Wir sind imstande, sie als Kunstwerk zu sehen, ohne von ihrem Verfallscharakter zu abstrahieren; ja, der Verfallscharakter ist der besondere Reiz der Ruine, ohne den sie nicht das wäre, was sie ist.

Das Kunstwerk Ruine schließt die Schäden im künstlerischen Ganzen. Sowohl die ‚Löcher' kommen zur Geltung als auch das, was sie verursacht: die Natur. Die Kräfte der Natur sind *nachgewachsen* in *das Verschwundene und Zerstörte des Kunstwerks.*[342] Es wäre, sich in Simmels Spuren bewegend, zu fragen, ob unser heutiges Verständnis für beschädigte, fragmentarische Kunstwerke, die wir über die klassische Ästhetik hinaus als künstlerische Ganzheiten zu empfinden imstande sind, nicht ursprünglich ein an der Ruine geschultes Sehen ist.[343]

Keines der eigentlichen Kunstwerke, wie die Malerei oder die Dichtung, erlaubt, dass von außen her Fremdes in sie eindringt. Sie sind fest umrahmt, bestehen auf der Grenze zwischen Kunst und Welt. Wenn sie von der Rache der Natur sprechen, dann stellen sie diese in ihrem Medium dar, als ihr Thema, als den so genannten Stoff. In der Ruine ist das Kunstwerk überhaupt die Bedingung, dass die Natur in ihr als eigenständig handelnde zur Geltung kommt.

Vom Standpunkt des Geistes her ist die Gestalt der Ruine sinnlos, denn der Geist arbeitet auf Zwecke hin; die Säule, der Palast und die Kirche haben ihren Zweck und verwirklichen eine Idee. Die „Verfallsgestalt ist ein sinnloser Zufall; allein ein neuer Sinn nimmt diesen Zufall auf, ihn und die geistige Gestaltung in eins umfassend, nicht mehr in menschlicher Zweckmäßigkeit, sondern in der Tiefe gegründet, wo diese und das Weben der unbewußten Naturkräfte

---

342 Ebenda.
343 „Die Renaissance bedeutet ja wörtlich nichts andres als den Traum einer Resurrektion der Antike, die im italienischen Quattrocento mit den Anfängen der Archäologie und der Denkmalspflege beginnt und die Aeneas Sylvius Piccolomini, der 1458 Papst wird, unterstützt. (...) Die Päpste haben diese archäologischen Bemühungen gefördert; unter Alexander VI. entdeckte man die Grotesken, d.h. die Wandmalereien und die Gewölbedekorationen, und man fand in Porto d' Anzo den Apoll von Belvedere (...). Nur wurde der Torso eben nicht als Torso wahrgenommen, sondern es herrschte der Trieb zu seiner Ergänzung." (Gérard Raulet: Die Ruinen im ästhetischen Diskurs der Moderne, a. a. O., S. 183-184.)

ihrer gemeinsamen Wurzel entwachsen."³⁴⁴ Simmel spricht vom ‚unbewussten Weben' der Naturkräfte. Der Geist hat seine zweckmäßige, rationale Seite. Die Natur, die in seinen Bereich der Bedeutungen eingedrungen ist, zeigt sich wie dessen Unbewusstes. Simmel schreibt mit Faszination über die Farben der Erde, die durch die Vegetation und das Wetter die ursprünglichen Farben des Bauwerkes verändern, über die Umrisse, die zufällig sind denn hinter ihnen stehen kein Subjekt und kein Geist obwohl für uns einen Sinn bekommen. Die Ruine ist der seltene Fall, wo ein Menschenwerk wie Naturgebilde empfunden wird und in Verwandtschaft mit den Formen der Berge und Felsen tritt:

> Dieselben Kräfte, die durch Verwitterung, Ausspülung, Zusammenstürzen, Ansetzen von Vegetation dem Berge seine Form verschaffen, haben sich hier an dem Gemäuer wirksam erwiesen. Schon der Reiz der alpinen Formen, die doch meistens plump, zufällig, künstlerisch ungenießbar sind, beruht auf dem gefühlten Gegenspiel zweier kosmischer Richtungen: vulkanische Erhebung oder allmähliche Schichtung haben den Berg nach oben gebaut, Regen und Schnee, Verwitterung und Abfall, chemische Auflösung und die Wirkung allmählich sich eindrängender Vegetation haben den oberen Rand zersägt und ausgehöhlt, haben Teile des nach oben Gehobenen nach unten stürzen lassen und so dem Umriß seine Form gegeben.³⁴⁵

Die Ruine kehrt das gewaltvolle Verhältnis des Geistes zur Natur um:

> In der Schichtung von Natur und Geist pflegt sich doch, ihrer kosmischen Ordnung folgend, die Natur gleichsam als der Unterbau, der Stoff oder das Halbprodukt, der Geist als das definitiv Formende, Krönende darzubieten. Die Ruine kehrt diese Ordnung um, indem das vom Geist Hochgeführte zum Gegenstand derselben Kräfte wird, die den Umriß des Berges und das Ufer des Flusses geformt haben.³⁴⁶

Die Natur ist hier keine Vegetation, kein Leben, nicht Pflanzen und Tiere, sondern das Tote, das Chemische, das Unorganische. Es ist nicht das Bild der belebten Landschaft, der vegetativen ‚Mutter Natur', zu der alles zurückkehrt; es ist der Stein, das Ungeschichtliche. An der Ruine zeigt sich zugleich, dass Geist und Natur einer ‚gemeinsamen Wurzel' zu entwachsen scheinen. Das von Außen her Eindringende erweist sich als etwas, was drin war, aber ausgestoßen worden ist.

Simmel wiederholt Hegels Meinung, dass Kunstwerke „auch für die In-

---

344 Simmel: Die Ruine, a. a. O., S. 289.
345 Ebenda S. 289-290.
346 Ebenda S. 290.

telligenz, für die geistige Betrachtung, nicht für die bloß sinnliche."[347] bestimmt seien. Er liest an der Form des Gegenstandes, der Ruine oder des Henkels, Bedeutungen ab. Nach Hegel ist das Sinnliche des Kunstwerks jedoch nur ein „ideelles, abstraktiv Sinnliches".[348] Die Form ist für ihn nur das Gefäß für den Inhalt. „Deswegen passen Inhalte, die einen Stand des Begriffs erreicht haben, nicht mehr zur künstlerischen, also bildhaften Form. Ein abstrakter Satz läßt sich für sich fassen ohne solchen Schmuck, der nur Langeweile erregt, weil Inhalt und Form nicht sind ineinandergewachsen."[349] Simmel bedient sich des Begriffs des Geistes in seinen „Hauptproblemen der Philosophie" Der Name Hegels erscheint dort zwar nur als einer unter mehreren denkerischen Größen, trotzdem muss ihn Hegels Begriff der Aufhebung interessiert haben, schließlich war er mit einem Relativismus und einem Zwischen verbunden. Man denke an seine Bemerkung,

> (...) das Anderssein, der Gegensatz eines Weltmomentes, zu dessen eignem Wesen gehört, daß es an seinem Gegensatz – und an der Versöhnung mit diesem Gegensatz — zu sich selbst kommt. (...) Jedes Ding wird ganz es selbst erst, wenn es seinen Gegensatz in sich aufgenommen hat. (...) Ein tiefes Gefühl für die Tragik des Daseins liegt in dieser Anweisung auf das Nein, die in jedem Ja enthalten ist, die das Ja erst zu seinem rechten Sinne kommen läßt. Aber es liegt darin auch die Versöhnung, die dieser Tragik durch den Entwicklungsgedanken kommt, indem Ja und Nein miteinander das höhere Ja erzwingen, das jedem der Gegensätze erst die volle Entfaltung seiner Keime und das Niederreißen der Grenzen gewährt, mit denen sie bisheriger Gegensatz es beengte.[350]

Das Vokabular in dieser spezifisch tragikbewussten Interpretation der Hegelschen Philosophie erinnert an das Vokabular in dem Ruinenessay. Simmel nähert den Gegensatz von These und Antithese seiner eigenen Sicht der Tragik, die darauf beruht, dass ein Ding und ein Prozess bereits ihre Verneinung und ihr Ende in sich haben. Die ‚Versöhnung' lässt die Gegensätze weiter existieren, wenngleich aber in einem höheren ‚Ja'. Das Gefühl einer Versöhnung ergibt sich hier für Simmel nicht aus dem Gewinnen eines Begriffs, der beide früheren Widersprüche aufeinander bezieht und sie überwindet, sondern aus dem gewonnenen Gleichgewicht und der Distanz, mit dem man Widersprüchliches betrachten kann. Es handelt sich also um Kategorien ästhetischer Anschauung, Gleich-

---

347 Hegel: Vorlesungen über die Philosophie der Kunst, a. a. O., S. 19.
348 Ebenda S. 21.
349 Ebenda S. 30.
350 Georg Simmel: Hauptprobleme der Philosophie, in: GSG 14., S. 7-157, Zitat S. 76. Die „Hauptprobleme der Philosophie" erschienen als Monographie 1910.

gewicht gehört in die Komposition, Betrachten zu einem Sich-Verhalten zu Kunstwerken.

Durch das Wirken der Naturprozesse kommt es zur Ruine. Form ist eigentlich etwas, was zum Geist zählt, es ist der Geist, der Formen schafft, und sich selbst in den kulturellen Objektivierungen entäußert. Daher haben die Formen des Geistes Sinn, wir vermuten hinter ihnen gezieltes Wirken. Die Gestalten, welche die unbelebte Natur, dürfen in der Perspektive des Geistes keinen Sinn haben. Sie können auch keine ‚Seele' verbergen, denn es gibt nichts, was seelenloser wäre als die tote Materie und der Stein. Doch Simmel sucht nach einer ‚Seele' und einem ‚Sinn' der Ruine. Ihre Form hat eine Bedeutsamkeit, die unmittelbar nachempfunden werden kann. Die Vertikalen, die nach oben streben, die Spuren der Zerstörung und Verfalls, die nach unten ziehende Schwerkraft: die unmittelbar anschauliche äußere Form wirft Bedeutungen auf, die einen objektiven Status beanspruchen können, obwohl ihre Sinne nicht festgelegt sind. Um die Form ‚nachempfinden' zu können, müssen wir der Ruine gegenüber eine Haltung einnehmen, die wir dem Kunstwerk gegenüber einnehmen: die der interesselosen Betrachtung, welche sich auf die Form konzentriert und nicht nach dem Zweck oder den Bewohnern des Gebäudes fragt. Die Ruine wird zu eine Form, die eine ‚Seele' in sich birgt. Dieses Verfahren ist der Ansatz, den Simmel in Bezug auf die Dinge in den meisten seiner Texte verwendet. „(...) [D]ie Produkte des spezifisch modernen Lebens [werden] nach ihrer Innerlichkeit gefragt, sozusagen der Körper der Kultur nach seiner Seele (...)."[351] Ist es aber möglich, die ‚Seele' an einem verfallenen Gebäude abzulesen? Der Ort, der dafür prädestiniert ist, wäre einzig das Gesicht. Dass Simmel zwischen dem Gesicht und dem Kunstwerk wesentliche Analogien sieht, hatte ich zu zeigen versucht.[352] Diese Physiognomik muss man auch im Kontext der Gestaltpsychologie sehen, die sich um die Jahrhundertwende herausbildete. Eine ästhetische Haltung dem Ding gegenüber einzunehmen bedeutet, es so zu betrachten, wie wir es mit dem menschlichen Gesicht tun: eine Seele in der sinnlichen Form, oder, besser noch, die Seele als die sinnliche Form zu erblicken.

Am Ende des Essays bekommt die Perspektive der Seele und der im ewigen Kampf miteinander stehenden Kräften eine auf die Kultur bezogene Interpretation. Simmel erblickt in der Ruine das Gleichnis einer reifen Kultur, die eine „unbegrenzte *Beeindruckbarkeit* und das überallhin offene Verstehen"

---

351 Simmel: Die Großstädte und das Geistesleben, in: GSG 7., a. a. O., S. 116-131, Zitat S. 116.
352 Siehe hierzu das Kapitel II dieser Arbeit.

und ein „Sichzusammenfinden aller Gegenstrebungen" kennzeichnen.[353] Diese Kultur nimmt so viel Heterogenes auf, dass sie nicht imstande ist, einen einheitlichen, erkennbaren Stil zu schaffen, eher operiert sie mit verschiedenen Stilen, die sie kompiliert, umgestaltet und wechselt. Eine solche ‚alexandrinische' Epoche erkennt sich nicht in dem stolzen Werk des emporsteigenden und über die Materie siegenden Geistes wieder, sondern in dem Bild der Ruine, in der der Geist zugunsten einer höheren Form auf sein Auf-Sich-Bestehen verzichtet.

3.3 Die Alpen: der absolute Grenzfall der Symbolisierung

In dem der Ruine folgenden Essay „Die Alpen"[354] benutzt Simmel das Wort ‚Symbol', wie auch ‚Sinnbild' in Bezug auf die bergigen Formen. Er spricht von „den übergroß aufsteigenden Felsen, von durchsichtigen und schimmernden Eishänge[n], von dem Schnee der Gipfel, der keine Beziehung mehr zu den Niederungen der Erde hat als von Symbole[n] des Transzendenten."[355] Es klingt hier noch ein von dem klassischen älteren Verständnis des Symbols an, das keine Grenze zwischen Symbol und Allegorie zog. Spuren dieser Bedeutung des Symbols finden wir, wenn wir die Werke des für Simmel wohl wichtigsten Philosophen aufschlagen: Immanuel Kant. Im §59 der „Kritik der Urteilskraft", wo von der ‚Schönheit als Symbol der Sittlichkeit' die Rede ist, spricht dieser von der Darstellung als Versinnlichung. Sie ist

> (...) zweifach: entweder *schematisch,* da einem Begriffe, den der Verstand faßt, die korrespondierende Anschauung a priori gegeben wird; oder symbolisch, da einem Begriffe, den nur die Vernunft denken, und dem keine sinnliche Anschauung angemessen sein kann, eine solche untergelegt wird (...).[356]

Nach Kant sind die Symbole Vernunftbegriffe vermittelst einer Analogie:

> So wird ein monarchischer Staat durch einen beseelten Körper, wenn er nach inneren Volksgesetzen, durch eine bloße Maschine aber (wie etwa eine Handmühle), wenn er durch einen einzelnen absoluten Willen beherrscht wird, in beiden Fällen aber nur symbolisch vorgestellt. Denn

---

353 Simmel: Die Ruine, a. a. O., S. 295.
354 Georg Simmel: Die Alpen, in: Simmel: Philosophische Kultur..., a. a. O., S. 296-303.
355 Ebenda S. 298.
356 Immanuel Kant: Kritik der Urteilskraft, hg. von Karl Vorländer, Hamburg 1993, S. 211.

zwischen einem despotischen Staate und einer Handmühle ist zwar keine Ähnlichkeit, wohl aber zwischen der Regel, über beide und ihre Kausalität zu reflektieren.[357]

Anders als in den späteren Symboltheorien, welche die Unbegreiflichkeit des Symbols betonten, ist hier der Begriff gegeben; die Reflexion bezieht den Begriff und das Ding aufeinander. Für Kant handelt es sich dabei um Erkenntnis, wenngleich um eine zweiten Ranges, nicht um eine vom theoretischen, sondern vom praktischen Wert, nämlich „was die Idee (...) für uns den zweckmäßigen Gebrauch derselben werden soll."[358] So stellen wir uns als Gläubige Gott bloß symbolisch vor, da wir eine solche Darstellung in unserem irdischen Leben brauchen, um uns an Gott wenden zu können.

Für Simmel, der sich immanent in „Die Alpen" auf Kants Überlegungen zum Erhabenen bezieht, ist die Regel der Analogie in der Reflexion wichtig. Sie vermittelt vor allem zwischen dem Anschaulichen und dessen Deutung, wie das auch bei der Ruine der Fall war. Diesmal versucht er die alpine Form allerdings als Grenzfall der Bedeutung zu lesen. Die Alpen sind vor allem die Masse des Stoffes, „deren Undifferenziertheit sich einheitlich unter den Spitzen hinstreckt und der für sich sinnlosen Individualisiertheit dieser einen einheitlichen Körper gibt."[359] Sie sind eine Form, die sinnlos ist, sinnlos in ihrer Bizarrtheit, in ihrer Größe, in der Zufälligkeit des Umrisses. Hier stößt man auf das Stumpfe, die formlose und die sinnlose Form, in der es keine Spur vom Leben und Geist gibt, eine blinde schweigende Form:

> Die Alpen wirken einerseits als das Chaos, als die ungefüge Masse des Gestaltlosen, das nur zufällig und ohne eigenen Formsinn einen Umriß bekommen hat, das Geheimnis der Materie schweigt heraus (...) Wir fühlen hier das Irdische als solches in seiner ungeheuren Wucht, das noch ganz fern von allem Leben und Eigenbedeutung der Form ist.[360]

Es ist eine Herausforderung für die sogenannte Lebensphilosophie. Bedeutend ist, dass Simmel in diesem Aufsatz nicht vom Geist spricht, sondern vom Leben. Der Geist kann nichts anfangen mit der formlosen Masse des Unorganischen, ‚das Geheimnis der Materie' schweigt in ihr. Simmel definiert das Leben zwar in Hinblick auf das Seelische, aber es ist nicht von Begriffen befreit bzw. abge-

---

357 Ebenda S. 212.
358 Ebenda S. 213.
359 Simmel: Die Alpen, a. a. O., S. 297.
360 Ebenda S. 298.

trennt zu sein. Das Leben ist eine Bewegung zwischen Gegensätzen, es beruht auf Unterschieden, die zu empfinden etwas Menschliches ist:

> Wir sind Wesen des Maßes; jedes Phänomen, das durch unser Bewußtsein geht, hat eine Quantität, ein mehr oder minder seiner Qualität. Nun aber bestimmen alle Quantitäten sich nur gegenseitig, es gibt ein Großes nur, wenn es ein Kleines gibt und umgekehrt, ein hohes, weil es ein tiefes gibt, ein Häufiges, weil es ein Seltenes gibt und so fort. Jedes Ding miß sich an seinem anderen, jedes ist Pol zu einem Gegenpol (...). Denn das Leben ist die unaufhörliche Relativität der Gegensätze, die Bestimmung des einen durch das andere und des anderen durch das eine, die flutende Bewegtheit, in der jedes Sein nur als ein Bedingtsein bestehen kann.[361]

Die Alpenlandschaft, ist eine Wüste des Lebens, das Andere des Lebens schlechthin. Simmel fasst es als Grenzerfahrung. Die Masse kann nicht adäquat in die so genannte Kunst aufgenommen werden, kann es nicht

> (...) weil sie sozusagen beziehungslos ist und jeder Verschiebungsmöglichkeit und Gegenspieles zu einem ihr Korrelativen entbehrt, verlangt sie nach keiner Vollendung oder Erlösung durch künstlerisches sehen oder Geformtwerden, sie setzt dem die unüberwindliche Wucht ihrer bloßen Existenz entgegen.[362]

Wahrscheinlich steht die ‚wüste Alpenlandschaft' nicht zufällig nach dem Henkel und nach der Ruine. Der Henkel war eine Brücke zwischen zwei Aspekten der menschlichen Welt: zwischen der Betrachtung und der Praxis. Dank einer Transzendierung der Ästhetik vermochte der Henkel ein Drittes zu veranschaulichen, das aus diesen beiden besteht und in dem der Mensch tatsächlich lebt. Der Henkel symbolisierte das Verhältnis zwischen Individuum und Gesellschaft, welches selbst kein Zweierlei, sondern eine Brücke ist. In der Ruine war es die ästhetische Anschauung, die zur Brücke zwischen der Welt der Menschen und der der Natur wurde. An dem Felsen der Alpen versucht Simmel schließlich über das Leben selbst zu reflektieren: über die Beweglichkeit des Geistes, die in den beiden vorherigen Essays Brücken schlug zwischen Gegensätzen:

> Aus dem Eindruck des Hochgebirges aber sieht uns eine Ahnung und ein Symbol entgegen, daß das Leben sich mit seiner höchsten Steigerung an dem erlöst, was in seine Form nicht mehr eingeht, sondern über ihm und ihm gegenüber ist.[363]

---

361 Ebenda S. 301 ff.
362 Ebenda S. 302.
363 Ebenda S. 303.

Das Leben braucht diese steinernen Masse, die schweigt, um sich als „die flutende Bewegtheit, in der jedes Sein nur als Bedingtsein bestehen kann zu begreifen."[364] Es hallt wie ein Echo von der Felswand wider und kehrt zu sich selbst zurück.

---

364 Ebenda.

H Zusammenfassung und Ausblick

Blickt man auf das Schaffen von Georg Simmel zurück, so wird nicht nur deutlich, dass er durch die stete Verschiebung der Grenze zwischen ästhetischer und wissenschaftlicher Sprechweise und das dauernde Feilen an seiner Ausdrucksform Werkzeuge schuf, die es ihm erlaubten, Phänomene in den Diskurs der Wissenschaft aufzunehmen, mit denen sich andere Soziologen damals schwer getan haben und nach wie vor schwer tun. Erkennbar wird ferner, dass sich bei veränderter Lektüre der Simmelschen Schriften auch Sinne offenbaren, die uns Einblick in die Tiefe der geschichtlichen Prozesse von langer Dauer gewähren. Der moderne Individualismus, der in der Analyse Simmels so viel Platz einnimmt, basiert in der Epoche, in der dieser sich herausgebildete, nämlich im 18. Jahrhundert, auf der Autonomieästhetik. Das autonome Kunstwerk und die Schule, Kunst als autonomen Bereich des interesselosen Gefallens zu sehen, festigte und bestätigte die Autonomie des Individuums in der Realität. All das geschah vor dem Hintergrund des definitiven Untergangs der feudalen Gesellschaft. Seine eigene Zeit diagnostizierte Simmel als den Augenblick, in der sich der moderne Individualismus ‚bis zum Umbrechen' zuspitzte, und er fand für diese Zuspitzung eine geeignete Ausdrucksform in der Denkfigur des Dekorativen, das nicht mehr der Autonomieästhetik angehört, sondern sich an deren Rand befindet. Im gleichen Augenblick wird die Soziologie als Wissenschaft geboren und zu deren zentralen Problemen gehört die komplizierte Wechselwirkung zwischen Individuum und Gesellschaft. Um dieses Problem zu lösen, erfinden die Soziologen den Begriff der Vergesellschaftung. Kein anderer ist hier konsequenter vorgegangen als Georg Simmel, der feststellte, dass die Diskussion darüber, ob die Gesellschaft den Individuen oder eher diese der Gesellschaft vorangehen, eine leere Diskussion sei. Stattdessen hob er die Denkfigur der Wechselwirkung im Ästhetischen auf (im hegelschen Sinne des Wortes aufheben), ohne nach einem eindeutigen und festen ‚Urprinzip' zu suchen, und fragte nach den kleinen und großen Anfängen, die sich wie momentane Spalten der Unberechenbarkeit stets mitten in unserer Vergesellschaftung auftun, weil wir Individuen sind. Das heißt nicht, dass wir Genies oder besonders originell sind, sondern schlicht, dass wir nicht imstande sind, vollkommen und unverändert zu wiederholen, was uns beigebracht wird. Deshalb steht bei Simmel das Ungeschick und das Verfehlen so hoch auf seiner Werteleiter. Es bedeutet aber auch, dass wir in der Vergesellschaftung stets auf das Urteilen im Kantschen Sinne angewiesen sind, d.h. auf Neues reagieren und alte Rezepte und Gewohnheiten distanziert betrachten müssen. So gelangen wir mit Simmel in die Nähe von Hannah Arendts Sicht des Politischen, so wie sie diese in „Das Urteilen. Texte zu Kants politischer Philosophie" darlegte, das aber auch in all ihren anderen Schriften latent präsent ist. Auf die Weise habe ich in meiner Arbeit den Blick von der Vergangenheit in die Gegenwart und in die Zukunft gelenkt, wobei man Simmels Werk über die Zeit der Zuspitzung der Individualität bis zu deren Umbrechen auch im Kontext von Michel Foucaults Studien über den Aufstieg und Untergang des Menschen lesen kann – als deren soziologisches Pendant. Simmel schrieb, dass unsere Vergesellschaftung ohne die Momente des Unwiederholbaren absolut anders wäre; er war allerdings nicht der Meinung, dass eine solche Gesellschaft unmöglich sei. Deshalb sollten uns seine Schriften auch dazu anregen, zu überdenken, was wir im Falle einer tief greifenden Veränderung gewinnen und was wir verlieren würden.

Literaturverzeichnis

Texte von Georg Simmel

Georg Simmel: Der Konflikt der modernen Kultur, München 1921.
Georg Simmel: Georg Simmel Gesamtausgabe, hg. von Otthein Rammstedt, geplant auf 24 Bände, erscheint seit 1992 im Suhrkamp Verlag in Frankfurt/M. Im Text abgekürzt angegeben als GSG.

Insbesondere werden folgende Texte berücksichtigt:

Aus dem nachgelassenen Tagebuche, in: GSG 20. (Postume Veröffentlichungen. Schulpädagogik), hg. von Torge Karlsruhen und Otthein Rammstedt, Frankfurt/M 2004, S. 261-296.
Aesthetik des Porträts, in: GSG 7. (Aufsätze und Abhandlungen 1901-1908, Bd. I.), hg. von Rüdiger Kramme, Angela Rammstedt und Otthein Rammstedt, Frankfurt/M 1995, S. 321-332.
Beiträge aus der „Jugend" 1897-1907, in: GSG 17. (Miszellen, Glossen, Stellungnahmen, Umfrageantworten, Leserbriefe, Diskussionsbeiträge 1889-1920. Anonyme und pseudonyme Veröffentlichungen 1888-1920), hg. von Klaus Christian Köhnke unter Mitarbeit von Cornelia Jaenichen und Erwin Schullerus, Frankfurt/M 2004, S. 374-440.
Böcklins Landschaften, in: GSG 5. (Aufsätze und Abhandlungen 1894-1900), hg. von Heinz-Jürgen Dahme und David P. Frisby, Frankfurt/M 1992, S. 96-104.
Das Abenteuer, in: GSG 14. (Hauptprobleme der Philosophie, Philosophische Kultur. Gesammelte Essais), hg. von Rüdiger Kramme und Otthein Rammstedt, Frankfurt/M 1996, S. 374-384.
Das Geheimnis und die geheime Gesellschaft, in: GSG 11. (Soziologie. Untersuchungen über die Formen der Vergesellschaftung), hg. von Otthein Rammstedt, Frankfurt/M 1992, S. 383-455.
Das Problem der Sociologie, in: GSG 5. (Aufsätze und Abhandlungen 1894-1900), hg. von Heinz-Jürgen Dahme und David P. Frisby, Frankfurt/M 1992, S. 52-61.
Das Problem der Soziologie, in: GSG 11. (Soziologie. Untersuchungen über die Formen der Vergesellschaftung), hg. von Otthein Rammstedt, Frankfurt/M 1992, S. 13-62.
Das Problem des Stiles, in: GSG 8. (Aufsätze und Abhandlungen 1901-1908), hg. von Alessandro Cavalli und Volkhard Krech, Frankfurt/M 1993, S. 374-384.
Das Relative und das Absolute im Geschlechter-Problem, in: GSG 14. (Hauptprobleme der Philosophie, Philosophische Kultur. Gesammelte Essais), hg. von Rüdiger Kramme und Otthein Rammstedt, Frankfurt/M 1996, S. 219-255.

Der Begriff und die Tragödie der Kultur, in: GSG 14. (Hauptprobleme der Philosophie, Philosophische Kultur. Gesammelte Essais), hg. von Rüdiger Kramme und Otthein Rammstedt, Frankfurt/M 1996, S.385-416.
Der Bildrahmen. Ein ästhetischer Versuch, in: GSG 7. (Aufsätze und Abhandlungen 1901-1908, Bd. I.), hg. von Rüdiger Kramme, Angela Rammstedt und Otthein Rammstedt, Frankfurt/M 1995, S. 101-108.
Der Henkel, in: GSG 14. (Hauptprobleme der Philosophie, Philosophische Kultur. Gesammelte Essais), hg. von Rüdiger Kramme und Otthein Rammstedt, Frankfurt/M 1996, S. 278-286.
Die Alpen, in: GSG 14. (Hauptprobleme der Philosophie, Philosophische Kultur. Gesammelte Essais), hg. von Rüdiger Kramme und Otthein Rammstedt, Frankfurt/M 1996, S. 296-303.
Die ästhetische Bedeutung des Gesichts, in: GSG 7. (Aufsätze und Abhandlungen 1901-1908, Bd. I.), hg. von Rüdiger Kramme, Angela Rammstedt und Otthein Rammstedt, Frankfurt/M 1995, S. 36-42.
Die beiden Formen des Individualismus, in: GSG 7. (Aufsätze und Abhandlungen 1901-1908), hg. von Rüdiger Kramme, Angela Rammstedt und Otthein Rammstedt, Frankfurt am Main 1995, S. 49-56.
Die Großstädte und das Geistesleben, in: GSG 7. (Aufsätze und Abhandlungen 1901-1908, Bd. I.), hg. von Rüdiger Kramme, Angela Rammstedt und Otthein Rammstedt, Frankfurt/M 1995, S. 116-131.
Die Mode, in: GSG 14. (Hauptprobleme der Philosophie, Philosophische Kultur. Gesammelte Essais), hg. von Rüdiger Kramme und Otthein Rammstedt, Frankfurt/M 1996, S. 186-218.
Die Ruine, in: GSG 14. (Hauptprobleme der Philosophie, Philosophische Kultur. Gesammelte Essais), hg. von Rüdiger Kramme und Otthein Rammstedt, Frankfurt/M 1996S. 287-295.
Einleitung, zu: Philosophische Kultur, in: GSG 14. (Hauptprobleme der Philosophie, Philosophische Kultur. Gesammelte Essais), hg. von Rüdiger Kramme und Otthein Rammstedt, Frankfurt/M 1996, S. 162-167.
Exkurs über den Fremden, in: GSG 11. (Soziologie. Untersuchungen über die Formen der Vergesellschaftung), hg. von Otthein Rammstedt, Frankfurt/M 1992, S. 764-771.
Exkurs über den Schmuck, in: GSG 11. (Soziologie. Untersuchungen über die Formen der Vergesellschaftung), hg. von Otthein Rammstedt, Frankfurt/M 1992, S. 414-421.
Exkurs über die Frage ‚Wie ist Gesellschaft möglich?', in: GSG 11. (Soziologie. Untersuchungen über die Formen der Vergesellschaftung), hg. von Otthein Rammstedt, Frankfurt/M 1992, S. 42-61.
Exkurs über die Soziologie der Sinne, in: GSG 11. (Soziologie. Untersuchungen über die Formen der Vergesellschaftung), hg. von Otthein Rammstedt, Frankfurt/M 1992, S. 722-742.
Philosophie des Geldes, in: GSG 6, hg. von David P. Frisby und Klaus Christian Köhnke, Frankfurt/M 1989.
Rembrandt. Ein kunstphilosophischer Versuch, in: GSG 15. (Goethe. Deutschlands innere Wandlung. Das Problem der historischen Zeit. Rembrandt), hg. von Uta Kösser, Hans-Martin Kruckis und Otthein Rammstedt, Frankfurt/M 2003, S. 305-515.

Schopenhauers Ästhetik und die moderne Kunstauffassung, in: GSG 8. (Aufsätze und Abhandlungen 1901-1908, Bd. II.), hg. von Alessandro Cavalli und Volkhard Krech, Frankfurt/M 1993, S. 87-107.
Soziologie der Geselligkeit, in: GSG 12. (Aufsätze und Abhandlungen 1909-1918), hg. von Klaus Latzel, Frankfurt/M 2001, S. 177-193.
Stefan George. Eine kunstphilosophische Studie, in: GSG 7. (Aufsätze und Abhandlungen 1901-1908, Bd. I.), hg. von Rüdiger Kramme, Angela Rammstedt und Otthein Rammstedt, Frankfurt/M 1995, S. 21-35.
Über die Liebe (Fragment), in: GSG 20. (Postume Veröffentlichungen. Schulpädagogik), hg. von Torge Karlsruhen und Otthein Rammstedt Frankfurt/M 2004, S. 116-175.

Andere Literatur

Theodor W. Adorno: Der Essay als Form, in: Theodor W. Adorno: Noten zur Literatur, Frankfurt/M 1974, S. 9-33.
Theodor W. Adorno und Max Horkheimer: Dialektik der Aufklärung, Frankfurt/M 2003.
Theodor W. Adorno: Henkel, Krug und frühe Erfahrung, in: Theodor W. Adorno: Noten zur Literatur, Frankfurt/M 1974, S. 556-566.
Theodor W. Adorno: Versuch, das Endspiel zu verstehen, in: Theodor W. Adorno: Noten zur Literatur, Frankfurt/M 2003, S. 281-321.
Theodor W. Adorno: Vorwort zu: Emile Durkheim: Soziologie und Philosophie, Frankfurt/M 1970.
Ernst Bloch: Spuren, Frankfurt/M 1983.
Charles Baudelaire: Die Moderne, in: Charles Baudelaire: Ausgewählte Werke, hg. von Franz Blei, München, ohne Jahr.
Zygmunt Bauman: Prawda nauki, prawda sztuki [Die Wahrheit der Wissenschaft, die Wahrheit der Kunst], in: Zygmunt Bauman: Ponowoczesność jako źródło cierpień [Das Unbehagen in der Postmoderne], Warszawa 2000, S. 199-223.
Zygmunt Bauman: Razem, osobno [Zusammen, getrennt], Kraków 2003.
Zygmunt Bauman: Wieloznaczność nowoczesna, nowoczesność wieloznaczna [Die moderne Vieldeutigkeit, die vieldeutige Moderne], Warszawa 1995.
Walter Benjamin: Berliner Kindheit um neunzehnhundert, in: Gesammelte Schriften Bd. IV/1., hg. von Rolf Tiedemann und Hermann Schweppenhäuser, Frankfurt/M 1980, S. 305-438.
Walter Benjamin: Denkbilder, in: Gesammelte Schriften Bd. IV/1., hg. von Rolf Tiedemann und Hermann Schweppenhäuser, Frankfurt/M 1980, S. 235-304.
Walter Benjamin: Der Erzähler. Betrachtungen zum Werk Nikolai Leskows, in: Gesammelte Schriften Bd. II/2, hg. von Rolf Tiedemann und Hermann Schweppenhäuser, Frankfurt/M 1980, S. 438-465.
Walter Benjamin: Aus dem Tagebuch einer Verlorenen, in: Gesammelte Schriften Bd. VI., hg. von Rolf Tiedemann und Hermann Schweppenhäuser, Frankfurt/M 1985, S. 152-157.
Walter Benjamin: Ursprung des deutschen Trauerspiels, in: Gesammelte Schriften Bd. I.1.: Abhandlungen, hg. von Rolf Tiedemann und Hermann Schweppenhäuser, Frankfurt/M 1991, S. 203-430.
Hans Blumenberg: Geld oder Leben. Eine metaphorologische Studie zur Konsistenz der

Philosophie Georg Simmels, in: Hannes Böhringer/Karlfried Gründer (Hg.): Ästhetik und Soziologie um die Jahrhundertwende: ‚Georg Simmel', Frankfurt/M 1976, S. 121-134.
Karl Heinz Bohrer: Die Grenzen des Ästhetischen, in: Wolfgang Welsch (Hg.): Die Aktualität des Ästhetischen, München 1993, S.48-64.
Norbert Bolz: Einleitung. Die Moderne als Ruine, in: Norbert Bolz/Willem van Reijen (Hg.): Ruinen des Denkens. Denken in Ruinen, Frankfurt/M 1996, S. 7-23.
Silvia Bovenschen: Über die Listen der Mode, in: Silvia Bovenschen: Die Listen der Mode, Frankfurt am Main 1986, S. 10-30.
Heiko Christians: Gesicht, Gestalt, Ornament. Überlegungen zum epistemologischen Ort der Physiognomik zwischen Hermeneutik und Mediengeschichte, in: Deutsche Vierteljahresschrift für Literaturwissenschaft und Geistesgeschichte, Nr. 74/2000, S. 84-110.
Herman Coenen: Diesseits von subjektivem Sinn und kollektivem Zwang. Schutz - Durkheim - Merleau-Ponty. Phänomenologische Soziologie im Feld des zwischenleiblichen Verhaltens, München 1985.
Heinz-Jürgen Dahme: Der Verlust des Fortschrittsglaubens und die Verwissenschaftlichung der Soziologie. Ein Vergleich von Georg Simmel, Ferdinand Tönnies und Max Weber. In: Otthein Rammstedt (Hg.): Simmel und die frühen Soziologen. Nähe und Distanz zu Durkheim, Tönnies und Max Weber, Frankfurt/M 1970.
Lucien Dällenbach/Christiaan L. Hart Nibbrig: Fragmentarisches Vorwort, in: Lucien Dällenbach/Christiaan L. Hart Nibbrig (Hg.): Fragment und Totalität, Frankfurt/M 1984, S. 7-17.
Jacques Derrida: Parergon, in: Jacques Derrida: Wahrheit in der Malerei, Wien 1992, S. 31-176.
Emile Durkheim: Soziologie und Philosophie, Frankfurt/M 1970.
Werner Ehlich: Bild und Rahmen im Altertum. Die Geschichte des Bildrahmens, Leipzig 1953.
Norbert Elias: Über den Prozeß der Zivilisation, Bern 1969.
Norbert Elias: Was ist Soziologie?, München 1996.
Elena Esposito: Die Verbindlichkeit des Vorübergehenden: Paradoxien der Mode, Frankfurt/M 2004.
Manfred Frank: Das ‚fragmentarische Universum' der Romantik, in: Lucien Dällenbach/ Christiaan L. Hart Nibbrig (Hg.): Fragment und Totalität, Frankfurt/M 1984, S. 212-223.
Manfred Frank: Stil in der Philosophie, Stuttgart 1992.
Sigmund Freud: Jenseits des Lustprinzips, in: Studienausgabe, Frankfurt/M 1969-1975, Bd. 3., S. 213-272.
David Frisby: Fragmente der Moderne. Georg Simmel - Siegfried Krakauer - Walter.Benjamin, Rheda-Wiedenbrück 1989.
David Frisby: Georg Simmel in Wien, Wien 2000.
David Frisby: Georg Simmels Theorie der Moderne, in: Heinz-Jürgen Dahme/Otthein Rammstedt (Hg.): Georg Simmel und die Moderne, Frankfurt/M 1984, S. 9-79.
David Frisby: Preface to the Third Edition, in: Georg Simmel: The Philosophy of Money. Third enlarged Edition, translated by Tom Bottomore and David Frisby from a first draw by Kaethe Mengelberg, S. XV-Xlvi.
David Frisby: Sociological Impressionism. A reassessment of Georg Simmel's Social Theory, London 1981.

Eduard Fuchs: Ich bin der Herr dein Gott! in: Eduard Fuchs: Die Frau in der Karikatur. Sozialgeschichte der Frau, München 1906, S. 263-280. Jetzt auch abgedruckt als: Eduard Fuchs: Ich bin der Herr dein Gott!, in: Silvia Bovenschen (Hg.): Die Listen der Mode, Frankfurt/M 1986, S. 156-178.

Hans Georg Gadamer: Der ontologische Grund des Okkasionellen und des Dekorativen, in: Hans Georg Gadamer: Wahrheit und Methode, Tübingen 1986, S. 149-165.

Kurt Gassen/Michael Landmann (Hg.): Buch des Dankes an Georg Simmel. Briefe, Erinnerungen, Bibliographie, Berlin 1958.

Manfred Geier: Das Sprachspiel der Philosophen. Von Parmenides bis Wittgenstein, Reinbek bei Hamburg 1993.

Jack Goody: Funktionen der Schrift in traditionalen Gesellschaften, in: Jack Goody, Ian Watt und Kathleen Gough: Entstehung und Folgen der Schriftkultur. Mit einer Einleitung von Heinz Schlaffer, Frankfurt/M 1997, S. 25-61.

Bryan S. Green: Literary Methods and Sociological Theory. Case Studies of Simmel and Weber, Chicago 1988.

Jürgen Habermas: Simmel als Zeitdiagnostiker. Vorwort zu: Georg Simmel: Philosophische Kultur, Berlin 1986, S. 7-17.

Roger Häußling: Nietzsche und die Soziologie. Zum Konstrukt des Übermenschen, zu dessen anti-soziologischen Implikationen und zur soziologischen Reaktion auf Nietzsches Denken, Würzburg 2000.

Georg Wilhelm Friedrich Hegel: Vorlesungen über die Philosophie der Kunst, hg. von Annemarie Gethmann-Siefert, Hamburg 2003.

Historisches Wörterbuch der Philosophie, Joachim Ritter/Karl Grunder (Hg.), Bd. 9, Stuttgart 1995.

Hugo von Hofmannsthal, Ein Brief, in: Hugo von Hofmannstahl: Sämtliche Werke, Bd. XXXI. Erfundene Gespräche und Briefe, hg. von Ellen Ritter, Frankfurt/M 1991.

Roman Jakobson: Linguistik und Poetik, in: Roman Jakobson: Poesie der Grammatik und Grammatik der Poesie. Sämtliche Gedichtanalysen, Bd. I, Berlin 2007, S. 155-216.

Jean Paul: Einfältige aber gutgemeinte Biographie einer neuen angenehmen Frau von bloßem Holz, die ich längst erfunden und geheirathet, in: Jean Paul: Auswahl aus des Teufels Papieren (Jean Paul's Sämmtliche Werke, Bd. XVI.), Berlin 1826, S. 187-224.

Werner Jung: Georg Simmel zur Einführung, Hamburg 1990.

Immanuel Kant: Kritik der Urteilskraft, Hamburg 1954.

Immanuel Kant: Kritik der Urteilskraft, hg. von Karl Vorländer, Hamburg 1993.

Dietmar Kamper/Willem van Reijen (Hg.): Die unvollendete Vernunft. Moderne versus Postmoderne, Frankfurt/M 1987.

Ralf Konersmann: Lebendige Spiegel. Die Metapher des Subjekts, Frankfurt/M 1991.

Siegfried Kracauer: Georg Simmel, in: Siegfried Kracauer: Das Ornament der Masse, Frankfurt/M 1963, S. 209-248.

Jacques Lacan: Das Spiegelstadium als Bildner der Ichfunktion, wie sie uns in der psychoanalytischen Erfahrung erscheint, in: Jacques Lacan: Schriften I., Berlin 1986, S. 61-70.

Johann Caspar Lavater: Physiognomische Fragmente, Stuttgart 1999.

Wolf Lepenies: Die drei Kulturen. Soziologie zwischen Literatur und Wissenschaft, München 1985.

Donald N. Levine: Das Problem der Vieldeutigkeit in der Begründung der Soziologie bei

Emile Durkheim, Max Weber und Georg Simmel, in: Otthein Rammstedt (Hg.): Simmel und die frühen Soziologen. Nähe und Distanz zu Durkheim, Tönnies und Max Weber, Frankfurt/M 1970.
Klaus Lichtblau: Ästhetische Konzeptionen im Werk Georg Simmels, in: „Simmel Newsletter" Vol. 1., Nr. 1, Summer 1991, S. 22-35.
Ute Luckhardt: „Aus dem Tempel der Sehnsucht": Georg Simmel und Georg Lukács – Wege in und aus der Moderne, Butzbach 1994.
Niklas Luhmann: Das Kunstwerk und die Selbstreproduktion der Kunst, in: Hans Ulrich Gumbrecht (Hg.): Stil, Frankfurt/M 1986, S. 620-672.
Georg Lukács: Die Theorie des Romans, Berlin 1971.
Georg Lukács: Über Wesen und Form des Essays. Ein Brief an Leo Popper, in: Georg Lukács: Die Seele und die Formen. Essays, Berlin 1911, S. 1-39.
Jurij Lotman: Kultur und Explosion, Frankfurt/M 2010.
Jurij Lotman: Die Struktur des künstlerischen Textes, München 1972.
Robert Musil: Der Mann ohne Eigenschaften, Berlin 1994.
Brigitta Nedelmann: ‚Psychologismus' oder Soziologie der Emotionen? Max Webers Kritik an der Soziologie Georg Simmels, in: Otthein Rammstedt (Hg.): Simmel und die frühen Soziologen. Nähe und Distanz zu Durkheim, Tönnies und Max Weber, Frankfurt/M 1970, S.11-35.
Friedrich Nietzsche: Der Wille zur Macht. Versuch einer Umwertung aller Werte, ausgewählt und geordnet von Peter Gast, unter Mitwirkung von Elisabeth Förster-Nietzsche, Stuttgart 1996.
Friedrich Nietzsche: Sämtliche Werke. Kritische Studienausgabe in 15 Einzelbänden, hg. von Giorgio Colli und Giacomo Montinari, Berlin 1999.
Novalis (Friedrich von Hardenberg): Schriften, hg. von Richard Samuel, Bd. II., Stuttgart 1960.
Christian Papilloud: Tausch. Autopsie eines soziologischen Topos, in: Otthein Rammstedt (Hg.): Georg Simmels „Philosophie des Geldes". Aufsätze und Materialien, Frankfurt/M 2003, S. 158-165.
Otthein Rammstedt: Die Attitüden der Klassiker als unsere soziologischen Selbstverständlichkeiten. Durkheim, Simmel, Weber und die Konstitution der modernen Soziologie, in: Otthein Rammstedt (Hg.): Simmel und die frühen Soziologen. Nähe und Distanz zu Durkheim, Tönnies und Max Weber, Frankfurt/M 1970.
Otthein Rammstedt: Editorischer Bericht, in: GSG 11 (Soziologie. Untersuchungen über die Formen der Vergesellschaftung), hg. von Otthein Rammstedt, Frankfurt/M 1992, S. 877-905.
Otthein Rammstedt: Georg Simmels ‚Henkel-Literatur'. Eine Annäherung an den Essayisten, unveröffentlichtes Manuskript, S. 1-21.
Otthein Rammstedt: Zur Ästhetik Simmels. Die Argumentation in der „Jugend" 1897-1906, „Beiträge der Georg-Simmel-Gesellschaft" 1.22, Bielefeld 1988, S. 1-26.
Gérard Raulet: Die Ruinen im ästhetischen Diskurs der Moderne, in: Bolz/van Reijen: Ruinen des Denkens. Norbert Bolz/Willem van Reijen (Hg.): Ruinen des Denkens. Denken in Ruinen, Frankfurt/M 1996, S. 179-214.
Rainer Maria Rilke: Werke. Auswahl in zwei Bänden, Leipzig 1957.
Karol Sauerland: Diltheys Erlebnisbegriff. Entstehung, Glanzzeit und Verkümmerung eines literaturhistorischen Begriffs, Berlin-New York 1972.
Karol Sauerland: Pojęcie hermeneutyki u Schleiermachera [Schleiermachers Hermeneutikbegriff], in: „Więź" 4/1993, S. 99-107.

Karol Sauerland: Theorie der materialistischen Literaturbetrachtung, in: Zoran Konstantinovic/Albert M. Reh/Karol Sauerland (Hg.): Literaturwissenschaftliche Betrachtungsweisen I, Langs Germanistische Lehrbuchsammlung 65/I, Bern, Frankfurt/M. New York, Paris 1990, Kapitel 1.

Karol Sauerland/Hubert Treiber (Hg.): Heidelberg im Schnittpunkt intellektueller Kreise. Zur Topographie ‚geistiger Geselligkeit' eines ‚Weltdorfes': 1850-1950, Wiesbaden 1994.

Friedrich Schiller: Über die ästhetische Erziehung des Menschen in einer Reihe von Briefen, in: Friedrich Schiller: Werke in zwanzig Bänden, hg. von Otto Güntter, Weimar 1962, Bd. XX, S. 309-412.

Heinz Schlaffer: Denkbilder. Eine kleine Prosaform zwischen Dichtung und Gesellschaftstheorie, in: Theo Elm/ Hans H. Hiebel (Hg.): Die Parabel. Parabolische Formen in der deutschen Dichtung des 20. Jahrhunderts, Frankfurt/M 1986, S. 174-194.

Friedrich Daniel Ernst Schleiermacher: Hermeneutik und Kritik, hg. und eingeleitet von Manfred Frank, Frankfurt/M 1999.

Arthur Schnitzler: Traumnovelle, München 2004.

Eberhard Wilhelm Schulz: Zum Wort ‚Denkbild', in: Eberhard Wilhelm Schulz: Wort und Zeit, Neumünster 1968, S. 218-252.

Annette Simonis: Gestalttheorie von Goethe bis Benjamin. Diskursgeschichte einer deutschen Denkfigur, Köln 2001.

Werner Sombart: Wirtschaft und Mode. Ein Beitrag zur Theorie der modernen Bedarfsgestaltung, Wiesbaden 1902, inzwischen abgedruckt in: Silvia Bovenschen (Hg.): Die Listen der Mode, Frankfurt/M 986, S. 80-105.

Friedrich H. Tenbruck: Georg Simmel; in: „Kölner Zeitschrift für Soziologie und Sozialpsychologie" Nr. 19/1958, S. 587-614.

Tzvetan Todorov: Symboltheorien, Tübingen 1995.

Bryan S. Turner: Ruine und Fragment. Anmerkungen zum Barockstil, in: Willem van Reijen (Hg.): Allegorie und Melancholie, Frankfurt/M 1992, S. 202-219.

Boris Uspenskij: Poetik der Komposition. Struktur des künstlerischen Textes und Typologie der Kompositionsformen, hg. und nach einer revidierten Fassung des Originals bearbeitet von Karl Eimermacher. Aus dem Russischen übersetzt von Georg Mayer, Frankfurt am Main 1975.

Friedrich Theodor Vischer: Mode und Zynismus. Beiträge zur Kenntnis unserer Kulturformen und Sittenbegriffe, Stuttgart 1879. Jetzt auch abgedruckt als: Theodor Vischer, Mode und Zynismus, in: Silvia Bovenschen (Hg.), Die Listen der Mode, Frankfurt/M 1986, S. 33-79.

Max Weber: Georg Simmel als Soziologe und Theoretiker der Geldwirtschaft, in: „Simmel Newsletter" Vol. 1., Nr. 1., Summer 1991, S. 9-13.

Christian Wehlte: Nachwort zu: Georg Simmel, Momentbilder sub specie aeternitatis. Philosophische Miniaturen, hg. von Christian Wehlte, Heidelberg 1998.

Wolfgang Welsch: Grenzgänge der Ästhetik, Stuttgart 1996.

Wolfgang Welsch: Einleitung zu: Wolfgang Welsch/Christine Pris (Hg.): Ästhetik im Widerstand. Interventionen zum Werk von Jean-Francois Lyotard, Weinheim 1991.

Ludwig Wittgenstein: Philosophische Untersuchungen, in: Ludwig Wittgenstein: Werkausgabe, Bd. 1, Frankfurt/M 1984, S. 225-580.

VS Forschung | VS Research
Neu im Programm Kommunikation

Matthias Buck / Florian Hartling / Sebastian Pfau (Hrsg.)
Randgänge der Mediengeschichte
2010. 322 S. Br. EUR 39,90
ISBN 978-3-531-16779-4

Peter Moormann (Hrsg.)
Musik im Fernsehen
Sendeformen und Gestaltungsprinzipien
2010. 198 S. (Musik und Medien) Br.
EUR 29,90
ISBN 978-3-531-15976-8

Christina Holtz-Bacha / Gunter Reus / Lee B. Becker (Hrsg.)
Wissenschaft mit Wirkung
Beiträge zu Journalismus- und Medienwirkungsforschung
2009. 349 S. Br. EUR 49,90
ISBN 978-3-531-16797-8

Nicola Pointner
In den Fängen der Ökonomie?
Ein kritischer Blick auf die Berichterstattung über Medienunternehmen in der deutschen Tagespresse
2010. 394 S. Br. EUR 39,95
ISBN 978-3-531-17198-2

Hans Mathias Kepplinger
Publizistische Konflikte und Skandale
2009. 204 S. (Theorie und Praxis öffentlicher Kommunikation Bd. 2) Br. EUR 34,90
ISBN 978-3-531-16900-2

Stephan Sonnenburg (Hrsg.)
Swarm Branding
Markenführung im Zeitalter von Web 2.0
2009. 134 S. Br. EUR 29,90
ISBN 978-3-531-16297-3

Pia Krisch
Alltag, Geld und Medien
Die kommunikative Konstruktion monetärer Identität
2010. 367 S. Br. EUR 39,95
ISBN 978-3-531-17161-6

Erhältlich im Buchhandel oder beim Verlag.
Änderungen vorbehalten. Stand: Januar 2010.   **www.vs-verlag.de**

VS VERLAG FÜR SOZIALWISSENSCHAFTEN

Abraham-Lincoln-Straße 46
65189 Wiesbaden
Tel. 0611.7878-722
Fax 0611.7878-400